一人一台で 授業を パワーアップ！

教育の質を飛躍的に向上させる ICT 活用実践ガイド

ダイアナ・ニービー
ジェン・ロバーツ ［著］

齊藤勝・白鳥信義・吉田新一郎 ［訳］

学文社

Translated and published by Gakubunsha Co. Ltd. with permission from
Stenhouse Publishers. This translated work is based on
POWER UP: Making the Shift to 1 : 1 Teaching and Learning
by Diana Neebe and Jen Roberts. © 2015
by Stenhouse Publishers. All Rights Reserved.
Stenhouse Publishers is not affiliated with Gakubunsha Co. Ltd.
or responsible for the quality of this translated work.
Japanese translation published by arrangement with Taylor & Francis Group
through The English Agency (Japan) ltd.

まえがき

変化とは、学びによって得られた結果である。
—— レオ・ブスカーリア[1]

　本書は、テクノロジーが十分に整った環境で教える経験の浅い多くの教師と交わした会話から生まれたものです。私たち〔ダイアナ・ニービーとジェン・ロバーツ〕は、自分の学校で同僚と仕事をする際、また外部の研究会などで発言する際に、テクノロジーを用いた教育の方法について皆が知りたがっていることを実感しています。私たちが発表すると、必ずと言っていいほど、「うちの学校では来年から全生徒にコンピューターやノートパソコン、タブレット端末が導入されるので、教えてほしい……」という質問や意見が寄せられます。

　教師も授業も、生徒と同じように一人ひとり異なります。そのため私たちは、すべてのニーズに対応することはできませんし、すべての答えを提供することもできません。本書を読むだけでなく、自己研鑽に励んだり目的達成のための手段を獲得したり、実践を積み重ねたりすることが必要であることは間違いありません。しかし、あなたの努力によって、生徒に変化をもたらすことができるということを本書を読んでもらえればきっとわかってもらえるでしょう。本書は、コミュニケーション、エンゲージメント、コラボレーション（協働）、

---

1) レオ・ブスカーリア（Leo F. Buscaglia：1924-1998年）：著書『葉っぱのフレディ～いのちの旅』（童話屋、1998年）は、世界的な名著です。大学卒業後、ロサンゼルス郊外の公立学校教員となり、主に学習障害のある子どもたちのクラスを担当しました。のちに大学に戻り、教育学を教えました。教え子の自殺に遭遇し、いのちや人を愛することの大切さにこだわり始めました。

オーディエンス（発表の対象）、一人ひとりの生徒をいかす教え方、フィードバック、創造性とイノベーションといった、長年にわたってよい教え方の道しるべとなってきた教育学の原則を中心に構成されています。

　本書は、一人一台端末環境の初期段階について解説するものですが、授業でICT活用に慣れてきた際に再度読み返してみることをおすすめします。この本を読んだ後で、あなたがご自分の教室環境をどのように豊かにし、変革されたかをぜひお聞きしたいものです。

　一人一台端末を利用した学習を始めるためには、これまでに経験のないことに挑戦しながら、その都度、使用方法を検討していく必要があります。私たちは、アン・ラモットの *Bird by Bird* の一節を思い出します。その中で彼女は、執筆のプロセスについて述べています。

　　　E. L. ドクトロウはかつて、「小説を書くことは、夜に車を運転するようなものだ。ヘッドライトで見える範囲しか見えないが、それでも旅を終えることはできる」と言いました。行き先は見えなくてもいいし、目的地も、途中ですれ違うものもすべてが見えなくていい。目の前の2、3フィート先が見えればいいのです。これは、私がこれまで聞いた、執筆や人生についての最良のアドバイスのひとつです。[2]

　ラモットのアドバイスは、私たちの一人一台端末の教室や、テクノロジーを使った教育という旅にも当てはまります。私たちが遭遇するであろう道路の穴や、生徒の気を散らしてしまうような寄り道を事前に予見する方法はありません。しかし、あなた一人で旅をする（挑戦する）必要はありませんので、心配は無用です。私たちは、成功と失敗から学んだことに基づき、あなたとあなたの生徒の成功を念頭に置いて書かれたロードマップを提供します（本書に登場するすべての生徒と、名前を伏せることを希望した教師には仮名を使いました）。私

---

2) *Bird by Bird* (1994年) は、『ひとつずつ、ひとつずつ―「書く」ことで人は癒される』（森尚子訳、パンローリング、2014年）で邦訳があります。ここでの引用 (1994, p.18) の翻訳は、本書訳者によるものです。

たちは、あなたが同僚の先生方とともに、テクノロジーを使った教育という旅に出て欲しいと願っています。その際には、pluginpowerup.com から無料でダウンロードできる学習ガイドを活用してください〔本サイトの「PD-materials」にて、それ以外の資料もダウンロードいただけます〕。

筆者について

　私たちはともに一人一台端末の環境で教鞭をとり、同僚がテクノロジーを使いこなすようになるためのコーチ役を務めています。私たちは英語と社会科の教師ですが、一人一台端末がもたらす教育法は教科を超えて活用できることを実感しています。多くの時間を他の教科の教師の支援に費やしているので、あなたの専門分野が何であっても、お手伝いすることが可能です。

　ジェン・ロバーツ（Jen Roberts）は、2008 年初頭から、南カリフォルニアのサンディエゴにある大規模な公立高校で一人一台端末の環境で教育を行っています（それ以前は中学校と高校で 12 年間教鞭をとっていました）。彼女は、教育委員会で一人一台端末を初めて導入した際の教師の一人でした。生徒一人ひとりにノートパソコンを持たせることで、教室がどのように機能するかを考えなければなりませんでした。彼女は、教え方を試行錯誤する過程において、生徒と同じように多くのことを学びました。数年後、教育委員会内の全部の学校で一人一台端末の学習が始まったとき、教育委員会のトレーナーになり、最終的には Google 認定講師にもなりました。同僚をサポートするために 1 日の何時間かを費やしていますが、彼女の関心は依然として、生徒のために毎日行う授業と学習にあります。

　ダイアナ・ニービー（Diana Neebe）は 2009 年に、サンフランシスコの校外にある大規模な公立高校で一人一台端末を使った授業を開始しました。コンピューターカートで、貸し出し用の端末を教室に持ち込むことができたのです。カートを教室に運べるようになるまでには、長い道のりがありましたが、ニービーは生徒たちがより広い世界にアクセスできることを望んだのです。彼女は現在、シリコンバレーの独立系（私立）高校で一人一台の iPad を使って教鞭を

とっており、2011年に学校がパイロットプログラムを導入して以来、ICT領域のコーチとして活躍しています。ニービーもまたGoogle認定教師であり、ロバーツと同様に一日の大半を同僚のサポートに費やしています。彼女は、生徒たちが世界を変えられるよう、教室でイノベーション（第8章参照）を続けているのです。

　ほんの数年前、私たち二人もあなたが今いる場所からスタートしました。私たちからの一番のアドバイスは、まず深呼吸をしてください、ということです。そして、何万人もの先生たちがあなたと一緒に学んでいるので安心してください。私たちは、あなたがテクノロジーを活用した教育方法を新たに身につけることで、教師としてさらに成長することができると確信しています。

目　次

まえがき　i

第1章　一人一台の端末の準備ができた。さて、どうする？ 1

一人一台の端末が整備された教室に足を踏み入れる　1

一人一台端末に関するよくある質問　2

取り組み始める前に　12

授業時間内とそれ以外の時間　14

一日の終わりに　16

──────── Part I　Enrich（充実させる）────────

第2章　コミュニケーションとワークフロー 24

学習管理システム（LMS）の利用　27

コミュニケーションは重要　28

ディジタル・シティズンシップ　30

ワークフローが機能する必要がある　31

ワークフローのためのツール　33

一人一台端末の教室を運営するためのヒント　35

ディジタルを活用した学習のモニタリング　38

学習データの整理　39

一人一台端末の教室における進行管理　39

ニービーが説明した、一人一台端末の教室における教師の役割　41

ロバーツが説明した、一人一台端末の教室における生徒の役割　42

第3章　エンゲージメント ································· 44

エンゲージメントの実践：つながり、困惑、好奇心　49
エンゲージメントを高めるためのおすすめツール5選　61
生徒が取り組まないときはどうする？　71

第4章　コラボレーション（協働）················· 75

なぜ協働するのか？　77
同僚との協働　81
生徒同士の協働　83
何をもって協働とするか？　85
生徒の協働学習を管理する　99
協働学習のための生徒のグループ構成　100
教室や時差を超えた協働　104
協働には必ずディバイスが必要か？　104

───────── PartⅡ　Extend（拡張する）─────────

第5章　オーディエンス（発表の対象）··············· 108

オーディエンスの重要性　109
オーディエンスを拡張する五つの方法　111
ケーススタディー：オーディエンス　124
一人一台で見えてきた解決策　127
プロセスに関する考察　132

第6章　一人ひとりをいかす ··················· 136

誰もが支援を受けられる教育環境　137
威厳をもって一人ひとりをいかす　143
学習内容、学習プロセス、および成果物　144
学習内容、プロセス、および成果物を展望する　153
特別なニーズのある生徒一人ひとりをいかす支援　154

目　次

第7章　フィードバックと評価 ································· 158

効果のあるフィードバックをするための挑戦　160
フィードバックをより強力にするための六つの方法　164
型にはまらない課題を評価する　179

――――――PartⅢ　Transform（変革をもたらす）――――――

第8章　創造性とイノベーション ···························· 196

想像力から創造性へ　198
創造力は教えられるか　200
創造性からクリティカルな思考へ　203
教室での創造性　205
イノベーション　216
イノベーティブなプロジェクトを通して考える　217

訳者あとがき　225

引用文献　228

索　引　234

vii

凡例　（訳出にあたって）

- 本書は，原著 *Power Up: making the shift to 1:1 teaching and learning*, by Diana Neebe and Jen Roberts, Stenhouse Publisher, 2015 の訳出にあたり、日本の状況に合わない文脈および原著9章、10章を省略しています。
- 脚注は訳者による、内容の補足・解説です。
- 本文中の〔　〕内は、訳者による文章補足です。
- 本文中の【数字】は、引用文献を示しています。引用文献は、巻末に一覧を掲載し、【数字】に符号する整理番号を付しています。

第1章
一人一台の端末の準備ができた。
さて、どうする？

教え方や学び方を根本的に変えることなく、教室にディジタル機器を
追加しても、大きな改善にはつながりません。

——アラン・ノヴェンバー[1]

一人一台の端末が整備された教室に足を踏み入れる

ジェン・ロバーツのアメリカ文学の優等クラス（12年生）

　一人一台端末を活用した授業を始めてから5年目になりました。5月下旬、
いつもの水曜日です。3限目の授業のために生徒たちが続々と教室に入ってき
ました。カートから端末（ディバイス）を受け取り、自分の席へ向かう生徒たち
に、私は挨拶をしました。フィリップは片手でノートパソコン（ラップトップ）
を持ち、歩きながら電源ボタンを押していました。できるだけ早くディバイス
を起動させ、インターネットに接続することは、生徒にとって毎日の日課とな
っています。何人かの生徒は、教室の後ろ奥にいる四人の大人をちらりと見ま
したが、すぐに自分の作業に戻りました。彼らは来客には慣れているのです。

　学年末まで残り数週間となり、生徒たちは最終プロジェクトに取り組んでい
ました。年間を通して、単元と単元の学習の合間に3～5日の短期間で、自分
たちの興味のあるテーマや疑問について調べてきました。私たちはこれを「エ
キスパート・プロジェクト[2]」と呼んでいます【12】。彼らは、自分のテーマに

1）アメリカの教育者・教育コンサルタントで、教育におけるICTの活用について講演や著
　書により普及活動をしています。
2）エキスパート・プロジェクトは、生徒たちに自主的な学習や深い理解を促す機会を提供し、

ついて書いた過去のブログ記事や特集記事を見返しました。作成した文章を公開するだけでなく、クラスで発表したり、ビデオを作成したり、パンフレットにまとめたりして、自分たちの学びを共有します。

　進捗状況を確認するために、クラスのブログに追加したオンライン・スプレッドシートに記入してもらいました。その際、課題があることを伝えるだけでなく、次のステップとして取り組むことを考えてから記入してもらうようにしました。私は、生徒の回答がスプレッドシートに書き込まれるのを見ながら、最初に確認する必要のある生徒のリストを作成しました。私が教室を歩き回りながら生徒の質問に答えたり、アドバイスをしたりしているうちに、私の授業を見学に来た人たちが私の生徒たちに近づいていき、彼らが取り組んでいることを尋ね始めました。フランシスが、自分の航空史のプロジェクトのために1929年に初めて自動操縦装置が使われたという記事を、ニュース・アーカイブから探し出したことを、自信たっぷりに説明する姿を見て、私は微笑ましく思いました。

　「ロバーツ先生が、クラスのブログでニュース・アーカイブの使い方をビデオで紹介していました。それを何度か見た後、違う年代の航空機について調べてみたんです。そんなに昔のニュースを入手できるとは知りませんでした。」

一人一台端末に関するよくある質問

　多くの教師は、一人一台端末の授業環境において「ディジタル機器の活用に対する不安」【44】を感じています。自分がディジタル機器を使いこなせると考えている人でも、授業内で生徒たちに使いこなさせることとは違うと捉えているからです。以下の質問は、一人一台端末を活用した授業をこれから本格的に実施しようとしている教師が発する典型的なものです。

　彼らの興味関心を尊重しながら、主体的な学びを促進することを目的としています。

一人一台端末とは何ですか？

　一人一台端末は、生徒一人につき一台のノートパソコン、またはタブレットがあることを示します。教室での機器の種類や使用方法は、学校や教育委員会によって異なります。理想的には、生徒が学校で一日中コンピューターを使い、夕方には家に持ち帰ることができるようにすることです。私（ニービー）の学校では、iPad を使ったこの方法を採用しています。共著者（ロバーツ）の学校では、教室専用のノートパソコンが入ったカートが教育委員会から提供されています。授業が終わると、生徒はノートパソコンをカートに返却します。一部の州で増えているもう一つの方法は、自分のディバイスを持ち込む BYOD（Bring

表 1.1　学校における一人一台を実現するための形態

	端末を自宅に持ち帰ることが可能な場合	端末を自宅に持ち帰ることができない場合（学校のみでの利用）	自分のディバイスを持ち込む場合（BYOD ＝ Bring your own device）
長所	・生徒は自宅と学校の両方で端末を使える。 ・すべての生徒が同じ端末、同じソフトを使用できる。 ・学校／教育委員会の IT 部門がニーズや問題に応えられる。	・すべての生徒が同じ端末、同じソフトを使用できる。 ・生徒が使用する端末は、常に教室（ないし、特定の場所）に保管されている。	・生徒は自宅と学校の両方で端末を使える。 ・学校側は端末を購入しないため、コストが低い。もしくはかからない。
短所	・端末の持参を忘れる生徒がいる。 ・端末の充電を忘れてしまう生徒がいる。 ・紛失・破損率が高くなる可能性がある。	・生徒は教室内では端末を使用することができるが、自宅では使用できない可能性がある。 ・端末の配布や返却で授業時間が短くなることがある。	・生徒は、さまざまな機能をもつ端末を持参する。 ・端末の持参を忘れる生徒がいる。 ・家庭の収入によって、端末を購入できなかったり、機器に格差があったりすることがある。 ・教育委員会の IT 部門は、多様な端末に対して技術サポートを行うことが難しい可能性がある。
＋－		・教師は、生徒の端末操作を制限することができる。	・生徒は、特定の端末の機器操作を習得する必要がある。

---

3) 日本では、2022 年 GIGA スクール構想で、公立の小・中学校に一人一台のタブレット端末が整備されました。ちなみに、この本の出版年は 2015 年です。

Your Own Device) というやり方で知られています。生徒が自分でディバイスを用意し、毎日学校に持ってくることになっています。

　もうすでに、皆さんは学校がどの方法を採用しているかを知っていると思いますので、それぞれの長所と短所については詳細には触れませんが、表1.1は、あなたが取り組んでいる枠組みの利点と課題のいくつかを考えるのに役立つかもしれません。また、±の行は、視点や状況によってプラスにもマイナスにもなりうることを示しています。たとえば、生徒がディバイスにアクセスできる時間を教師が管理できることを、一部の教師はプラスと考えるかもしれませんが、生徒がカートを開けないということであれば、マイナスになるかもしれません。

なぜ一人一台の端末による学習が必要なのですか？

　いまの生徒は、ディジタル時代に育ったため、ICTに関する技術については何でも知っているという誤解がよくあります。多くの生徒がソーシャル・ネットワークに近況を投稿する方法は知っていますが、それは、情報源をクリティカル[4]に評価したり、調査プロジェクト（個人的または専門的）のために効果的に情報を収集・処理したり、協働作業で高い品質の作品を作成したりすることができるという、多くの雇用主や大学が求めるスキルを示すものではありません【42】。企業は、生徒たちが待ち受ける将来に対して「ひどく準備不足」であると警鐘をならしています【14】。将来どのような道を歩もうと、生徒は大学や職場でうまく機能するためのツールを使って練習し、学んでおく必要があります。また、私たちの教室での経験から、一人一台端末の学習環境は従来の学習環境よりも、はるかに効率的で、より豊かな学習内容を提供し、生徒をよりサポートすることができると考えています。

　教育研究者は、長年にわたり、教室にコンピューターを導入することの必要性を主張してきました。教室で使うICTは、生徒が主体的な学習を体験し、アイディアを探究し、それを実行するだけなく、クラスメイトと協力して問題

---

4) よく「批判的」と訳されますが、より本質的な部分は、大切なものとそうでないものを見分けられる点にあるのではないでしょうか。

解決し、成功に不可欠なスキルを磨く機会をつくります【65】。また、一人一台端末の利用は、「教師が多様な生徒にアプローチし、複数の手段で生徒の理解度を評価する効果的な方法を提供することを可能にします」【22】。さらに、教師は、ディジタル・コンテンツ[6]を学校や教室に取り入れることの価値を認識しており、管理職の74％が、ディジタル・コンテンツは生徒を夢中で取り組ませるのに関心を高め、50％が個別化された学びを実現するのに役立つと報告しています【66】。

　ノートパソコンやタブレット端末を毎日、すべての生徒に提供することで、教室は生徒が学ぶのにより適切で、目的意識をもちやすい空間となります。生徒は、自分自身がこれまでよりもよく学び、評価し、情報を収集・分析・処理し、そして作品を制作し、出版し、共有したりするために、私たち教師にICTの使い方を教えてもらう必要があります。同時に、自分たちのディジタル機器の活用が、プラスにもマイナスにも、教室をはるかに超えて波及することを理解する必要もあります。これからの未来はディジタル社会であり、私たち教師は、生徒に教えるという立場上、しっかりとその未来を見据える必要があるのです。

一人一台の端末による学習によって、私たちの教え方はどう変わるのでしょうか？

　一人一台端末を利用した学習がもたらす可能性は、刺激的で計り知れません。すべての生徒が、教室や家庭で質の高い学習ができるための道具を手に入れれば、より多くの成果を上げることができます。それは、教室においてもこれま

5）読者の多くにとって、「評価する」は「成績を付ける」と同義かもしれませんが、本書では「生徒の理解を把握できる」ないし「生徒の理解を見取れる」という意味です。評価は評定を下すことではなくて、「生徒の学び（の質と量）の最大化」と「教師のより適切な指導」を実現するための手段（つまり、形成的評価）と捉え、それらに寄与する行動をとることです。

6）文字、画像、音声、映像などの視聴覚的な表現をディジタル形式で記録・表現したもの。スマホやパソコンといったディジタル・ディバイスで利用でき、複製してもデータが劣化しないのが特長です。

で以上の協働と一人ひとりをいかす教え方[7]が推進されることを意味します。

　一人一台端末を利用した取り組みが、教室での学び方にどのような変化をもたらしたか、他の事例も紹介しますが、あなたの教え方をどのように変えるかは、自分自身で決めることになります。でも、心配しないでください。教室にICT があるからといって、常にすべての授業で毎時間、それらを使わなければならないというわけではありません。

　私たちの教室に足を踏み入れれば、大判用紙を囲んでマーカーを手にする生徒や、小グループに分かれて話し合う生徒、紙袋のパペットショーを披露するおどけた生徒たちの姿を見ることができます。つまり、ICT は生徒が必要とする適切な学習場面で使われるものなのです。

　教育は変化していくものです。そして、変化は怖いもの、とあえていうのは不要なことと思います。あなたは準備ができているので、変化を起こすことは可能です。一人一台端末の学習環境に自分の教え方をどのように適応させるか、あるいはその逆にあなたの教え方にICT をどう適応させるかについて、十分に考えてみることをおすすめします。ほかの教師にとって効果的な方法があなたにとっても効果的であるとは限りませんが、なぜその人がうまくいっているのか、その理由を知るために時間をかけることは重要です。

　ある調査研究によると、教師が新しいICT を授業に効果的に取り入れるには、3 年から 5 年かかると言われています【62】。一般的には、教師自身よりも生徒たちに焦点を当てることが求められます。一人一台端末は、あなたの教え方を変えることになりますが、自分のペースで変わることができるのです。

テクノロジーを活用して教えるために必要な知識を学び、追いつくにはどうしたらよいのでしょうか？

　現在、教育工学の分野では多くの進展があります。教師にとって、今が興奮を抑えられない時期です。私たちは、自分の教え方と生徒の学び方を向上させ

---

7) 協働については本書の第 4 章、一人ひとりをいかす教え方については本書の第 6 章と C. A. トムリンソン『ようこそ、一人ひとりをいかす教室へ』（北大路書房、2017 年）を参照ください。

第1章　一人一台の端末の準備ができた。さて，どうする？

る新しいツールを常に導入しようとしていますが，そのすべてについて学び，活用することは，恐らく誰にもできないでしょう。私たちは，「継続的な変化は，学びのプロセスの一部である」という新しい考え方に順応したところです。追いつく必要はありません。ただ，参加する必要があります。過去のすべてを知る必要はありません。ただ，いま何が起こっているかを知ろうとするだけで十分です。

　一人一台端末を活用した教育の世界で何が起きているかについて学ぶための方法は，たくさんあります。本書は，そのひとつにすぎません。一人一台端末の利用についてオンラインで情報を共有し，対話し，一人一台端末の利用についてブログを書いているグループを探してみてください。Edcamp という勉強会は無料で行われ，事前にテーマや講師が決まっている従来の研修会と違って，参加者自身が話し合いのテーマを決める勉強会です（http://edcamp.org/）。そこではネットワークを築く機会を提供し，しばしばテクノロジーに焦点を当てています。これらのグループに参加している教師は，他の人が始めるのをきっと歓迎して助けてくれるはずです[8]。

　「Google ドキュメントに共同編集者を追加するにはどうすればいいのでしょうか？」というような技術的な質問に関しては，YouTube で検索してみてください。初心者向けの動画から高度なテクニックやヒントを紹介するものまで，さまざまな技術的テーマについて，短くてわかりやすい講座がたくさんあることに驚くことでしょう。検索して動画を視聴するだけで，学ぶのに必要な時間とストレスを大幅に削減することができます。

　私たちは，自分の教育 ICT 技術について学ぶことを，生涯にわたって学び続ける学習者のモデルとして生徒に示しています。また，専門家同士のつながりや研修会や専門書を通じて，常に新しい動向を把握しています。時間と労力はかかっても，「そういうことか！」と気づける瞬間にはその価値があります。歩みながら，学び続けるのです。自分が学びながら，生徒に合った新しい教え

---

8) 日本では CIEC（コンピューター利用教育学会）が，アンカンファレンスイベントとして，月1で「サタデー（土曜）カフェ」を開催し，教育関係者の実践報告会を行っています（https://www.ciec.or.jp/commitee/ps_ed/）。

方やツールを授業に取り入れていきましょう。また、どうすれば始められるか悩んでいる先生に対しては、発見したことやお気に入りの事例を共有してください。

もし、このような技術に時間を割くことができなかったら、どうすればよいですか？

　私たちも教師であり、あなたが時間に追われていることは理解しています。必要な知識を学び、教室にディジタル機器を設定するには、確かに時間がかかります。しかし、「ディジタル化」によって時間が節約されることも事実です。実際、私たちはかなり時間を節約できたために、この本の執筆に時間を捻出することができました。私（ニービー）は、評価に割く時間が節約できると感じています。共著者（ロバーツ）は、授業の準備に割く時間が節約できると感じています。私たちは、すべての生徒にコーチすることができる「一人ひとりをいかす」教え方をすることで、個別対応の時間も確保できると考えています。一日は24時間しかありませんし、他の生活に費やす時間が減ることもありません。しかし、技術的な作業のなかには、最初に時間をかける必要のあるものもありますが、長い目で見れば時間の節約になることを心に留めておいてください。

　このように新しい知識やスキルを自分のものにした後、多くの教師は、すべてがICTに統合されることで24時間つながったままになってしまうのではないかと心配しています。以前のように、公私を切り離せなくなってしまうのではないかという懸念です。生徒にディバイスを手渡すことで、生徒の疑問や欲求が私たちの生活のプライベートな部分にまで入り込んでしまう危険性があるというものです。しかし、生徒や保護者、同僚が一日中いつでもメールで連絡できるからといって、即座に返信する必要があるわけではありませんし、スマートフォンやノートパソコンに縛られる必要もありません。夕方からメールを禁止にしたり、子どもが寝た後に学習管理システムを一回だけチェックしたりする教師もたくさんいます。どのように境界線を設定するかは、あなた次第です。[9]

---

9) この境界線を引くことは、教師のウェルビーイングの大事な要素です。L. ヴィーヴァー & M. ワイルディング『SELを成功に導くための五つの要素』(2023年)、K. タバナー & K. スィギンズ『好奇心のパワー』(2017年)、A. ハーバー『教師の生き方、今こそチェッ

第 1 章　一人一台の端末の準備ができた。さて，どうする？

その境界線を生徒と共有することで、技術中心の現代社会をよりバランスよく乗り切るための模範を示せるのです。

インターネットを活用するうえで注意散漫になってしまう懸念についてはどうでしょうか？

　そう、たくさんあり得ます。生徒たちは、メールをチェックしたり、スポーツのスコアを確認したり、ここカリフォルニアのビーチの波の様子を見たりしたいのですが、まだやるべきことがあります。私たちの教室では、次のような状況もまた学習の機会となっています。

　生徒も大人と同じように、ネットを使用する際の行動制限の望ましい使い方について学ばなければなりませんし、それを教師がサポートすることもできます。明確な期待を設定し、学業以外に目を向けている生徒に対しても適切に対応すれば、この問題は大したものではないことに気づくはずです。こうした場面では、生徒の行動と機器を分けて考えましょう。注意散漫な生徒がいることは、今に始まったことではありません。

　生徒はインターネットのアクセス先を自分で選んでいますし、彼らはより賢く選択できるように学べます。生徒には、自分の作業が終わったときに使ってよいサイトのリストを提示させ、なじみのないサイトにアクセスする場合は必ず確認するように伝えることで、課題に取り組む際に注意を促すことができます。

自宅にインターネットがない生徒はどうするのですか？

　すべての家庭に、安定したインターネット環境がないこと、あるいはインターネットに常時接続できるわけではないことは承知しています。しかし、「家でインターネットに接続できない」という生徒の数は、年々減少しています。ま

　ク！』（2022 年）（いずれも新評論）の主要テーマになっていますので、ぜひ参考にしてください。

10) 明確な期待の設定で参考になる本には、アトウェル，N.『イン・ザ・ミドル』（三省堂、2018 年）（特に第 2 章）、L. バロン＆ P. キニー『「居場所」のある学級・学校づくり』（新評論、2022 年）（特に第 4 章）、N. メイナード＆ B. ワインスタイン『生徒指導をハックする』（新評論、2020 年）（特に第 4 章）があります。

9

れに親がその使用について懸念を表明する場合でも、私（ロバーツ）の反応は「もし、家にパソコンやインターネット環境がないのであれば、それこそ私のクラスで学ばせるべき一番の理由です。他のどこで、そのスキルを学ぶことができますか？」です。保護者は、私がきわめて支援的で柔軟に対応していること、そして教室でコンピューターを使うことが最終的に子どものためになることに納得します。

　学校内で放課後に、生徒がインターネットに接続する方法があるか確認してください。もし、なければ昼休みに教室を開放しましょう。オンラインを使う課題に取り組める日数を複数設けて、家庭でインターネットを利用できない生徒が学校で学習できる時間を確保しましょう。自宅でも学校でもインターネットに接続できない生徒は、本当に取り残されてしまいます。

生徒がインターネットで答えを検索するのを防ぐ方法はありますか？

　これは、きわめて一般的な教師の懸念ですし、十分に理解できます。私たちは皆、ウェブサイトから不適切に引用して作成された生徒の課題や、完全に売買目的でやり取りされたレポートの課題を目にしたことがあります。[11] 外国語の教師は、特に生徒に自宅でレポートを書かせる場合、オンライン翻訳アプリを生徒が使用することに対処しています。このような新しいアプリの能力は、私たち教師が何を、どのように教えるかという課題を生み出します。しかし、これは新しいことではありません。ソクラテスは、文章を書くことについて「それを学ぶ者の魂に忘却をもたらすだろう」（『パイドロス』）と言っています。彼は、今日のインターネット検索について語っているかのようです。私（ロバーツ）が6年生[12]の息子に、電卓に頼らずに数学の宿題を台所のテーブルでするよう求めたように、インターネット時代の教師は、インターネットを悪用する生徒が

---

11) 昨今では、教育現場においても、ChatGPT に代表されるような「生成 AI の活用」のメリットを挙げる声がある一方、子どもが AI の回答を鵜呑みにするのではないか等、懸念も指摘されています。

12) アメリカの高校は9年生から12年生までの4年間と決まっていますが、中学校は2年制、3年制、小学校と一緒だったりと教育委員会によってさまざまなので、日本風に変換せずにそのまま表記します。

いるかもしれないことを考慮して、教え方や評価の方法を変えなければなりません。

　冒頭見出しの質問への答えは、問題を解決策に変えることだと私たちは考えています。インターネット検索が簡単にできるということは、生徒は情報の分析や統合などのより高次の思考に集中できることを意味します。確かに、生徒には一定の基礎知識が必要ですが、その知識がどのようなものであるのか（あるいは、あるべきか）は、各世代の文化的な判断に委ねられます。検索は今後も必要ですし、答えがすぐにわかる質問に答えるために検索を使うことを生徒に教えるべきです。しかし、検索は探究することと同じではありません。基本的な答えがすぐに見つかるということは、生徒がより高度な思考を伴う探究に移行できることを意味します。生徒はある大統領の任期を素早く調べることはできますが、どの大統領が最も効果的な社会改革を行ったかについての証拠を集め、その結果に基づいて議論することができるでしょうか？　本書の後半には、検索や他のオンラインアプリを活用してクリティカルな思考を促す方法を紹介しています。

始めるためには、どうすればいいのでしょうか？

　始めるためには、計画が鍵となります。あらゆる授業の成功にも、一人一台端末の導入にも、計画が不可欠です。まず、すでにディバイスを日常的に使用している生徒がいる授業を訪問することから始めましょう。長居する必要はなく、数日または数週間かけて短い時間観察し続けられれば、さらによいでしょう。可能な限り授業の始めと終わりに立ち会い、教師や生徒が取り組んでいる内容について質問するようにしましょう。アイディアを集め、教師が生徒やテクノロジーをどのように扱っているかを見て、その方法が自分の授業でどのように応用できるかを考えます。初回の訪問では、恐らく答えよりも質問の方が多くなることでしょう。観察し、学び続ければ、答えは必ず見つかります。

　各章の中盤では、一人一台端末の有効活用に向けた提案と課題を提示しています。私たちはこれを「Pulg In（プラグイン）」と呼んでいます。これは通常、

11

一人一台端末を使用した授業に慣れるための短期的で具体的なステップです。各章の終わりには、その章の中心概念の探究をさらに深めるための提案や課題を集めた「Power Up（パワーアップ）」が用意されています。各章の Pulg In と Power Up で提示されているなかのいくつかを、ぜひ試してみてください。

■ Plug In　　はじめの一歩を踏み出すための簡単なステップ

1. **オンラインで一人一台端末を有効活用している先生方とつながりましょう。**
　　多くのオンライン教師グループが、あなたのような教師をサポートすることに時間を割いています。まずは、SNS（ソーシャル・ネットワーキング・サービス）や、自分の専門分野に特化したオンライングループから始めることをおすすめします。
2. **すでに一人一台端末を実践している授業を見学しましょう。**
　　自分が取り組む一人一台端末の利用形態に近い授業を見学するのがおすすめです。見学の際には、生徒や先生と話をしてください。聞きたいこともたくさんあると思いますが、本章で示した質問のいくつかを聞いてみるのもいいでしょう。それらの質問に対して、すでに実践している他の教師が一人一台端末の利用について、どのように答えるかを聞いてみましょう。

取り組み始める前に

授業ルーティーンを見直す

　　生徒が ICT を日常的に使うようになったら、授業のルーティーンはどのように変わるでしょうか？　私（ニービー）は、一人一台端末の授業になったとき、紙に書いていた読書記録を Goodreads のオンライン更新に切り替えました。共著者（ロバーツ）は、授業のメモやジャーナルを書くために使っていた従来のノートを、Google ドキュメントに移行させました。[13] タブレット端末を導入

---

13) ジャーナルは、教師が板書したものを写すノートと違い、生徒が自分の学びの過程や内容について、個人的な反応、疑問、気持ち、考え、知識などを記録するメモのことです。

第1章　一人一台の端末の準備ができた。さて，どうする？

した理科の学習では、実験の様子を写真に収められるアプリを利用しています。出口チケット[14]もオンラインで収集でき、評価もディジタルで行うことができます。これらの調整は、教師と生徒が学習するための時間を必要としますが、最終的には授業時間や準備時間を節約するだけでなく、大量の用紙の節約にもつながります。

小さな解決策に取り組む

　一人一台端末の使い始めは、「手書きの原稿が完成したらタイプして印刷するために使う」「インターネット検索に使うだけ」など、生徒が手にする機器に一つの仕事を割り当てることで、一時的に安心する教師は少なくありません。基本を押さえたら、教室内の課題を考え、コンピューターやタブレットがその解決策を提供する方法を探してください。私たちは、一人一台端末の経験が浅い教師が、微調整を繰り返すことで目覚ましい進展を遂げたことを目の当たりにしてきました。

・スペイン語の教師は、毎学期成績を付ける時期に、生徒全員とカンファランス[15]することを希望していましたが、口述試問の時間を確保することができませんでした。そこで、ビデオ動画に切り替えました。生徒に指示をし、彼らが自分で撮影したビデオ動画を送る形式です。学校の授業時間に縛られることなく、生徒のアクセントや会話スキルを聞くことができました。

・生物の教師は、学校の予算に制約され、年に1回しか解剖ができない問題に直面していました。彼は今、教室にある一人一台端末を使って、定期的に仮想実験と解剖を行うようになりました。

---

14) 形成的評価の手段として最も多く使われる方法で、A4用紙を8分の1ぐらいに小さく切ったまさにチケット大の紙に、授業最後の2〜3分を使って「本時の取り組み内容」「学習者自身の学び」「質問」などを記入させるものです。教師が書くことを指示する場合も、生徒が書きたいことを書く場合もあります。

15) 生徒との会話をベースに状況を把握したうえで、必要性の高い一つか二つをピンポイントで指導する方法です。ある意味では、教えることのもっとも本質的な方法といえます。このカンファランスを中心に据えた教え方を紹介している訳者（吉田）の運営しているブログ「WW/RW便り」http://wwletter.blogspot.com/ の左上に「カンファランス」と入力して検索すると、大量の情報が得られます。

・ベテランの英語教師は、語彙の指導がいつも授業の終わりに後回しされることに悩んでいました。そこで、Quizlet.com〔日本版サイト https://quizlet.com/ja〕で語彙力ゲームを行い、オンライン上で競わせるようにしました。

・特別支援学級の教師は、生徒が提出期限を覚えるのに苦労しているのを見て、「しなければならないこと」と「自動リマインダー」を設定し、重要な締切の前夜に台本やリマインダーを送信するようにしました。[16]

・数学の教師は、生徒が宿題に苦労していることを知っていました。彼はEdmodoクラス[17]を立ち上げ、生徒が質問を投稿できるようにしました。彼は、しばしば生徒たちが自宅に帰る前に互いに回答していることに気がついたのです。

・歴史の教師は、同じ生徒ばかりを繰り返し指名することに辟易していました。そこで、クラスディスカッション・アプリ[18]を試してみることにしました。これにより、全生徒が質問に答えるだけでなく、他者の新たな考えにも触れられるようになりました。

　これらの事例はいずれも、教師が必要性を感じ、一人一台端末の活用が課題解決の糸口となったものです。また、解剖の例を除く事例のほとんどが、どんな教科へも適用できることにお気づきでしょう。私たちは、タブレットやノートパソコンが、予算の制約を補完し、授業時間を延長し、学習意欲を高め、教室外でも生徒をサポートするためにいかに効果的であるかということに、喜びと感動を感じています。問題こそが、すべての出発点といえます。

授業時間内とそれ以外の時間

　本書の残りの大部分は、指導のための計画や、生徒がすでにノートパソコン

---

16) Googleカレンダー、TimeTree（タイムツリー）などのリマインダーアプリなどが該当します。

17) 教師がオンライン上で生徒とコミュニケーションを取りながら学習を管理するためのプラットフォームですが、2022年9月にサービスが終了しました。

18) 日本で採用実績が高いものには、ミライシード（https://miraiseedfansite.benesse.ne.jp/index.html）やスクールタクト（https://schooltakt.com/service/）などがあります。

やタブレットを持っているという前提で、どのように活用すべきかに焦点を当てています。それは、教師が教えることと、生徒が学ぶことといえます。ここでは、一人一台端末を教室内で利用するための基本的なヒントを提供します。

想定外に備える

授業は、常にスムースに進むとは限りません。先週使っていたウェブサイトが、今週はコンテンツ・フィルターによってブロックされるかもしれません。停電が発生することもあります。無料だと思っていたアプリが、突然有料になるかもしれません。ディスプレイケーブルが故障したり、プロジェクターの電球が切れたりしてしまうこともあります。学校のインターネットが停止してしまうかもしれません。生徒が不適切なものを見つけてしまうかもしれません。誰かが他の人の作品をコピーしたり、削除したりしてしまうかもしれません。まだまだ挙げればキリがありませんが、これだけでも、十分にあなたを恐れさせたことでしょう。これらの問題は一時的で解決可能なものですが、ごく稀に対応に一日か二日を要する可能性があります。不測の事態に応じるための計画を準備し、慌てることがないようにしましょう。このようなことがあると、ついイライラして不満を言いたくなるものですが、忘れないでください。常に生徒はあなたを見ています。生徒たちにとって、あなたは困難にどう対処するかという問題のモデルなのです。冷静さを保ちつつ、予備の計画に切り替えましょう。そして、肩をすぼめて、トラブルを解決する代案はあるけれど、これ以上授業時間を無駄にしたくないと打ち明けるのです。少し残念ではありますが、明日もう一度やり直すことを生徒たちに伝えることも大切です。

しかし、同じぐらいの頻度で想定外のピンチが、大きなチャンスを提供してくれることもあり得ます。生徒がみんなで使える高機能のウェブサイトを見つけることもあるでしょうし、生徒が新しいやり方を教えてくれることもあります。使っているアプリやウェブサイトが刷新され、新機能が追加されることで、まったく違った方法で創り出せるようになるかもしれません。教育IT技術のイノベーターたちは自分たちのアプリケーションを常により良くしています。教育を改善するために日々活動している先駆的な企業はたくさんあります。そ

15

のすべてが、教師や生徒がより効率的になり、より効果的にコミュニケーションをとり、情報収集を行い、学習内容を習得できるようにすることを目的としています。変化は、異常ではなく、常態化しています。そして、それらの変化は予期していない時に起こり、またほとんどの場合が、よい方向へと向かうのです。

生徒に作業時間を与える

　学校の古い価値観では、生徒たちは受身的に情報を吸収し、帰宅後に宿題として一人で反復し暗記をすることがよしとされていました。単純化しすぎていることは認めますが、大方は当たっていると思います。一人一台の端末は、生徒がクラス内で質の高い学習をするためのツールとなります。それを使って、彼らに作業をさせましょう。いまこそ、プロジェクト学習[19]の探究の流れ（サイクル）について説明するときです。題材に関して自ら必要と思う情報を集め、統合する方が、同じ内容の授業を受動的に聞くよりも、はるかに知識やスキルの定着率が高いことを思い出してください。各州共通基礎スタンダード[20]は、生徒ができることに重点を置いているので、生徒が課題解決の達成に向けて、多くの授業時間を割くことになるでしょう。

一日の終わりに

　最後のチャイムが鳴っても、私たち教師の仕事は終わりません。学習内容や振り返りのプロセスは、一人一台端末が導入される以前とそれほど変わりません。私たちは、生徒を評価し（5ページの注5）参照）、考察し、次時の学習を計画することに変わりはありません。ただ、仕事の展開が少し違うかもしれませ

---

19) 探究学習で、プロジェクトに取り組む形態のプロジェクト学習 (Project-based learning) と、課題に取り組むプロブレム学習 (Problem-based learning) の二つの PBL があります。前者は S. ボス＆ J. ラーマー『プロジェクト学習とは』（新評論、2018 年）、後者は L. トープ＆ S. セージ『PBL　学びの可能性をひらく授業づくり：日常生活の問題から確かな学力を育成する』（北大路書房、2017 年）が参考になります。両方とも、その流れが詳しく書かれています。

20) アメリカで初めてつくられた全国共通スタンダードで日本の学習指導要領に相当します。

ん。それを、以下で説明します。

ロバーツの放課後

　放課後、教室の外の中2階で練習しているダンスチームの音楽を除けば、私の教室はかなり静かになります。この時こそ、生徒たちのプロジェクトの進捗状況がどうなっているかをじっくりと見るチャンスです。いま生徒たちは、自分の研究テーマについて文章を作成しています。生徒たちとはGoogle ドライブですべての内容を共有していますが、私は彼らが何を必要としているかを確認したいのです。彼らの進捗状況を把握するとともに、私が参考にしたい事例を探したいのです。また、特定の助言やミニレッスン[21]の必要性についても探っています。Google ドライブのプレビュー機能を使えば、パソコンの矢印キーを使って、一人ひとりの生徒の作品を閲覧することができます（これは、Google がある日突然追加した、予想外のすばらしい機能のひとつです）。

　すぐに、ほとんどの生徒が下書き原稿を書き始めていることがわかります。明日、直接確認できるように、行き詰まっている生徒のメモをとっておきます。多くの生徒が、レポートのような記事を書いていることに気づきました。ほとんどすべての記事が、「事実だけ」なのです。私も生徒も、ノンフィクションの物語的な文章と説明文を統合した特集記事を読んだことがありますし、リーディングとライティング[22]の両方の授業で、特集記事がもつこの二面性を強調してきました。しかし、生徒たちは物語で使う文章と説明文が別々のジャンルであることに慣れきっており、それらをどのように融合させればよいのかがわからないのです。最後に、雨水管に流れ込んだゴミが海に流れ込むというストー

---

21) カンファランスと同じく、ライティング・ワークショップやリーディング・ワークショップの柱の一つです。人間の脳は一時に聞けるのは長くて10分ぐらいであることがわかっています。授業は通常、5〜10分のミニレッスンから始まり、大半の時間は生徒たちが「ひたすら書く」ないし「ひたすら読む」時間になり、この間、教師は個別ないし小グループを対象にカンファランスを行うのです。これらについても、13ページの注15) のブログで検索するとたくさんの情報が得られます。

22) 日本と違って、英語（アメリカの国語）の時間は、この二つ（読むことと書くこと）に分かれていることがあります。一方で読む時間は、読解と読書に分かれていません。

リーで始まるレポートに出会いました。そして、そのゴミが太平洋のゴミパッチのなかでどのように変化していくのかが描かれています。この原稿は、英語を習得中の生徒が書いたもので、訂正が必要なミスは多数ありますが、アイディアと主張は適切です。私はこの生徒のことをよく知っているので、自分の書いたものが例として使われるのを喜ぶだろうと思い、微笑みました。

　ここで私は、このミニレッスンをどのように構築するのがよいか、立ち止まって考えてみました。彼女のレポートのコピーを、閲覧専用のフォルダに入れて、全員と共有することもできます。あるいは、教室でそれを映し出し、何が問題なのかについて話すこともできます。さらにはコピーを共有することで、生徒たちはレポートを手先で見ることができますが、何に注目すべきかが理解できていないかもしれません。そこで、ディバイスの画面に映して話し合ったほうがいいと判断しましたが、それでは欠席した生徒がその話し合いを聞き逃すことになります。そこで、スクリーン・キャスティング・ソフトを起動し、お手本となる記事が映し出された私のパソコンの画面を素早く録画することにしました。彼女のレポートをスクロールしながら、読者をレポートに引き込むために物語をいかに効果的に使っているかについて話します。時間はわずか数分です。完璧とは言い難いですが、2分間の動画はクラスのブログで紹介して生徒に見せ、後で参照することもできます。ビデオの最後には、自分の記事を見て、テーマに関連する人物や出来事について物語を加えてみるよう促しています。

　この短い放課後（今時の評価、考察、次時の計画）の時間に、私は一人一台の端末を利用できる学習の価値を再認識することができました。生徒の作品を下書きの状態ですべて見られるだけでなく、次の授業に必要な結論を導き出すことができたからです。生徒全員がクラス・ブログにアクセスしているため、私が明日見せる予定のレポート指導の授業を何度でも見ることができます。また、全員がディバイスを持っているので、授業中に自分の書いた文章を大幅に修正することもでき、私は、その過程を授業中と明日の放課後に見ることができるのです。

ニービーの放課後

　最後の生徒が教室から出ていくと、すべての教師がそうであるように、私も座って足を上げながら、ほっと一息つきます。放課後は、教師が思い思いに過ごすことができる時間です。メールをスクロールして緊急を要するものに返信した後、一日を振り返る時間を数分間取ります。クラスのウェブサイトを更新するのは、今日の成功と失敗を振り返りながら気持ちを整理させるためです。まずスケジュールを入力し、配布資料へのリンクやノートの写真で埋め尽くしていきます。配布資料へのリンクや、ホワイトボードに書いたメモの写真などを掲載します。今日欠席した生徒の何人かは、今夜は遅れを取り戻そうと考えていることでしょう。このように、その年のすべての授業が記録されることが私はとても好きです。私たちが費やした60分間はほんの短い時間ですが、タイムカプセルに保存され、次の年に実践する際に、それぞれのテキストを読むのに何日かかったかを思い出す際に役立つのです。

　私が受け持つ10年生は『オデッセイ』を読み始めたばかりですが、最初の数日間は、叙事詩の最初の数行すら読むのに苦労します。筋書きを予見する簡単な段落、読み終えたらその部分の文脈を説明する「60-Second Recap」という面白いYouTube動画へのリンク、理解度に関するいくつかの質問、カリプソの島に取り残されたオデュッセウスのパブリック・ドメインの絵などがあります。そして、その夜の読書に向けたオンライン・サポート・ネットワークを数分かけて設定したり、準備作業をしたりするのです。聞きながら読む場合は、音声トラックの開始時間と停止時間を設定し、クリックすると動画が再生されます。

　生徒が今夜の宿題をこなせると確信してから、私は生徒の出口チケット〔13ページの注14）を参照〕を取り出し、次の日の授業で必要な内容を検討します。生徒の回答が一覧になっているため、一目でわかります。70％の生徒が、蔑称とは何か、ホメロスがプロローグでどのように蔑称を使っているかを説明でき、32％がトロイの木馬の暗示を理解し、中学校での歴史の授業と結びつけることができていました。また、86％の生徒は、オデュッセウスが最終的には帰国するだろうと予想しています。実際、オデュッセウスは最終的に家に帰る道を見

つけることができるのです。また、ギリシャの文化用語について生徒から寄せられた質問のリストもあるので、明日の授業でそれらに触れようと思い紹介します。私の最大の関心事は、この本の読解を支援する方法を見つけることと、教室外でどのように学びを支えていくのかを考えることです。今夜寝る前に、読解を支援するためのオンライン掲示板をチェックして、生徒のつまずきを解消するつもりですが、それまでは、生徒たちがお互いに助け合ってくれることを信じています。

何が違うのか？

　私たちは、共有ドキュメントフォルダを通じて、生徒の作品やアンケートの回答に直接アクセスできるので、次の授業を待たずに生徒の進捗状況を確認することができます。毎日、生徒の作品や質問（や回答）の一部を見て、適宜調整することができます。一人一台端末の利用が、すべての授業場面で、このようなやり取りをサポートしているわけではありませんが、生徒とディジタルでやり取りをすることで、生徒の進歩に関する複数の形成的評価[23]を行うことが大変容易となります。そして一人ひとりの生徒の必要に応じたタイムリーな個別支援ができるようになるのです。さらに、生徒の授業課題に対する疑問に即座に対応することも容易です。私たちが生徒の学習をサポートするための方法は、読む指導も書く指導のどちらも完全にペーパーレスであるため、資料やワークシートを印刷するための時間削減にもつながっています。

何が同じなのか？

　私たちは、生徒のニーズを把握するために、生徒の作品（成果物、提出された課題）を確認することに時間を費やしています。彼らのニーズに応えるために、授業を計画したり、生徒とのカンファランスをしたりすることに変わりはありません。私たちは今でも、さまざまな形成的評価と総括的評価を用いています。

---

23) 学習者の進捗や理解度を定期的に評価し、生徒へのフィードバックや指導の方針を調整するために用いられる評価方法です。

よい授業は、やはりよい授業なのです。教室にあるディバイスは、私たちと生徒を切り離すものではなく、むしろ私たちをより密接に連携させるものとなるのです。

最大の成果を追求する

ICT を活用する教室への道のりは長いです。これまで述べてきたように、教師が移行するには通常 3〜5 年かかると言われています。ディジタル教室の最初のステップは、軌道に乗るようなものだと考えてください。この段階では、基本的なことをマスターし、後にもっと洗練された方法で使いこなすことになるツールをテストしているのです。多くの面で、あなたは今まで紙で行っていた手順をディジタルで再現しています。それはそれでいいのです。ディジタル・ツールを使って既存のやり方を再現して学ぶうちに、既存のやり方を超える新たな方法を見つけることができるはずです。生徒と単元ごとに試行錯誤することで、次の学習では、新たな能力を開花させることができるでしょう。

それには、TECH モデルが参考になるかもしれません（表 1.2 参照）。これは、ルーベン・プエンテデュラ博士の SAMR モデル[24]を参考に、私（ロバーツ）が作成したものです。SAMR は、テクノロジーを使用する教室のタスクを、代替、拡大、変更、再定義の四つのカテゴリに分類してい

表 1.2　教師と生徒のための TECH モデル

Handoff（譲り渡し） 生徒の興味関心が学習体験を主導し、教師の指導と柔軟なツールやテクノロジーの選択によって、本物で模範的な成果物を作成する。
Choice（選択） 教師は生徒の学習のために幅広い目標を設定し、指定された範囲の利用可能なツールを使って課題の選択肢を提供する。
Enhanced（向上） 教師は複数のテクノロジーツールを統合し、生徒たちに質の高い学習体験をつくり出す。
Traditional（伝統的） 教師は伝統的な教育方法も使用しつつ、テクノロジーをサポートとして取り入れて課題を設計する。

©Jen Roberts

---

[24] SAMR モデルの活用に興味をもたれた方は、C. マーシャル『あなたの授業力はどのくらい？』（教育開発研究所、2022 年）（特に、97〜100 ページ）を参照ください。

ますが、私たちはSAMRモデルの言葉が、情報機器に慣れていない教師にとって最適なものだとは思いませんでした。TECHモデルは、従来の教育方法から教育ICTを活用した活動へと移行する過程で、教室での実践を再考するのに役立ちます。これにより、生徒たちにより多くの選択肢と責任を与えることができるようになります。

■ POWER UP !　　準備の段階から次の段階へ

1. 学校や教育委員会のICT活用の留意事項や「利用規定」を読んでください。生徒の使用に関する規則を周知し、定められた期待（内容）をどのように実施していくかを検討することが重要です。
2. 教室で起きている問題や障害で、一人一台端末の利用によって円滑に改善・解決するものはないか、そのための方策を考えてみましょう。解決策について助言が必要な場合は、他の教師に相談してみましょう。

Part I
Enrich (充実させる)

En・rich（動詞）：充実させる／質や価値を向上させること

> 一人一台端末の教室は、教育の質や価値を向上させ、生徒の人生を充実させることにどのようにつながるでしょうか？

第2章
コミュニケーションとワークフロー[1]

コミュニケーション（名詞）：情報やニュースを伝えたり交換したりすること。

コナー・マギー先生の7年生の理科のクラス（観察者／ジェン・ロバーツ）

　人間の心臓は奇跡のようなものです。一生を通じて絶えず鼓動しているのに、そのことを考えることはほとんどありません。コナー・マギー先生の7年生の理科の授業では心臓の仕組みについて学んでいました。

　彼らの学校はサンディエゴの南東部にありますが、社会経済的に恵まれない地域で、ほとんどの生徒が自宅でインターネットに接続することができません。マギー先生の生徒たちもまた、ディジタル格差を感じる生徒たちですが、教室でパソコンを使って学習する準備はできています。彼らの一日は、いつものようにホワイトボードに書かれた練習問題と、机の上に置かれたスパイラル・サイエンス・ノート[2]で始まりました。「どの部分があなたの心臓の音を作っているのでしょうか？」マギー先生はホワイトボード上の質問を繰り返しました。生徒が胸の音は弁が原因であることを確認した後、彼はさらにいくつか追加の質問をしました。「すべての心臓の音は同じだと思いますか？　ある心臓の音が他の心臓の音と違うのはなぜでしょうか？　医師が病気を診断するのに、心

---

1) 作業の手順や流れという意味で、34ページには「解決策を見つけるプロセス」と説明されています。
2) 教師の講義や板書を写す内容と異なり、生徒の頭によぎるものを何でも下書き段階のものから書き記すものです。教科によって、「科学者ノート」、「作家ノート」、「数学者ノート」あるいは「思考ノート」などとも呼ばれています。

臓の音を使うことを知っていますか？」マギー先生は、生徒たちにこれらの質問について考える時間を与えた後、各グループから一人の生徒を指名し、コンピューターカートからグループ四人分のノートパソコンを持ち帰らせました。

ホワイトボードには、生徒への授業内の課題が書かれていました。最初は、練習問題で、二つ目の課題はマギー先生の Moodle[3] ページにログインするよう指示されていました。前方のスクリーンでは、先生がいくつかのインターネットへのリンクやページをめくりながら、生徒に注目してほしい内容を説明していきました。私はふだんから Moodle を使うことはないので、操作手順が速すぎてついていけませんでしたが、生徒たちは慣れていて、数秒で目的のページに辿りついたようです。

私は、教室の後ろで一人で作業をしている生徒を見つけ、何をしているのかと尋ねました。彼女は恥ずかしそうに微笑みながら、ノートに書きこんだチャートを見せ、オンラインで見つけた情報についてどのようにメモをしていくのかを説明してくれました。マギー先生は、彼女のメモと同じものを全員が見えるようにつくっていました。生徒たちは、4種類の心臓弁について、ウェブサイトの説明（ほとんどはメイヨー・クリニックのもの）を読んだ後、マギー先生が示したウェブページに戻ってリンクをクリックし、心臓の音を聞くことができる音声資料で確認していました。私が話しかけた生徒は、イヤホンをつけて、最初の音声資料を聴きました。何度か再生してから、その音を表現するためにノートに「ルブ、ダブ、ダブ」[4]と記しました。

別の生徒は、4種類の心臓弁の探索を終えて、次の課題へと進みました。彼はマギー先生のサイトの別のページを見ていました。そこには四つの音のリンクがあり、彼はそれぞれのリンクについて、どの条件で聞こえているかを正しく識別しなければなりませんでした。隣にいた男子生徒は、別のウェブページから素早くメモを取っていました。彼は、前日欠席してしまったので、クラス

---

3) e ラーニングのプラットフォーム、学習管理システム（Learning Management System: LMS）とも呼ばれ、生徒は教師から提示された解説動画を視聴、課題の確認・提出を行うことができます。

4) 日本では、「ドクン、ドクン」といった擬音語で表現されています。

Part Ⅰ　Enrich（充実させる）

メイトが調べている心臓の音に追いつきたいのだと説明しました。

　マギー先生と私は、教室内を歩き回りました。彼は1〜2分かけて子どもたち一人ひとりの様子を確認し、心臓の音を聞く代わりに意見交換をしたいという生徒に着目しました。私は、画面上で他の生徒とまったく異なる作業を行っていた一人の生徒が気になって立ち止まりました。彼女は、コンピューターのトラックパッド[5]を使って、アニメーションの心臓にメスを入れ、仮想の心臓移植を完成させていたのです。アニメーションは各ステップで何をすべきかを教えてくれましたが、非常に特殊な解剖学の専門用語が使われていました。私は彼女に、なぜ心臓の音を聞くのではなく、移植をしているのかを尋ねました。彼女は心音に関するメモを私に見せ、仮想心臓移植が、マギー先生の次の課題であることを説明しました。授業後、彼にそのことを尋ねると、「全員がそこに辿り着くことはないだろうけど、早く終わる生徒にとって、仮想心臓移植は価値ある体験ができるように思えた。ある医学部のホームページで見つけたのだ」と教えてくれました。

　ほんの数年前まで、生徒たちは教科書で人間の心臓について学んでいたはずです。教師がスピーカーを持ち込んで、各事象の心音を再生することで、生徒はその音を聞くことができたかもしれません。しかし、生徒自身がウェブサイトから最新の情報を集めたり、心臓の音を何度も聞いたりすることはなかったでしょう。スキルをもった教師が、誰もが利用可能なオンライン教材を使って、生徒たちの学習体験を変革したのです。この授業がうまくいったのは、マギー先生がMoodleを有効活用したからです。生徒たちは、Moodleという一つの出発点から、授業で調査を行うために必要な教材にアクセスすることができました。すでにマギー先生は、Moodleを使ってサイトを構築するために時間を費やしていましたが、そのほかにさまざまな学習管理システムを使うことも可能でした。要するに、プラットフォーム自体は重要ではありませんが、生徒にとって一貫したオンライン上の出発点であることが、一人一台の教室運営をよ

───────────

5) パッド状の板の上を指でなぞってマウスポインターを動かすことができる PC の入力装置の一つです。

り効率的にしていくのです。このことは、一人一台教室の心臓部と呼ぶことができるでしょう。

学習管理システム（LMS）の利用

　一人一台端末の教室では、使いやすいコミュニケーション・システムがあれば、教師と生徒との情報のやりとりが簡単になります。私（ロバーツ）の授業では、「電源を入れ、ログインし、ブログを見る」というのが合言葉になっています。マギー先生のクラス・ブログは、生徒が必要とする日々の指示、リンク、リマインダー、リソース（資料や学習材）を提供しています。一方、もう一人の筆者、ニーベの生徒はディバイスを家に持ち帰るため、ウェブを基本とした授業のハブ機能[6]は、生徒が教室を出るときに役立ちます。彼女は、学習管理システムとして Schoology を使用しています。提供したリンクや情報に生徒が簡単にアクセスできる場所を確保することは、一人一台端末を活用した学習にとって不可欠な要素です。

　学習管理システム（LMS）とは、オンライン教室のハブの総称です。使用する LMS について選択できる場合もあれば、学校（ないし教育委員会）が特定のプラットフォームを使用するように要求する場合もあります。多くのオプションを備えた有料サービスもあれば、一般にオプションが少ない無料サービスもあります。通常、LMS は教師とその学年やクラスに登録されている生徒に限定されており、生徒を保護し、授業内のコミュニケーションを非公開にするための壁のような存在です。Schoology、Can-vas、SchoolLoop、Edmodo、Black-board、Moodle、Google Classroom などが代表的なシステムです。それぞれ仕様は異なりますが、基本的な機能は同じです。生徒は LMS にログインし、自分に与えられた課題を確認したり、授業で使う資料にアクセスしたり、オンラインの話し合いに参加したり、課題を提出したり、時には評価を受けたりします。

---

6) 情報が集約・統合され、一元的に管理されるシステム。クラスのブログや学習管理システムを見れば、授業で何をどうすればいいかがわかるようになっているので、教師がいちいち指示を出さなくてもいい仕組みになっています。

Part Ⅰ　Enrich（充実させる）

　一人一台端末の活用のため、ほとんどの学校でLMSが導入されています。各学校や教育委員会では、LMSを使用するための研修やサポート体制が構築されているはずです。教師や生徒にとって導入直後は慣れるまで大変ですが、LMSは長期的な視点では時間の節約になり、授業内での交流活動を円滑にすることができます。他の教員にLMSの使い方を教えてもらったり、オンラインでビデオチュートリアルを検索したりしてみましょう。生徒が、あなたの授業に出席していることに変わりはありません。物理的な教室は、LMSによって拡張され、「ブレンド」学習環境となります。

　LMSを生徒とともに使用する大きな利点は、学び合う生徒同士が、授業を受けている間に情報を共有したり、翌年も自分の学習に役立たせるために複製したりできることです。私たちは毎年授業の内容や流れを変更し、改良していますが、簡単に改訂できるプラットフォームがあることは素晴らしいことだと思っています。私（ロバーツ）は、『ウォールデン（森の生活）』（ヘンリー・デイヴィッド・ソローの著書）に示されている素晴らしいエピソードを教育実習生に紹介したいと考えました。私は、クラスのブログで『ウォールデン』を検索するよう提案しました。すると、私が過去に教えた『ウォールデン』に関連する四つの授業内容を、それぞれ少し異なった形で見つけることができました。教育実習生は、その選択肢を確認しながら、ブログで見つけた授業のアイディアを基に、独自の授業を作成することができました。

コミュニケーションは重要

　LMSをうまく使いこなすには、教師は教科の内容と授業の進め方の両方について効果的に生徒とコミュニケーションを取る必要があります。生徒は、学習すべき内容を知っている必要がありますが、同時に、どのような課題が出されるのかや提出の時期や手順、成績評価の方針、学習支援を求める方法とタイ

---

7) 学習のための素材、活動、方法などをさまざまに組み合わせて、時空間を超えた新たな学びをつくり出すものです。

第 2 章　コミュニケーションとワークフロー

ミングなどについても知っておく必要があります。

　まず、自分の授業がどのように展開されているかを考えてみましょう。あな
たの教え方のスタイルはどんなものでしょうか？　生徒が最もよく学ぶときは
どんなときですか？　あなたの授業でうまく機能していて、維持したいことは
何ですか？　改善したいことは何ですか？　もっと時間やリソースがあったら
いいと思うことは何ですか？　私たちは、あなたと一緒にこれらの質問につい
て話し合い、あなたとあなたの生徒にとって効果的なディジタル版教室をカス
タマイズするお手伝いをしたいと思っています。私たちは直接お会いすること
はできませんが、この章があなたのスタート地点になることを願っています。

　LMS、クラス・ブログ、またはウェブサイトを持つことは、あなたにとっ
て生徒（と保護者）との主要なコミュニケーション手段となります。私たちは、
欠席した生徒に聞きそびれたことを質問する前にオンラインで確認するように
指導しています。また、保護者にも、課題の内容や提出期限、教材に関する詳
細情報が確認できるよう、クラスのサイトを公開しています。オンラインでの
やり取りが可能な LMS であれば、生徒同士で質問し合うこともできます。教
師がオンラインにアクセスする前に、生徒が互いの課題について質問したり、
答えたりするという話をよく聞きます。LMS だけでなく、ここに挙げたよう
な他のコミュニケーション・ツールも試してみてはいかがでしょうか。

・**Remind.com**：安全でプライベートな Remind は、授業で、あなたが生徒に
　対して一方向のテキストメッセージを送ることを可能にします。生徒と保護
　者はサインアップして、文章やメールのメッセージを受け取ることができます。
・**Facebook**：コミュニティーの Facebook、個人アカウントとは異なります。
　生徒がクラスページを「いいね！」をしても、あなたの Facebook の「友達」
　にはなりません。あなたは彼らのプロフィールで公開情報だけを見ることが
　できますが、生徒はアクティビティフィード[8]が学校または教育委員会のソー

8）Facebook がソーシャルプラグインとして提供している、友人・知人の活動状況や更新履
　歴を外部サイトで表示できる機能のことです。

29

Part Ⅰ　Enrich（充実させる）

シャルメディアの規則で、このオプションが除外されていないかを確認してください。

・X（旧 Twitter）：多くの教師がクラスの X（旧・Twitter）アカウントを開設し、クラスの学習内容に関する短いメッセージをポストしたり、他のクラスとつながったりしています。

・**写真共有**：Instagram や Vine などの写真・動画共有サイトも、生徒や保護者にとって楽しいコミュニケーションツールになり得ます。毎日ホワイトボードの宿題を写真に撮って、クラスのハッシュタグを付けて Instagram に投稿し、保護者や生徒が見ているという教師の事例を知っています。

ディジタル・シティズンシップ

　私たち教師が、生徒にオンライン上で他者とコミュニケーションをとるように求める際には、ディジタル・シティズンシップ[9]について教える必要があります。教育技術のコーチ／啓発者たちは、「ディジタル・シティズンシップを予防接種することはできない」【3】と言っています。

　つまり、ディジタル・シティズンシップについての教育は一度の授業で終わるものではありません。生徒がディジタルの世界でうまく立ち回れるようにするには、私たちが毎日教室で取り組んでいく必要があります。これは、クラスメイトや他の人たちとオンラインで交流する際のマナーも教えることを意味します。また、ネット上の犯罪者からだけでなく、コンピューター・ウイルス、スパマー、ハッカー、そして自分の友人からさえも、自分の身を守ることを教えることも重要です。さらに、著作権、クリエイティブ・コモンズ、パブリック・ドメイン、適性使用を尊重することの重要性などを理解させる必要があります。ディジタル・シティズンシップを育てるには、授業内容とともに、成熟、注意力、尊敬の念などを教育する必要があるのです。

---

9) 日本では「オンライン上での行動を管理するためのエチケットや行動規範」として捉えられがちですが、「社会活動に参加し、社会を改善するためにインターネットや他のディジタル技術のスキルや知識を効果的に使いこなすこと」という目的を忘れたくないです。

ワークフローが機能する必要がある

　自分のコンピューターから生徒に教材を提供するにはどうしたらいいでしょうか？　生徒がディジタルで作業した後、印刷せずに提出する方法はありますか？　生徒の作品を評価した後、生徒へのフィードバックをどのように共有しますか？　これらは、ワークフロー〔24ページの注1）を参照〕に関する問題です。これらをどのように解決するかは、生徒が持っているディバイスと、あなたが使いやすいツールによって異なります。一人一台端末の授業に慣れ、オンラインの選択肢について学ぶにつれ、ワークフローが進化し、より効率的になることを期待します。また、教材を配布・収集するために使用するシステムは、企業が製品を継続的に更新しているため、次の年はさらに使いやすくなるでしょう。

　そして、あなたの生徒も手伝ってくれるでしょう。私たちは何度も経験していますが、生徒たちは私たちが考えつかなかった解決策を生み出してくれます。生徒たちは、情報を効率的に他の生徒や私たちと共有する方法を見つけるのです。私たちが試したことのないサイトやアプリを生徒が紹介してくれることもあります。生徒たちは一日中、異なる教師による授業を受けているので、他の教師がまだ使っていないアイディアを広めてくれることもあります。生徒が「A先生は……を使ってドキュメントを共有している」と言うのを聞くと、比較されていることにイライラするかもしれませんが、この生徒がより効率的な方法を提案していると考えてください。そして、それは十分に検討する価値があるかもしれないのです。

イブ・ガードナー先生の 10 年生英語〔国語〕[10]（コーチ／ジェン・ロバーツ）

　新年度が始まってすぐの9月上旬の放課後、イブ・ガードナー先生は、私の教室に立ち寄りました。「今年は紙の使用量を減らしたいです。ディジタルで生徒に送る方法があるのは知っているのですが、そのやり方を教えてくれませんか？」と彼女は言いました。ガードナー先生は、言語活動のために生徒たち

10）アメリカでの英語の授業は、日本での国語の授業にあたります。

Part Ⅰ　Enrich（充実させる）

に送りたい情報がありました。それは、クラウドストレージ[11]にアップロードした Word 文書でした。私はまず、彼女にいくつかの質問をしました。

「これを Word 文書として送りますか？」

　彼女は少し考えました。「もし Word ドキュメントとして送るなら、生徒たちはどのような形で戻してくるのでしょうか？」

　素晴らしい質問です。彼女は先を見据えていました。彼女が煩雑な作業をできるだけ避けたいということはわかっていたので、生徒が完成させた課題をメールで送るか、印刷して返送することを提案しました。

「いいえ」とガードナー先生は言いました。「メールは全部いらないです。どうすれば、生徒が Google ドキュメントで作業するようになるのでしょうか？」

「『閲覧のみ』で送ればいいんです」と私は言いました。「彼らは自分のコピーを作り、課題作成を行い、それをあなたと共有します。」（Doctopus や Google ドライブと統合する LMS を使ったよりよい解決方法もありますが、当時の私たちの LMS にはそれがありませんでしたし、ガードナー先生は Doctopus アドオンを運用する技術がなかったのです。）

「それが私の望みです」と、彼女は元気に言いました。「どうすればいいですか？」

　私は、リンクを貼れば誰でもドキュメントを閲覧できるようにする手順と、そのリンクを既存のクラス・ブログに追加する手順を説明しました。生徒がリンクをクリックすると、その文書のコピーを作って編集したり、彼女と共有したりすることができるのです。彼女は手順を注意深く書き留め、私が別の教師を手伝い、彼女の進捗状況を確認しながら、他のいくつかのドキュメントで試してみました。

　生徒が閲覧できるようにするための手順を学び、実践するのには時間がかかりましたが、数週間毎日行ううちに、ガードナー先生は手順をマスターしまし

11）クラウドストレージでは、クラウド上に保存したファイルを、限定された受け手だけがアクセスして共有することができます。また、ファイル保管・転送サービスを利用することで、添付ファイルでは送受信ができない大容量のデータをやり取りすることもできます。日本では、OneDrive や Google ドライブ、各自治体と契約した独自のクラウドサービスが利用されています。

第 2 章　コミュニケーションとワークフロー

た。後日、彼女は私に「大量の紙とコピー室での時間を節約できています」と
話してくれました。

ワークフローのためのツール

　Google ドライブは、一人一台端末を利用する先生にとって、非常に強力な
情報源となります。ドライブでは、ドキュメント、プレゼンテーション、スプ
レッドシート、フォームを作成、共有、公開することができます。生徒とフォ
ルダを共有し、彼らの課題作成の進行を見守ったり、チームで協働してプレゼ
ンテーションに取り組んだり、フォームでデータを収集したりします。Google
ドライブで作成したものはすべてウェブ上に公開して、LMS に簡単にリンク
することができます。生徒が制作中の作品を共有することができるため、形成
的なフィードバックの機会を得ることもできます。共有フォルダを使用すれば、
グループでの協働作業も容易です。Google ドライブはブラウザベースなので、
使用するためにインターネットにアクセスする必要はありますが、これは生徒
が自宅から自分の課題に簡単にアクセスできることを意味します。Google ド
ライブは自動的に作品を保存し、以前のバージョンもすべて記録してあります。
共有された文書に誰が何を書いたかは、修正履歴を使って確認することもでき
ます。私たちは、Google ドライブの共有ドキュメントを使用して、この書籍
を作成しました。それにより、草案を協働で作成し、お互いにコメントを残し、
リアルタイムで一緒に修正することができました。もし、まだ Google ドライ
ブの威力をご存知でなければ、もっと詳しく学ぶことをおすすめします。本書
では、Google ドライブが頻繁に参照されます。

　オンライン上でファイル共有することができるクラウドストレージは、非常
に便利なワークフロー・ツールです。私（ロバーツ）の学校の教師たちは、カ
リキュラムの作成の協働作業にフォルダを共有しています。共著者（ニービー）
の学校では、iPad からファイルを送信したり、「ディバイス外」のバックアッ
プとして Dropbox を利用している生徒も一部います。クラウドストレージ内で、
生徒と共有フォルダを作れば、便利なワークフロー・ツールになりますが、任

33

Part I　Enrich（充実させる）

意のドキュメントを右クリックして、そのドキュメントを共有するためのリンクを取得することも可能です。そのリンクを LMS に追加しておけば、生徒はリンクをクリックして自分の PC にドキュメントをダウンロードすることができます。生徒から作業を受け取るには、LMS を介して提出してもらうか、それに使用できるいくつかのサービスを使用してクラウドストレージにアップロードしてもらうことができます。

　ワークフローは、解決策を見つけるプロセスです。情報を A 地点から B 地点に送る方法は、必ず存在します。課題は、最も簡単な方法を見つけることです。単一のファイルの場合、電子メールはうまく機能することが多いですが、180 人の生徒を抱える教師にとっては、うまく機能しない場合があります。この場合、二つの解決策があります。まずは、年度当初に、生徒に Google ドライブでドキュメントを共有してもらいます。それを「英語ジャーナル」と呼び、クラスで日常的に行われる継続的な課題作成の際に使用します。練習問題の質問への回答、語彙のメモ、読書感想文、キャラクターチャートなど、かつて彼らがスパイラルノート〔24 ページの注 2) 参照〕に書いていたことです。生徒がそのドキュメントを私たちと共有することで、私たちは彼らが年間を通じて取り組んだ課題を確認することができます。

　重要なテクニックは、生徒に新しい作業をドキュメントの一番上に追加し、その都度日付を入れるように習慣化してもらいます。最初は上から作業することが生徒にとって違和感を覚えるかもしれませんが、数日経過すると、前の作品をスクロールする必要がなくなり、その理由を理解するようになります。

　教師にとっては、生徒の英語ジャーナルを開くと、最新の課題を一番上に見ることができるようになりました。Google ドキュメントのプレビュー機能を使えば、パソコンの矢印キーでドキュメントをめくりながら、すべての作品を素早く見ることができます。一つのドキュメントを早い段階で共有することで、毎日別々のファイルで少しずつの作業に対処する必要がありません。エッセイやレポートなど、より大規模で重みのある課題については、新しいドキュメントを作成します。

　また、特定の活動や評価（あるいは情報収集）のために、生徒全員から回答を

第 2 章　コミュニケーションとワークフロー

得たい場合、私たちは Google フォーム（Google ドライブで利用できる機能）を使用します。フォームを使用すると、さまざまな質問をすることができ、生徒全員の回答をスプレッドシートで確認することができます。これは課題作成の進捗状況を確認したり、クラス全員で協力してデータを集めたり、生徒が他の場所に投稿した作品の URL を提出するための便利な方法です。Google フォームを使えば、ワークフローが簡素化され、生徒全員から情報を迅速に収集、整理、評価することが容易になります。

■ Plug In　コミュニケーションに関するいくつかの決断

1. 学習管理システム（LMS）について、現在使っているものか、奨励されるものを調べてください。その名前でオンライン検索し、その LMS について読んでください。また、YouTube でその LMS の名前をチュートリアルと入力して、どのように操作するのかを確認することもできます。LMS に関する研修に参加したり、すでに使用している教師を訪ねたりする予定を立ててください。
2. 生徒の自宅でのインターネットアクセスに関する調査をしてください。携帯電話やメールアドレスをもっている生徒の数を把握してください。音声通話、ビデオ通話、ソーシャルメディア、ビデオ会議などのコミュニケーション・ツールの好みやソーシャルメディアの経験についても尋ねてください。
3. まだ Google アカウントをもっていない場合は、作成してください。これにより、Google ドライブ、Blogger、Google マップ、YouTube など、非常に幅広い教育ツールにアクセスできるようになります。

一人一台端末の教室を運営するためのヒント

タイトルのつけ方の規則：ディジタル・ファイルに特定のパターンで名前をつけるよう生徒に教えると便利です。私たちのクラスでは、生徒はすべての文書に次のような名前を付けるようにしています。たとえば、ジョン・スミスという男子生徒が 3 時間目のクラスで論理的なエッセイの作成に取り組む場

35

Part I　Enrich（充実させる）

合、彼は自分のレポートに「3 Smith John Argument Essay」と書くことに
なります。こうすることで、一目でどのクラスの、誰の、そしてどの課題か
がわかります。この作業によって、エッセイをクラスとタイトルごとに分類
することができます。もし可能であれば、学校全体でタイトルのつけ方の規
則を取り決めるようにしましょう。一貫性のある指導をすることで、生徒が
さまざまな教科の教師と作品を共有する際に混乱を避けることができるでしょ
う。

アカウントの作成：多くのウェブサイトでは、利用する前に教師と生徒がアカ
ウントを作成する必要があります。ほとんどの場合、メールアドレスとパス
ワードが必要です（次の項目を参照）。オンライン・アカウントを作成するには、
生徒は通常 13 歳以上である必要があります。生徒と一緒にアカウントを作
成する際には、プライバシー、セキュリティ、情報モラルについて必ず教え
てください。私（ニービー）は、アカウント作成時に生徒に氏名のイニシャ
ルのみを使用するよう教えています。同様の規則を設けるとよいでしょう。

パスワードの生成：生徒に基本的なパスワードに関する情報を伝えましょう。
彼らは重要なパスワードを使いまわさないことと、解読されやすい単語や数
字を使わないことを教えましょう。親しい友人ともパスワードを共有しない
ことの重要性も強調しましょう。また、パスワードを忘れてしまう生徒がい
ることも想定しておくべきです。幸いなことに、ほとんどのサイトには「パ
スワードを忘れた」際に対応するリンクが備わっています。私（ニービー）
は生徒にパスワードを携帯電話に保存させています。共著者（ロバーツ）は
スパイラルノートに、学校関連のパスワードを書き留めることができるよう
にしています。そのノートを安全な場所に保管していますが、必要に応じて、
生徒はみな自分のページから、パスワードを再確認することができます。

シングル・ログイン・サイト：セキュリティの関係でアクセスが制限されてい
るサイトを活用したい場合は、教育委員会や学校管理職に依頼し、そのグルー
プ専用のパスワードを共有するログイン ID を作成してもらうようにします。

データ保存：タブレットや教室のコンピューターで、今まで作業してきたデー
タが失われるトラブルを何度か目撃してきました。エラーが発生して、ウェ

第 2 章　コミュニケーションとワークフロー

ブサーバーがシャットダウンしたり、使用中のアプリが予期せずに終了したりすることがあります。こうした事態に備えて、定期的にバックアップを取ることが重要です。生徒には、数秒ごとに自動的に保存される Google ドキュメントで作業し、定期的に原稿をダウンロードしてデータ転送をしておくよう推奨しています。ディジタルの活用は、技術的なトラブルの可能性があっても、紙だけを使っていた時と比べて生徒の作品が紛失する事態は、かなり少なくなりました。

データのアップロード：データをアップロードすると、ウェブサイトがタイムアウトして終了してしまうことがあります。そのため、ドキュメントを別の場所に保存することが重要です。コンピューター画面上の入力ボックスだけではなく、別の場所に保存することが重要です。

CAPTCHA (Completely Automated Public Turing Test to Tell Computers and Humans Apart)[12]：このコンピューター化されたテストは、ハッカーやボット、スパムからの攻撃を防ぎ、利用者のデータを保護するために使用されます。しかし、CAPTCHA の文字や数字の配置を解釈するのが難しく、正確に入力するのが難しい場合があります。秘訣は、通常、画面の左上にある「更新」ボタンを使用することです。生徒が CAPTCHA を再作成できない場合は、新しい単語のセットを識別するためにページを更新するように促してください。何度か試す必要があるかもしれません。

新しいツールの操作：多くの場合、生徒たちは「自分で何とかしよう」とします。彼らにとって、馴染みのないアプリやサイトでも、まずは触れてみることが、新しいスキルを身につけるための好ましい方法なのです。私 (ニービー) は、初めて Google のサイトを使用するにあたって、ウェブサイトを作成するための手順を詳しく解説した資料を複数ページ作成しました。生徒たちは同様の手順を解説する YouTube 動画を見るために、スクリーンの周りに集まっていました。しかし、その間、私の用意した資料は、手つかずで机の上に置かれたままでした。自力で解決する生徒の前で、私は教える側の立場に

---

12) 自動化されたコンピューターと人間を区別する公開チューリングテストです。

37

Part I　Enrich（充実させる）

なかったのです。

優先順位をつけることと遊びのバランス：私たち教師は、生徒に対して優先順位をしっかり意識させ、締め切りを守らせるようにしたいものです。新しいアプリやウェブサイトで、最初の「試し使い」（「このサイトで10分間使ってみて、どんなことがわかったか」）を許可することは、生徒たちと妥協点を見つけ、彼らの息抜きが問題解決に向けた目的意識を明確にもたせることにも繋がります。生徒の最終成果物だけでなく、学習過程についても評価することを検討してください。これは、集中力を高めるための有効な方法となります。

世間の批判：オンライン上のやり取りは、すべてポジティブなものばかりではありません。時に、公に発表することで、生徒が厳しい批判や辛辣なコメントにさらされることもあります。このような場合は、インターネット上の挑発的なメッセージに対応しないよう、また、お互いの作品に適切にコメントする方法を生徒に教える機会です。生徒には、コメント投稿者の名前が表示されるサイトでのみオンラインで参加するよう促してください。匿名での回答は、最も大きなダメージを与える傾向があるからです。

インターネット・フィルター：おそらく学校にはインターネット・フィルターが設置されています。自宅で授業計画を立てたのに、使用したいサイトが校内でブロックされていたのでは悔しいですよね。使用したいサイトが学校でアクセス可能かどうかを確認してから、活用方法を考えるようにしましょう。

ディジタルを活用した学習のモニタリング

　紙ベースの授業を考えてみましょう。生徒の学習の様子を確認するには、歩き回って肩越しに見るか、課題が提出されるのを待つ必要がありました。最後までやり遂げられず、提出できなかった生徒がいたかもしれません。何もないものを評価するのは、かなり大変です。一方、一人一台端末の授業では、教室内を移動するときに生徒の肩越しに見ることができますし、オンラインで共有したデータをディジタルで確認することも可能です。さらに、私たちの授業で

は、生徒が学習を開始した日に Google ドライブでデータを共有し（画面右上の大きな「共有」ボタンを使用）、彼らの作品や学習過程の進捗を見ることができます。もし生徒が課題を完了できなかったとしても、どのような成果を上げたのか、どのような課題に取り組んでいるのかを確認することができます。生徒の学習状況を確認できるため、遅れをとっている生徒や学校を休んでいる生徒に対して、早期に介入することも可能です。iPad のアプリのように、コンテンツが単一のディバイスで完結している場合は、進捗状況の確認が難しいこともあります。そのような場合は、Google ドライブや OneDrive などのクラウドバックアップを共有したり、授業中の抜き打ちチェックなどで確認することになります。

学習データの整理

生徒から送られてくるディジタル・ファイルはどこに置くのがいいでしょうか？ Google ドライブを使用していますが、生徒から送られてくるファイルを授業時間に関係なく、課題ごとにグループ分けするのが最適だと考えます。〔35〜36 ページで紹介したように、〕「授業時間（Period）、姓（Last Name）名（First Name）、課題（Assignment）」という形式でタイトルをつけることで、Google ドライブ内のドキュメントを検索しやすくしています。クラスごとにファイルを分けて、課題ごとにサブフォルダを作ったり、生徒ごとにフォルダを作ったりする先生もいると思いますが、私たちは課題ごとにグループ分けしています。

一人一台端末の教室における進行管理

ディジタルを活用したプロジェクトや単元にどのくらいの時間をかけているのか尋ねられることがよくあります。正直なところ、一人一台端末を使用した課題やプロジェクトは、紙ベースのものよりも少し時間がかかります。これは、生徒がより質の高い成果物を完成させるために多くの時間を費やすためです。出来具合で判断すると、2〜3 日余計に時間をかける価値はあります。新たな

Part Ⅰ　Enrich（充実させる）

単元を開始した時点で、プロジェクトの中心となる内容を絞り込むように仕向けます。生徒たちは調査、データ収集、執筆、または他の何かを行うのですか？画像か動画を使用しますか？　これまでに使用したことのあるツールを使用しますか、それとも新しいツールを使用しますか？　彼らはどのように自分の作品を発表または公開するのでしょうか？　これらの要素は、プロジェクトの所要時間に影響を与えます。

　私（ニービー）は、自分が慣れ親しんだ課題を用いて単元計画を作成するので、時間配分を容易に見積もることができます。私は常に、単元の最初に新しいツールを探索するための宿題をさせます。単元の途中では、遅れを取り戻すために１日か２日余裕をもたせることを提案しています。予期しない事態（ミーティング、コンピューターの故障、緊急事態）に対応するため、私はその日は意図的に予定を入れないようにしています。単元の終わりには、二日間の成果物に磨きをかけるための時間を確保します。この二日間は、「フレックス・レッスン」と呼ばれる他の課題や授業を計画します。これは、極めて充実した内容で、やれるならやった方がいいですが、できなくとも成績上の不利益にはならない内容です。このようにプロジェクトの進行管理を計画する際には、的確な推測を行い、余裕をもたせることが重要です。

　一人一台の学習環境下で単元計画を作成する際のもう一つの重要な側面は、生徒が使用するディジタル・ツールを考慮することです。まず、教師は生徒に対して授業内容を確実に教える責任があります。ディジタル・ツールはその学習過程を確実に向上させることができますが、逆に使うツールが多すぎると学習の妨げになることがあります。私（ロバーツ）は、新しいディジタル・ツールを単元ごとに一つか二つに限定し、それらのツールが現在の課題以外の用途でも使用できるかどうかを常に確認しています。ツールに慣れ親しみ、レパートリーを増やすことで、生徒は思考を広げることができるようになるのです。「レッドジャケットのスピーチをワードクラウドにしたのを覚えていますか？　今日は、他の二つのスピーチのワードクラウドを作成し、それらを比較してみてください」と言えば、年末には、生徒たちは自分の問題解決に適したツールを選び、同時進行で複数のツールを使うことができるようになるでしょう。

第2章　コミュニケーションとワークフロー

ニービーが説明した、一人一台端末の教室における教師の役割

　一人一台端末の環境では、授業中に生徒が何をするかについての選択肢があります。しかし、教師は何をするのでしょう？　高校時代の水泳のコーチは、練習前に「チームがプールに入っている間、私は何をするのだろう」と自問することがあったでしょうか？　プールデッキを一瞥すれば、ノック先生が素晴らしいコーチであることがわかります。タイミングを計り、応援し、飛び込み台の上で正しいフォームを示し、時には濡れたコンクリートの上に寝転んで合図に合わせて呼吸をすることを促してくれました。しかし、ノック先生は、私たちと一緒にプールに飛び込むことはめったにありませんでした。

　出版に向けた文章を書くために、生徒たちに授業の進め方を委ねたとき、私は少し浮き足立っているような感覚を覚えました。最新章についての話し合いをリードしたり、ジャーナルに書く項目を指定したり、言葉数の少ない生徒に発言を促したりするのが私でないとしたら、私は何をしていればいいのでしょうか？　私はもはや彼らの作品の読み手ではなく、その作品を読み応えのあるものにするための、彼らのコーチなのです。ある教育コンサルタントたちは、「教師がクラスのコーチとして機能することで、創造性とイノベーションが促進され、生徒が自分自身で学習する力を身につけることができる」【75】と説明しています〔詳しくは、第8章を参照〕。

　授業中、私は全力でコーチし続けます。多くの場合、授業の最初に、その時間の目標を設定し、締め切りが迫っていることを生徒に知らせます。そして、生徒に課題を取り組ませます。その間に、私は個人または小グループで生徒とミーティングをします。私にはすることがないどころか、やることがたくさんあるのです。[13]

---

13) このような教え方がライティングやリーディング・ワークショップの教え方で、「カン

Part Ⅰ　Enrich（充実させる）

ロバーツが説明した、一人一台端末の教室における生徒の役割

　一人一台端末の授業でアメリカ文学を教える二学期の終わり、期末テストが近づき、生徒たちは何を勉強したらいいのかとしきりに聞いてきました。私はクラス・ブログを読み返して学習ガイドを作ろうかと考えましたが、あることを思いつきました。その学期の授業内容はすべて、クラス・ブログに保存されていました。なぜ、私が学習ガイドを作る必要があるのでしょうか？　私は生徒をグループに分け、各グループにメンバーが共有できる Google ドキュメントを作成するように指示しました。各グループは、クラス・ブログの要点を確認し、最終試験に出題される可能性が高いと思われるものを選び出しました。各チームは協力して、読み物へのリンクを含む学習ガイドを作成し、私がどのような出題をするかについて意見を出し合いました。

　教室内を歩き回り、生徒から出された意見を確認することで、各グループが学期内で最も重要だと考えていることを把握することができました。私は生徒に、各グループで出された意見を、他のグループと共有するよう指示しました。生徒はみな、6 グループ分の学習ガイドを獲得して、その時間を終えました。これは、私の教育委員会で一人一台端末が試験的に導入された時期のことです。同僚たちの教室には、まだコンピューターがありませんでした。私は、生徒たちがグループで作成した学習ガイドの出来栄えに興奮していたところ、同僚のサンダース先生に会いました。

　私が生徒たちの学習成果について話すと、彼は悔しそうに髪をかき回しました。「私は日曜日に 5 時間もかけて、生徒のための学習ガイドを作ったんだ」と彼は言いました。私は彼の言葉を信じましたが、彼の苦労が生徒たちのリュックの底に沈んでしまうことに、申し訳ない気持ちで一杯になりました。たとえ自分の生徒が試験のために復習をしなかったとしても、少なくとも学習ガイドをつくるだけで多くのことを復習したのです。

　ファランス・アプローチ」とも言われています。カンファランスについては、N. アトウェル『イン・ザ・ミドル』（三省堂、2018 年）や 139 ページの QR コードを参照してください。

第2章　コミュニケーションとワークフロー

　一人一台端末の教室では、教師のやることが減るわけではありませんが、生徒のやることが増えるのは事実です。私が教育実習生だったときに教わった格言は、「最も多くの作業をする人が、最も多くを学ぶ」というものでした。一人一台端末の教室では、生徒が学ぶためのツールを持っているのです。

　最後に、生徒が学校や職場で使うことになるコミュニケーション・ツール（代表的な例として Zoom、Microsoft Teams、Google Meet などがあります）やワークフロー・ツール（第1章で例示した Google カレンダーや TimeTree など）について考えてみましょう。オンライン授業やオンラインでのモジュール学習[14]は、どのような選択をしたとしても、生徒たちのこれからの生活の一部となることでしょう。チームで勉強する生徒は、一人で勉強する生徒よりも校内での成績が良いことがわかっています【23】。オンライン・テキストや電子書籍を読み、コメントやメモなどをつけることができるようになれば、彼らにより広範かつ容易に大量の学習材へのアクセスが可能となるのです。生徒が将来活躍するためには、あなたの授業で身につける情報活用能力が必要なのです。

■ POWER UP！　　授業改善を始める準備をしましょう

1. 学校管理システム（LMS）に教材を追加し、生徒がオンライン授業に参加する方法を理解しましょう。システムによっては授業コード（許可された生徒だけが LMS にアクセスできるようにするためのセキュリティコードの設定）を使用する場合もあれば、自動的に生徒を追加する場合もあります。
2. 生徒の作品をディジタルで配布・収集する方法を検討してください。クラウドストレージ内や LMS を活用することで、授業が円滑に展開されるでしょう。
3. ディジタル化を進めましょう。これまでに蓄積してきた記事や、他の教師から受け取った教材や資料など重要なものについては、ディジタル版を保存または再作成する方法を検討する必要があります。

---

14) 学習者が特定のスキルや知識を習得するための短時間で学習する方法です。

第3章
エンゲージメント

エンゲージメント（名詞）：没頭している／夢中で取り組んでいる状態や行為。ギアが入っている状態。目の前の作業への極めて高いレベルの集中力。

ディーニー・クリントン先生の10年生の生物のクラス（観察者／ダイアナ・ニービー）

　5月上旬の暖かい昼下がり。この時期は、「メイヘム[1]」と呼ばれ、すべてのAP試験、スポーツイベント、卒業関連の雑事などが集中するため、学校内が非常に忙しくなり、混乱や騒ぎが起こることが多いとされています。その最中、私は10年生の生物の授業を観察しました。二人の生徒が拳を突き上げて歓声を上げ、もう一人は机の上で立ち上がり、iPadに目を落としながら緊張のあまりそわそわしていました。教室左側の生徒たちは、革製のストラップをつけたiPadをもち、ニヤニヤしながら行ったり来たりするディーニー・クリントン先生のほうを向き直っていました。空気は温かく穏やかで、私が1時間前に教えていた私のクラスでは、詩に心を奪われ、静まりかえっている生徒もいました。しかし、今は同じ生徒たちが座席の端に座って、授業に夢中で取り組んでいるようでした。

---

1) メイヘム（Mayhem）は、5月の大混乱という意味です。AP試験（Advanced Placementの略称）が5月に行われたり、卒業関連の行事があったりとスケジュールが立て込んでいることからこのように呼ばれています。APは、高校生に対して大学レベルの学問を提供することを目的としています。試験で高得点を取ることで大学の単位を取得することも可能になることがあります。

第 3 章　エンゲージメント

　私は部屋の後方にある実験台に移動し、クリントン先生による動物の解剖の復習をしている様子を見守ることにしました。その後の授業では、実際のネズミの解剖が行われる予定でした。生徒全員が自分の iPad にログインしてNearpod（ニアポッド）という無料のウェブサイト（および対応するアプリ）にアクセスしました。Nearpod で、教師はプレゼンテーション用のスライド（スライドデッキ）を作成、またはダウンロードしながら、双方向型の授業を展開することができます。さらに、生徒の反応をモニターして評価することもできます。クリントン先生がスライドを切り替える度に、教室にある小さな iPad の画面が一斉に変わり、スポンジの写真にラベルが貼られた部分から、マッチング問題が書かれたページに移動しました。

　「皆さん、次の問題です」と先生は言いました。「左側に欄があることに注目してください。そこに生物と一致する文字を書き込んでください。前回学んだことを思い出してください。」

　生徒の回答がスクリーンに映し出されると、先生はそのなかから正解に近いが、誤答がいくつかあるものを選び出しました。先生はその回答を匿名にして生徒に配り、正しい回答を検討するよう求めました。

　「これのどこが正しいのか、そしてどこは修正する必要があるのかを、パートナーと話し合ってください。」

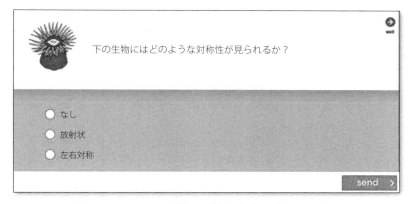

図 3.1　Nearpod の質問が動物の解剖の復習に役立つ

45

Part I　Enrich（充実させる）

　生徒たちは同じ机のメンバーと向き合い、声を潜めて、質問に答えた人がどこで（そして、なぜ）正しい答えを導き出せなかったのかを話し合いました。あるグループの生徒が「バッタは G-節足動物（Arthropoda）、クラゲは B-刺胞動物（Cnidaria）ではないですか？」と質問しました。

　「はい、完璧です！　さて、画面に表示されている生物は、どのような対称性があるのでしょうか？　対称性はない、放射状対称性、左右対称性のどれに該当するでしょうか？」（図 3.1 を参照）

　復習の授業はさらに 15 分ほど続き、その間、生徒たちは「内胚葉と外胚葉の違いをもう一度説明してもらえますか？」などと確認のための質問をしてきました。クリントン先生は、この単元の学習でこれまでに行った五つの領域について補足説明をし、生徒の理解を促しました。全員が Nearpod スライドデッキのすべての質問に答えることができたとき、最後の授業に移る準備ができたことを確信しました。

　疑いの余地はありません。生徒たちは、クリントン先生の授業に夢中で取り組んでいました。しかし、私が注目したのは、競争心が強くて素早く答えを出す一部の生徒だけを巻き込むのではなく、授業にはすべての生徒が取り組んでいたことです。質問ごとに、すべての生徒が考え、書き込み、ラベルを付け、熟考し、そして振り返る機会がありました。教師はすべての回答をすぐに見ることができ、誰一人として取り残されることはありませんでした。

エンゲージメント（夢中で取り組むこと）を裏づける科学

　エンゲージメントとは、教師にとって聖杯のようなものです。

　適切な活動、適切なタイミング、適切なグループ構成など、すべての要素が完璧に揃ったときに教室で達成できる、ほとんど神話のような至福の境地のような状態です。教師がトイレ休憩をとっても気づかれないほど、子どもたちは夢中になっています。経験が浅い教師は、生徒が夢中で取り組む授業を運が良かったからと決めつける傾向があります。しかし、時間が経つにつれて、どのような教え方が生徒にとってより活力があるのかを学び、生徒の取り組みのレベルを高めるための教え方のパターンを見出すことができるようになります。

46

第3章　エンゲージメント

　生徒の授業への取り組みに関する研究を簡単に見ることで、それを一人一台端末の教室でどのように実現できるかを考えてみましょう。生徒は、参加型の学習の機会を提供する教師がいると、より高い取り組みレベルを示すことが報告されています【18】。生徒の取り組みレベルが高まれば、成績の向上や退学率の低下にもつながることがわかっています【32】。一人一台端末の教室は、すべての学習経験を活発で生産的なものにし、一度に一人の生徒しか参加できなかった古いパラダイムから、誰もが思考し、学習に貢献する新しい状態に移行することができます。一人一台端末の教室は、「つながり」「困惑」「好奇心」という三つの重要な条件が、すべての生徒の手の届くところにあるため、学習への取り組みを促進する優れた方法といえます。

つながり

　自分の意見が評価され、反応が得られると思えば、生徒は授業に積極的に参加する可能性が高まります。これは、参加型文化【41】やソーシャルメディアの魅力の本質であり、私たちの言葉には意味があるという考えと、他の人がほぼ即座に反応するという考えに基づくものです。私たちはディジタル・ツールを使って、教室内およびそれ以上の範囲で生徒たちのつながりをつくり出すと同時に、文字によるコミュニケーションのエチケットを教えることもできます（資料 3.1 を参照）。

困惑

　困惑は、探究心を駆り立てます。元高校の数学教師でスタンフォード大学の研究者であるダン・マイヤーの説明によると、困惑とは、まだ知らない何かに興味をもち、それについて調べてみたいと思い、そして調べるための手段をもっていると信じているプロセスです【58】。生徒のために困惑を引き起こす状況をつくり出すと、彼らは自分が関心をもっている概念やテーマの理解を深めるために答えを求めるようになります。困惑は、学習者が「わからない、知りたくない」という退屈と、「知りたいけど、どうしていいかわからない」という両極端のジレンマを解消するのに役立ちます。授業では、まず具体的で興味

Part I　Enrich（充実させる）

資料 3.1　つながりへの期待と緊張

新しい学習スタンダート[2]とグローバルなコミュニケーションの容易さにより、生徒たちを他の生徒や本物のオーディエンス〔発表の対象〕とつなげる機会が生まれます。同時に、オンライン上での生徒のプライバシーと安全に関する懸念もあります。もし学校や教育委員会が政府の資金を受け取っている場合、コンテンツのフィルタリングやアクセス制限に関する法的要件に従わなければならないこともあり得ます。国内外の教師との対話の経験によると、生徒の作品や写真、名前を公開することに関する慣習は大きく異なります。そのため、生徒の作品に関してオンライン上に何を掲載してよいのか、そうでないのかについて具体的な指針を提供することはできません。あなたには、生徒たちのためにどのようなつながりを作りたいのか、そしてその理由について、保護者や管理者とコミュニケーションを取ることをおすすめします。疑わしい場合は、保護者の許可を文書で取得してください。

深い問題を提示し、生徒がその問題を解決できるように適切なモデルと足場（支援）を提供し、自信の醸成を行うことで、教師は困惑を助長することができます。

好奇心

　最後に、好奇心もまた、エンゲージメントへの重要な道筋を提供します。読み進めたくて止められない本や、ついつい見続けたくなるテレビドラマを考えてみてください。あなたは、登場人物の結末が気になるのです。「困惑」は手元にある道具で問題を解決することに焦点を当てますが、「好奇心」は、答えが出るのを待つことです。情報の一部が欠けていたり、驚きの結果があなたを引き付けたりするのです【63】。生徒が学習指導要領に示された内容について好奇心をもっていることは稀ですが、私たち教師が知識への道筋を示す情報の手がかりを提供することで、彼らの好奇心を育むことはできます。歴史の教師は、D-day[3] の前に兵士の日記の抜粋を生徒に与えるかもしれません。理科の

---

2) ほぼ全米で受け入れられつつある「各州共通基礎スタンダード（Common Core State Standards)」のことで、21 世紀型スキルが盛り込まれていることで有名です。日本の学習指導要領は、それらが盛り込まれた内容になっているでしょうか？
3) 第二次世界大戦末期のノルマンディ上陸作戦のことです。

教師は、化学反応が起こる直前の実験ビデオを一時停止させるかもしれません。一人一台端末の教室では、好奇心を育むことも満たすことも容易になります。なぜなら、経験豊富な教師は知っているように、一つの質問への答えはしばしば次の質問につながるからです。

エンゲージメントの実践：つながり、困惑、好奇心

つながりに特化したエンゲージメントの方法：いっしょ読み[4]の体験

　読むことは、生徒に教科内容を提供するための主要な方法であり、今後もそうである可能性が高いです。生徒は、読んだ内容について仲間と話し合うことで、読んだ内容の意味をより深く理解することができることがわかっています【4】。一人一台端末の教室では、生徒はテキスト、仲間、先生などと、さまざまな方法でやり取りすることができ、結果として生徒の授業への取り組みレベルが高まり、理解力も向上します。

　ディジタル・テキストを使った「いっしょ読み」では、生徒たちが同時に同じ文章を読んで交流することができます。共有テキストには、文章の側面にあるディスカッション・スレッド[5]、追加コンテンツへのリンク、投票、理解度チェックなどの質問を含めることができます。これにより、教師は生徒のニーズを把握することだけでなく、生徒に学びの結果責任をもたせることもできます。教師は独自のインタラクティブなテキストを作成したり、インタラクティブな要素を備えた電子書籍をダウンロードしたりすることができます。これらの多くは無料または低コストです（資料 3.2 を参照）。

　ディジタル・テキストへの移行は、教師と生徒の両者にとって確かにチャレンジとなるでしょう。私たちが協力している多くの教師にとって、一人一台端末の学習で最も難しい部分は、印刷物からディジタル・テキストへの移行です。最初は紙のテキストを手放すことに限界を感じるかもしれません。多くの教師

---

　4) 読み聞かせをバージョンアップしたいっしょ読みについては、吉田新一郎『読み聞かせは魔法』（明治図書出版、2018 年）の第 4 章が参考になります。
　5) 特定のトピックやテーマに関する議論やコメントをまとめるためのツールです。

Part Ⅰ　Enrich（充実させる）

資料 3.2　ニービーの電子書籍制作の初体験の様子

インタラクティブな本は、言語、時代、またはテーマの制約によってアクセスが制限されている資料に生徒をつなげるのに役立ちます。ただし、テキスト全体を取り扱うのは大変な作業です。なんと、私は『緋文字』を iBook で書き直しました。iBooks Author の使い方やパブリックドメイン[6]の著作物に関する著作権法を独学で学ぶ過程で、多くのことを学びました。ひと夏を費やしましたが、毎年、生徒たちからの評判もよく、やってよかったと思っています。ただし、小説など包括的なものから始めることはおすすめしません。読解問題、用語集、ビデオ脚注がついている 24 章にも及ぶような小説に初めから取り組む前に、記事や短編小説などを試し読みしてみてください。まずはツールを学び、それから大作に取り組んでください。

は、読解のプロセスに対話の利点を追加しない限定的なやり方をしがちです。

　ディジタル・テキストへの切り替えを段階的なプロセスとして捉えてみてください。まず、紙のコピーをディジタル化することから始めましょう。電子テキストの作成に慣れてきたら、それらを双方向で活用できるようにアレンジを加えてみましょう。協力して読むツールの使用方法を学び、双方向活用が可能なテキストの作成は、時間をかけるだけの価値があります。コピー室へ足を運ぶ手間を省くだけでなく、生徒たちはディジタル・テキストの対話的な要素や協力してやり取りができるスレッドを高く評価するため、生徒の授業への取り組みレベルも高まるでしょう。

　生徒に記事のディジタルコピーを送るには、記事をスキャンし、ポータブル・ドキュメント・ファイル（PDF）として保存することができます。最近のコピー機や、一部のプリンターで、文書をスキャンして電子メールで送信することもできます。PDF 版のテキストを入手したら、それを学習管理システムにアップロードして、生徒がアクセスできるようにします。iPad を持つ生徒は、Goodreader や Notability[7] などのアプリケーションを使って PDF に注釈を付ける

---

6) 著作権の保護期間が終了し、一般の人々が自由に利用、再利用、改変、配布することができる状態です。

7) テキスト入力と手書き入力の両方に対応したノートアプリです。日本語にも対応しており、音声録音をしながらノートを取ることのできる機能があります。その他、Goodnote6,

第 3 章　エンゲージメント

ことができます。ノートパソコン（ラップトップ）を持っている生徒は、検索サイトで「PDF に注釈を付ける」と入力して検索すると、最新のものが見つかるでしょう。また、生徒に読ませたいテキストは、すでにオンライン上で入手できるかもしれません（資料 3.3 参照）。

　生徒一人ひとりがディジタル・テキストを読むことは、最初の一歩としては良いことですが、紙の節約にはなるものの、本当の意味での一緒に読む体験を共有することにはなりません。さらに進めるには、Google ドライブを使って 4 〜6 人のグループでドキュメントを通じて、生徒はテキストの各セクションについて「話し合い」、意味に関する余白のノートを追加することができます。

資料 3.3　オンラインでの読む体験

　ニービーは Shakespearience iBooks なしでシェイクスピアを教えることは考えられませんし、理科の同僚にはインタラクティブな理科の教科書を愛用している人もいます。生徒のための追加教材をオンラインで見つけることに長けている先生もたくさんいます。必要な資料がすでにオンライン上にあるかどうかを確認するには、タイトルと著者を検索するか、テーマごとに検索します。また、「フルテキスト」という言葉を検索に追加するのも効果的です。

　これらの情報源の素晴らしいところは、テキストがすでにディジタル化されていることです。そのため、印刷したりスキャンしたりする必要がありません。出典のリンク先に生徒を直接アクセスさせることもできますし、Google ドキュメントを使って、テキストをより目的に適した形式にすることもできます。常に、生徒にオンライン・テキストを提供するのであれば、慎重さを欠いてはいけません。ウェブ上にあるそのままの形で使いやすいものもありますが、ものによっては広告や教育上不適切なものが掲示されている場合があるため、その部分を削除または修正した方がよいでしょう。学習の妨げとなるものを取り除く素晴らしいツールがいくつかあります（Readability や Clearly がおすすめです）。

　また、生徒にオンライン・テキストをその元の形で使いこなす方法を教えることをおすすめします。オンライン上の記事を見て、どのように重要な情報とそうでないものを区別するか、その方法を示してください。現在、多くの印刷物がオンライン上で利用可能であり、生徒はあらゆる形式の読む体験から最大限の効果を得る方法を知る必要があるのです。

　Noteshelf3 や、Windows パソコンには標準搭載されている Onenote などもあります。

Part Ⅰ　Enrich（充実させる）

　私（ロバーツ）はこのプロセスを使って、エマーソンやソローなど、短いけれども複雑な文章の抜粋を精読させるようにしています。この複数の者が一つの文章を一緒に読む方法は、科学レポートや一次資料にも効果的です。

　授業前に、私はGoogleドライブにテキストを6部作成し、6人で構成されている各グループに一部ずつ共有します（グループ分けした後、スプレッドシートの編集権限欄にメールアドレスをコピー＆ペーストすることで、簡単に文書を共有することができます）。各グループで同じ文書を共有することもあれば、時には生徒のニーズに応じて変更した文書を共有することもあります（詳細は、第6章を参照）。各グループの生徒は、自分たちのグループと共有されたドキュメントに編集権限をもっています。生徒はそれぞれのチームの一員ですが、メンバーは一緒に座ることはありません。彼らのやり取りは、ドキュメントのチャット・ウィンドウで文字を入力する形で行われます。教室は小さなキーボードをたたく音以外は静かで、さながらタイピングのコンテストが行われているかのようです。

　生徒がテキストを読み、やり取りをしている間、私（ロバーツ）は六つのグループ文書をブラウザの異なるタブで開き、質問に答えたり、それぞれのやり取りの進行状況を確認したりするために、それらの画面を切り替えています。生徒たちは、先生が自分のチャットを確認していることを知っているので、やり取りに集中することができます。やり取りの記録から、私は生徒の思考が不安や戸惑いから徐々に明瞭なものへと変化していくのを確認しながら、必要に応じて生徒に反応しています。

　資料3.4では、そのような会話の抜粋を見ることができます。エマーソンの言っていることが理解できるようになったとき、生徒たちがどれほど興奮しているかに注目してください。しかし、お互いに感謝しながらも、すぐに次の段落に移ります。文章は難解ですが、エマーソンの言葉から意味を理解する過程で、生徒同士を結びつけることができます。

　私たちは、対面での会話よりもオンラインでのやり取りの方が、生徒がテキストをよりよく理解できることを発見しました。生徒は協力して文書にコメントや解釈を書き込む必要があるため、結果に対する責任を感じ、意味を理解す

第 3 章　エンゲージメント

資料 3.4　「自立」〔R. W. エマーソン著〕に関する Google ドキュメントのグループディスカッションからの抜粋

マリア：最初の段落で混乱しています。
アレハンドロ：わからないよ。
マリア：ああ、いまわかった気がする。
アレハンドロ：どう思う？
マリア：オリジナルであることについてだよ。
アンジェリカ：彼は有罪判決を受けたのかな？
フアン：自信？　そうだと思うんだけど……テキストに印をつけるべきかな？
マリア：「嫉妬は無知であり、模倣は自殺行為である」というのは、自分で決めることかな？
フアン：うん、それは自信ということも意味しているんじゃないかな？
アレハンドロ：彼が「模倣は自殺行為だ」と言っているのは、「自分らしくいろ、人の真似をするな」と言っているんだと思うよ。
ファン：そうだね。
マリア：その通り。
フアン：ああ。
アンジェリカ：ハハハ、そうね。
フアン：わかった、わかったよ。
アンジェリカ：ええ。同意する。
ファン：そうだね。
マリア：じゃあ、わかったわね？
アレハンドロ：じゃあ、彼が「良くも悪くも、自分を受け入れる必要がある」と言ったのは、自分の行動に責任をもてと言っているんだと思うよ。
ファン：そのとおりだ。
アンジェリカ：アルは賢いんだね。
アレハンドロ：ははは、ありがとう。
ファン：そうだね。
アンジェリカ：すべての心が、あの鉄の糸に振動するんだ。
マリア：これは、自分らしく、自分で決断しなさいっていうことだと思うわ。
アンジェリカ：それはどうかな？
フアン：わからない、迷ってるの。
アレハンドロ：最初の行で、彼は自分の直感で自分を信じろと言っていると思うんだ。
ファン：ハイライトして、コメントを書いてみるよ。
マリア：人生をありのままに受け入れて、自信をもって生きていくこと？
アレハンドロ：それはいい考えだね。

Part Ⅰ　Enrich（充実させる）

> マリア：……
> ファン：賛成するよ。

るために協力するのです。私は、チャット・ウィンドウを通して、生徒がテキストを引用し、可能性のある意味を提案し、それとは異なる解釈を交渉し議論している様子を見ることができます。要するに、生徒が理解を深めている証拠を収集することができるのです。生徒たちは、部屋が静かに保たれ、自分たちの考えをチャット・ウィンドウに追加する前に読んで集中できるため、オンライン・チャットが好きだと私に伝えています。従来のように、生徒がテキストを対面で議論し、私たちが歩き回って聞くような環境では、生徒が話題を逸らすことがよくありますし、一つのグループに長く留まって、生徒の考えが発展していくのを聞くことはできません。

　授業が終わると、私は各ドキュメントのチャットをコピーし、後で詳しく読めるようにしています。私は、生徒がテキストについて話し合えるように学ぶことを望んでいますが、テキストに書かれていることに本当に集中してほしいときには、オンラインで協力し合って読むことで、より深くより広く考えられるようになります。また、チャットの記録を用いて、対面での会話でどのようなことをやってほしいかを生徒に示すこともよくあります。

　私たちは、Actively Learn[8]のような協力して読むツールも使って、生徒が短いテキストから長編のテキストまで夢中で読めるようにしています。Actively Learn は、グループで同じディジタル・テキストを共有することができる無料のツールです。グループ（クラス全体またはクラス内のサブグループ）の全員が、他のメンバーがつけたコメントや解釈を見ることができます。教師は、テキストについての話し合いを促進するための質問や投票機能を追加することができます。生徒や教師によって追加された機能は、読む活動をすることによってそ

8）（https://www.activelylearn.com/）授業用コンテンツだけでなく、辞書や翻訳機能、評価機能も備えた教育用サイトです。

のやり取りをより活発な体験にします。

　たとえば、演劇の先生が生徒たちに劇の文庫本と第1幕を読む課題を与える代わりに、生徒たちは Actively Learn で劇を開き、キャラクターの動機に関する話し合いの質問に対する自分の考えを書き込んだり、演出や効果に関する関連動画を視聴したり、クラスメイトの注釈を見たり、劇に関する投票を行ったりすることができます。一緒に読み合うためのツールは、増え続けています。ほとんどのツールがさまざまな種類のテキストをサポートし、ほとんどすべての教科で使用することができます。

　私がテキストに関する話し合いのために共有の Google ドキュメントを使うのは、生徒たちの同期型の読む活動を促進するためです。これは、グループ全体が同時にドキュメント上に向かうからこそうまくいくのです。時折、欠席した生徒が自宅から参加することもありますが、ほとんどの書き込みは教室で同時に行われます。私たちが普段使用している Actively Learn は非同期型です。生徒たちが同時に読む必要はありません。彼らは宿題を行う際など都合のいい時間に話し合いに参加し、追加の内容を見て、自分の考えをディスカッション・スレッドに追加することができます。どちらの方法も生徒を読むことに夢中にさせますが、生徒がいつ、どのように参加するかは異なります。一緒に協力し合って読む方法は、その目的、ディバイスの利用可能状況、直接対話ができるかなど、生徒の準備状況に応じて、同期または非同期を選択して行うことができるのです。

困惑に特化したエンゲージメントの方法：ジェン・ロバーツのアメリカ文学のクラス

　アメリカ文学を教えていた時、生徒たちにまだコンピューターがなかった頃、私はハーレム・ルネサンス[9]について、その時代に関連する人々や場所についての短いスライド講義を行っていました。生徒たちがノートパソコンを手にした年に再度同じ方法で授業を行う予定でしたが、ふとした瞬間に閃いたアイディ

9）アフリカ系アメリカ人のアート、文学、音楽、文化、芸術の全盛期のことです。

Part I　Enrich（充実させる）

アがありました。もし、写真を残したまま、スライドから言葉を抜き、質問に
置き換えて、そのプレゼンテーションをクラスのブログに掲載したとします。
生徒たちが自分自身でオンラインのリサーチを通じて答えを見つけるために
パートナーと一緒に取り組むことを許可したらどうなるだろうと思ったのです
（教育ICTのない教室では、この授業には、教科書を使って生徒が回答する質問の
ワークシートが含まれていました。最悪の授業ではないかもしれませんが、おそら
く生徒が興奮するようなものではなかったでしょう）。スカベンジャー・ハント[10]の
ような活動が、生徒の興味を引くかどうかはわかりませんが実際に私がしたの
は、画像に質問を追加し教科書をオンラインの情報源に置き換えることだけで
した。それでも、生徒たちは私の話を聞くのではなく、自分で答えを見つける
ことになったのです。

　正直に言うと、私は生徒たちがこのプロセスにこんなにも熱中するとは少し
驚きました。彼らは、私をもう必要としませんでした。生徒たちはパートナー
と一緒にスライドを見ながら、それぞれの画像を注意深く観察し、次々に出さ
れる質問の答えを探しました。「大移動とは何か、ハーレム・ルネサンスにど
のような影響を与えたのか？」「この場所は何だったのか？　そこで何が起こ
ったのか？」など、画像のそばに表示される質問に対する答えを探すためです。
私が定めた目標は、生徒たちが1920年代のニューヨーク市について基本的な
背景知識を得ることでしたが、その過程で彼らは検索スキルを磨き、多様な情
報源を通じて答えを見つけ、完全に没頭しました。「もう一度やってもいいで
すか？」という質問が最もよく聞かれた言葉でした。

　これが、一人一台端末の教室で学習がどのように変化するかについて、私が
生徒から学んだ最初の教訓のひとつです。そのとき私は、教師の仕事は、もは
や知識を生徒たちに伝えることではなく、生徒自らが知識を探したり、創造し
たりするために必要な条件を整え、励まし、サポートすることであると理解し
たのです。

　なぜ、この学習方法が生徒たちにとって魅力的だったのでしょうか？　彼ら

---

10) 指定されたアイテムをできる限り多く集めて、時間や得点を競い合うゲームです。

第 3 章　エンゲージメント

は二人一組で作業できたことを楽しんでいました。協力することが、学びへと繋がったのでしょう。一方で私は、困惑が主なきっかけになったのではないかとも考えています。生徒たちは、質問に対する答えが存在すること、そしてその情報を見つけるには、正しい検索用語を使い、正しい情報源に目を通すことが重要であることを知っていました。上記に示したプロセスが、学習課題への関心を高め、実行可能なものにするために、適切なレベルの困惑を提供しました。また、各質問には画像が添付されていますが、これらの画像が好奇心をかき立てたのです。画像を見た生徒たちは、何が起こっているのかもっと知りたくなったのです。なぜ古風な制服を着た警官たちがアルコールの山の前でポーズをとっているのでしょうか？

資料 3.5　曖昧さを受け入れることに関する私（ニービー）の反応

　私が初めて一人一台端末に移行した時、私のメンターであるダイアン・メイン（@Dowbiggin）は、「不快な状況に慣れることが必要だ」と言いました。教育におけるICTの活用について、これ以上の言葉はありません。ロバーツ先生の研究授業で私が一番気に入っているのは、新しく取り組もうとしている方法がうまくいくかどうかわからないと認めているところです。彼女は不確実性を心地よく感じ、リスクを冒して生徒にハーレム・ルネッサンスを教える方法を変え、それが成功したのです。しかし、うまくいかなかった可能性もあります。

　失敗することを厭わず、大胆に失敗しなければならないことを私は学びました。一人一台端末の教え方と学び方に伴う曖昧さを受け入れる覚悟をもつ必要があります。私は、生徒たちが不確実性に積極的に向き合っている姿を認めています。生徒たちは、情報源に疑問をもち、クラスメイトの合意を得る方法を学んでいます。私の経験では、教科書のページをめくっているときには生徒の深いレベルの取り組みは生まれません。生徒は、教科書の記述を絶対的で変えられないものとして受け入れがちです。しかし、ロバーツ先生の生徒たちはインターネットで見つけた答えとおぼしき情報を目の前に、矛盾する情報に気づき、注意深く観察していました。それは、一方で正しい情報である可能性がありながらも、正確性を確かめるために懐疑的な視点でそれを見ているのです。これこそが現実世界での取り組み方です！

11）「指導者、助言者」という意味に加え、「（年齢に関係ない）よき先輩」というニュアンスもあります。

Part Ⅰ　Enrich（充実させる）

　学習課程に ICT を組み込むことで、生徒の学習意欲が高まるという意見が、生徒、教師、管理職の間で広がっています。なぜなら、生徒は、従来の教科書では得られなかった、より深い内容を探究できるからです【56】。教科書を使えば、生徒はいずれ答えを見つけることができ、教師はその答えを見つけるためのページをすでに知っているはずです。しかし、インターネットを利用し、適切な検索スキルを身につければ、異なるグループからさまざまな方法で同じ情報を見つけることができます。あるいは、よりよい効果は、異なる情報源から異なる情報を見つけることができることです。答えが明確でない場合、生徒は信頼性について学び、オンラインで読んだ情報を確認することの重要性を学びます（資料 3.5 参照）。

　ここ数年、私たちは繰り返し、画像や質問、オンライン検索などを取り入れて、特定の教科やテーマに関連する背景となる知識を構築してきました。当初、ロバーツはすでに作成したスライドを使用していましたが、現在では Google フォームに直接画像や短い動画を埋め込むことができるようになりました。多くの学習管理システムは、課題やクイズに画像を含めることをサポートしており、この方法で短い探究プロジェクトに利用することができます。最初は簡単に検索できる質問を生徒に与えますが、徐々に複雑さを増し、生徒が答えを見つけるために複数の手順を踏む必要があるようにします。

好奇心に特化したエンゲージメントの方法
　一人一台端末の授業では、生徒が探究プロジェクトをするのがとても好きだということがわかりました。もし、これまでの生徒の探究プロジェクトの経験が百科事典を調べることから始まり、研究レポートを書くといった長いプロセスを経ていたのであれば、私たちの言葉を信じていただけないかもしれません。私たち教師は、生徒が質問をしてきたら、通常はそれに答えるのが普通です。しかし、一人一台端末の教室では、生徒の正解のある問いに対して積極的に答えることが少なくなりました。たとえば、「木星には何個の衛星があるのか？」や「ポーが『パラスの胸像』と言った時、パラスとは誰のことを指しているのか？」といった質問です。これらは「Google で検索できる[12]」質問なので、生

第 3 章　エンゲージメント

徒たちに自分で答えを探すように促しています。私たちは彼らに、検索と探究の違い、そしてそれと並行した知識と学びの違いを理解してもらいたいのです。

　インターネットに接続されたディバイスを使えば、生徒は日々情報を素早く検索することができますが、長期的な探究プロジェクトに取り組むことも必要です。たとえば、ロバーツの学校では、11年生は「エキスパート・プロジェクト」と呼ばれる1年間の調査研究を実施しています【12】。生徒は9月に自分の興味のあるテーマを決め、リサーチ・クエスチョン（探究の問い）を作成します。学年の残りの期間、彼らは英語の授業中や個人で探究プロジェクトに取り組みます（資料3.6参照）。

　当初は週に1日を調査研究に充てる予定でしたが、生徒がテーマに集中し、GoogleNewsアーカイブの利用やテーマに関する専門家へのインタビューなど、リサーチスキルを磨くにはもっと長い時間が必要だということに気づきました。そこで、英語教師は年間指導計画を若干修正し、他の単元の学習と同時進行で、1週間まるまるエキスパート・プロジェクトに充てることにしました。

　生徒たちは年間をとおして、研究している内容を説明したり、自分たちが見つけ出した調査結果を振り返ったり、探究の次のステップのアイディアを投稿したりするためにブログを作成しました。彼らのブログ投稿には、役立つ資料

資料 3.6　生徒が作成したエキスパート・プロジェクトのリサーチ・クエスチョン：主なプロジェクト例（一部訳）

- うつ病の原因はいくつかありますが、具体的には何が挙げられるでしょうか？また、うつ病は人々の生活にどのような影響を与えるでしょうか？
- SNSはティーンエイジャーにどのような影響を与えてきたでしょうか？
- 肥満率の上昇は我が国にどのような影響を与えてきたでしょうか？
- 地球温暖化は世界の海洋にどのような影響を与えているでしょうか？
- タトゥーは世界中の文化にどのような影響を与えてきたでしょうか？
- ギリシャ神話は現代の文化にどのような影響を与えているでしょうか？
- ジャマイカの音楽は世界の音楽にどのような影響を与えてきたでしょうか？

---

12) 2022年11月に登場したChatGPTに代表されるAIチャットサービスの機能はさらに進化しています。

Part I　Enrich（充実させる）

へのリンクとその資料の分析が含まれていました。それぞれのブログは、その
テーマに関して生徒たちが見つけた最も役立つ情報の集積となりました。ブロ
グのなかには、生徒が自分のテーマについて検索すると、自分の作品がヒット
するほど充実した内容になっているものもあります。たとえば、身体改造の歴
史や芸術形式を探究していた生徒は、年度の終わり近くの春に検索を行った際
に自分のブログがトップの結果として表示されるのを見て大変驚きました。彼
はブログを先生に見せながら「他の子たちも私のブログを見つけて、これを読
むのでしょうか？」と言いました。

　短期および長期の探究プロジェクトは、生徒が夢中で取り組むだけでなく、
適切かつ正確な情報を見つけるための準備となります。さまざまな種類の細胞
の構造や携帯電話の歴史など、意味のある質問をし、その答えを自分で調べる
機会をもつことで、生徒はほとんどの学問分野で行われている本格的な研究に
近づくことができます（発表対象については、第5章を参照）。探究とは、生徒の
好奇心を刺激するものであり、学問の専門家なら誰でも知っているように、探
究によってさらなる疑問が生まれ、さらなる調査が必要になることがほとんど
です（さらにアイディアを得たければ、次ページ以降を参照）。

■ Plug In　　今すぐ試せるエンゲージメントの方法

1. 生徒と一緒に短期の探究プロジェクトを行ってみましょう。最初は答えが
   容易に見つけられる質問から始めて、次第により高度な検索スキルが必要な
   質問に移行していきます。
2. 通常、紙で読んでいるものをディジタル・テキストに変換してみましょう。
   それを、学習管理システム（LMS）を通じて生徒と共有します。
3. 少人数グループやクラス全体で生徒が協力し合って読む活動を試してみて
   ください。生徒同士が協力して読み進める活動を取り入れることで、その取
   り組みレベルが高まります。

第 3 章　エンゲージメント

エンゲージメントを高めるためのおすすめツール 5 選

　インターネットは、生徒の取り組みレベルを高めるために使用できるディジタル・ツールをたくさん生み出しています。具体的なツールは時間とともに変化する可能性がありますが、それらの方法の基本的な機能と利点は新しいツールに再構築され、組み合わされるでしょう。私たちにとって、一人一台端末の環境で教える楽しみの一つは、生徒の取り組みレベルを高めるための新しいツールを見つけることや、それらを使って取り組みレベルをより高める活用の仕方を考え出すことです。

　私たちの五つのお気に入りのディジタル参加ツールは、バックチャネリング、オンライン・ディスカッションボード、投票や他のデータ収集形式、双方向のフィードバックシステム、そして教育ゲームです。それぞれのツールの具体例を見ていきましょう。

バックチャネリング

　ケイト・ジャクソン先生の 7 年生の歴史の授業で生徒たちは、二つの同心円になって座っていました。内側の円にいる生徒たちは、ローマ帝国の滅亡の要因について慎重に議論していました。生徒のタブレット端末には、余白にメモを書き込んだ PDF のテキストが置かれていました。テキストは、さまざまな情報源から入手したものです。内側の円の生徒がローマ帝国の衰退における政治的腐敗や蛮族の侵入の重要性を議論している間、外側の円の生徒はタブレットを見つめ、時おり内側の生徒が述べたポイントを注意深く聞き、素早く打ち込んでいました。メモをとっているように見えますが、実際にはバックチャネルと呼ばれる活動で、自分たちの議論をしているのです。

　ジャクソン先生は todaysmeet.com [13] を使用して、内側の円の生徒が述べた点について外側の円の生徒が議論できる仮想ルームを作成していたのです。バッ

---

13) 生徒や参加者が自由に話題を投稿したり、意見を交換したりすることができます。また、教師や発表者が質問やコメントを募集することも可能です。

61

Part I　Enrich（充実させる）

クチャネルを通じて、外側の円の生徒はお互いにつながり、議論に取り組み続けました。ジャクソン先生は仮想ルームの設定を1週間開放するように設定したため、生徒たちの議論に後で戻ってやり取りを見直すことができました。外側の円の生徒の責任の一つは、内側の円の生徒たちが十分な議論に至らなかった内容についての質問を投稿することでした。

「今日の宿題は、Todays Meet のルームに戻って、そこでの議論を復習することです。もっと詳しく話したかった質問を選んで、それについての自分の考えを Edmodo〔14ページの注17）を参照〕のページに書いてください」とジャクソン先生は言いました。彼女は、事前に生徒たちにこの経験をさせて活動に備えていたのです。

「バックチャネルを使うことで、外側の円の生徒たちは紙のノートを取るだけのときよりも活動により夢中で取り組んでいます。内側の円の生徒が対面で議論を行っている同じ時間に、外側の円の生徒たちも、自分たちのソクラテス・セミナー[14]を行っているのです」と、ジャクソン先生は私（ロバーツ）に語ってくれました。授業中、テーマについて討議に参加している生徒は、教師の話を聞くだけの授業よりも、深く授業に関わっていると言えます。

しかし、通常授業の討論では、そのほとんどを教師が話し、積極的に参加する生徒は少数に留まる傾向にあります。私（ニービー）は Padlet（www.padlet.com）を使って、生徒が会話を始める前に議論する質問を作成できるようにしました。そして、クラスで質問をテーマごとに整理し、どのテーマについて議論するかを決めるのです。

オンライン・ディスカッションボード

ジャクソン先生の生徒たちは、帰宅後、授業でしていたソクラテス・セミナーで考えたことをクラスの Edmodo ページに投稿することで、バックチャネルからオンライン・ディスカッションボードに移行しています。オンラインによ

---

14) 古代ギリシャの哲学者であるソクラテスが用いた学習と教授法に基づいたグループ討議の手法です。教師が生徒に問題提起をするのではなく、生徒が興味をもった特定の話題について、グループまたは全員でディスカッションすることを目的としています。

第 3 章　エンゲージメント

る討議は、生徒たちがクラスメイトとつながり、テーマについてのお互いの考えを見ることができる手段です。この方法は、クラスメイトとのやり取りを継続し、生徒たちがお互いの学びを支援するための最適な手段でもあります。

　ほとんどのディスカッションボードは、「スレッド型[15]」の討議が可能であり、各投稿には個別に返信することができます。互いの生徒が迅速に返信しながら、一つのプロンプト[16]に複数のスレッドで討議を行うことができます（つまり、一つの質問に対し、生徒が互いに迅速に返信することで、複数のディスカッション・スレッドが形成されます）。ディスカッションボードは、実際に使ってみると、より理解が深まります。多くの学習管理システム（LMS）には、討議機能が組み込まれています。これらを日常の授業に取り入れることをおすすめします。

表 3.1　ディスカッションボードで生徒がすべきこととやってはいけないこと 10 選[17]

1	投稿する前によく考えてください。書く前に、読書や準備作業を完了してください。
2	クラスメイトが返信する時間を確保するために、早めに返信を投稿してください。後でもう一度チェックして、どのようなコメントが追加されたのかを確認してください。
3	自分の考えを説明し、他の人がその要点を理解できるように実例を示してください。
4	議論を促進し、深く考えたことを示すような内容を投稿してください。議論の掲示板の最も良い点は、投稿する前に充分に考える時間が取れることです。掲示板を活用してください。
5	いくつかのクラスメイトの投稿に返信し、例示したり質問したりしてください。
6	オンラインでは何がジョークなのかを見分けるのは難しいということを覚えておいてください。ユーモアは控えめにしましょう。
7	読んだ内容のすべてに同意しないでください。本当に退屈な会話になってしまいます。意見の相違がある場合は、丁寧にそれを表明します。
8	毎回同じ人に返信しないでください。他の人の考えを聞いてみてください。
9	個人的なことを言わないでください。個人に対してではなく、アイディアや議論に焦点を当ててください。
10	外部の意見を持ち込まないでください。内輪のジョーク、会話に参加していない人への言及、または面と向かっては言えないようなコメントも禁止します。

15）テーマごとに分けられた小部屋のこと。許可された特定のメンバーだけで討議することが可能となります。
16）文章を書く練習をするためのお題や質問のことです。
17）表 3.1 の内容は、原著では第 9 章「授業時間を考え直す」に掲載されています。本訳書では、この第 3 章にオンライン・ディスカッションの補足資料として、表形式で収録しました。

Part Ⅰ　Enrich（充実させる）

表 3.2　オンライン・ディスカッションツールの紹介[18]

日本で使用されている主なオンライン・ディスカッションツール	
Zoom（ズーム）	オンライン会議やウェビナー、ビデオ会議、オンライン授業などのためのクラウドベースのコミュニケーション・ツールです。チャット形式のディスカッションボードが内蔵されており、教師と生徒、生徒同士が一緒に書き込みをしながらディスカッションすることができます。
Microsoft Teams（マイクロソフト・ティームズ）	オンラインでのコミュニケーション、ファイル共有、ビデオ会議、タスク管理などの機能を統合したプラットフォームです。チャット形式のディスカッションボードが内蔵されており、教師と生徒、生徒同士が一緒に書き込みをしながらディスカッションすることができます。
Google Meet（グーグル・ミート）	Google アカウントを持つユーザーを対象にしたオンラインビデオ会議ツールです。チャット形式のディスカッションボードが内蔵されており、教師と生徒、生徒同士が一緒に書き込みをしながらディスカッションすることができます。
Jamboard（ジャムボード）	Google が提供するクラウドベースの協働ツールです。複数のユーザーがリアルタイムでデジタルホワイトボード上でテキスト、画像、付箋などを追加してアイディアを共有することができます。〔2024年12月提供終了。今後は、Figma と連携し、「Figjam」に移行予定。〕
ミライシード（＊）	Benesse が提供するクラウドベースの協働ツールです。個人思考を可視化したシートを全体共有画面に送ると、瞬時にクラス全体に共有され、相互交流を図ることができます。教師の端末からは、注目させたい意見や、深めたい意見を取り上げることも可能です。
コラボノート（＊）	JR 四国コミュニケーションウェアが提供するクラウドベースの協働ツールです。複数人で同時に書き込みができるのが大きな特徴です。グループで話し合いながら、資料や作品を作るのに最適です。テキストマイニングで単語の可視化ができます。活動ログで生徒の活動内容が振り返れます。

　ただし、教室で新しいシステムを導入する場合と同様に、生徒たちにはオンライン・ディスカッションを最大限に活用するための指導と練習を必要とすることを念頭に置いてください。

　以下は、オンライン・ディスカッションを始めるための提案です。

---

18) 原著ではアメリカで使用されているオンライン・ディスカッションツールが紹介されていますが、本稿では日本の読者向けに、日本で使用されている主なオンライン・ディスカッションツール（＊マーク）を追記しています。

第 3 章　エンゲージメント

1.　教室での議論に関連する、あるいはそれを拡張するような質問を投稿する。
2.　適切な返信のモデルを示すことによって、生徒に期待する回答を示す。最初は 3〜5 文程度の短い回答を、丁寧に答えることをすすめる。
3.　投稿内容は適切かつ思慮深く、会話に貢献する形で投稿に返信する方法を教える。
4.　異論がある時に敬意を払い、表現に留意して対応する方法を生徒に教える準備をする。

　もし生徒たちがオンライン・ディスカッションの経験がない場合、彼らがそれに熟達するまでには数週間または数か月かかることを想定してください。オンライン・ディスカッションからは多くの好ましい学びの好機が生まれますし、それだけ時間をかける価値はあります。また、オンライン・ディスカッションで獲得できるスキルは、他者との協働という面から、市民社会で求められています。多くの大学の授業では現在、オンライン・ディスカッション・フォーラムが含まれています。他人の思考を解釈し、理解を構築するために明確化する質問をする能力、そして会話に知的なコメントを寄せる能力は、学校卒業後にも役立つスキルです（オンライン・ディスカッションツールについては、表3.2を参照）。

投票とデータ収集

　AP〔44 ページの注 1）を参照〕経済学のロニ・ハビブ先生が「昔の経済学」のように授業で説明しはじめると、まるで映画『フェリスはある朝突然に』の一場面に入り込んだような雰囲気が広がりました。ピンと張り詰めた静寂と、目を丸くした生徒たちの姿です。つまりこのように。「需給の法則について説明します。供給側の事情を一定にして、需要量が増加（減少）すると、価格が上昇（低落）し、また需要側の事情を一定にして、供給量が増加（減少）すると、価格が低落（上昇）し、売買量が増加（減少）する。需給の一致するところで決まる価格を均衡価格ないし市場価格といいます」。ハビブ先生はここで話を中断して言いました。「一般的に、こんな説明を聞くと生徒たちはうんざりしてしまうんです」。そうならないように、彼の授業では、生徒たちはそんな説明は

Part I　Enrich（充実させる）

一切聞くことがないのです。

　その代わりに、ハビブ先生は現在、投票やデータ収集を利用して、教室を、社会科学という言葉から想像されるように、生徒が人間の行動の科学を探究するための研究室に変えています。生徒が被験者や研究者となることで、自分たちが作成したデータから、限界効用の法則や需要の法則などの複雑な概念を導き出すのです。

　この日の授業でハビブ先生は、10代のころの自分のことを面白おかしく話すという、定評のある授業を行いました。生徒たちは興味津々に耳を傾けていました。「大学時代、私はライチシェイクが大好きだと二人の友だちに話したんだ。そのうちの一人が『どれぐらい好きなの？　一度に10杯は飲めないよね？』と面白半分に尋ねてきたから私は思わず『勝負しよう』と言ってしまった。こういったときは、どのように切り返せばよかったんだろう。私たちは思春期真っ盛りの未成年の男性だったから、こんなことをやっていたんだよね。それで、私たちはその店に向かい、席につくと『さあ、やってみよう』ってね。」

　生徒たちは笑みを浮かべながら、ハビブ先生が再生する「ライチシェイク挑戦の再現ビデオ」に注目しました。10杯のライチシェイクを飲み終えた後、ハビブ先生はビデオを停止して、生徒たちに彼がライチシェイクからどれだけの満足感を得たかを説明するよう求めました。「最初の1杯はおいしそうだったけど、それ以降はどんどんヒドクなりました」と一人の生徒が述べました。別の生徒が「そうだね、7杯目くらいから苦しそうな顔をしていたよ」と付け加えました。

　「まったく、その通りだ！」とハビブ先生は言いました。「ディバイスを取り出してください。ちょっと実験を行います。」ハビブ先生のBYOD（自分のディバイスを授業に持ち込む方式のこと）クラスの生徒たちは、スマートフォンや、ノートパソコンのウェブブラウザを開きながら、スクリーンに表示された短いURLを投影しました。そのURLはクラスをGoogleフォームにリンクさせてあり、ハビブ先生がいくつかの質問を投稿していました。選択肢は1から10まであります。以下はその例です。

第 3 章　エンゲージメント

・1 か月間、ライチシェイクが 1 杯 1 ドルだったとしたら、いくつ買いますか？
・1 か月間、ライチシェイクが 1 杯 5 ドルだったとしたら、いくつ買いますか？
・1 か月間、ライチシェイクが 1 杯 10 ドルだったとしたら、いくつ買いますか？

　生徒たちが回答するにつれて、データが集まり、ハビブ先生が事前に設定した数式に基づいて生データがヒストグラムに変換されるグラフが表示されました。「私たちのクラスは今、ライチシェイクが欲しい人たちが集まる市場です。ライチシェイクの需要がどのようなものか見てみましょう」。生徒たちは、価格と需要量の間の下向きの曲線がスクリーン上に形成されるのを見ました。「パートナーの方を向いて、見たことを説明し合ってください」。ハビブ先生は、話し合う生徒たちの周りを巡回しました。

　ある女子生徒は、「物が高くなると、私たちのクラスは買いたくなくなる」と言いました。パートナーは、「そうそう、シェイクがすごく安くなったときは、みんなたくさん欲しいと思っていたのに」と説明を加えました。

　データを入手すると、すぐに結果を出すことができるため、ハビブ先生は教室を生きた教科書に変え、実験に参加するすべての生徒の声を尊重することができました。

　そして、生徒たち一人ひとりが積極的に活動に参加し、困惑とつながりの過程を経て、自分たちのデータから需要の法則を導き出したのです。

　ハビブ先生は、簡単な Google フォームを使用してデータを収集しましたが、

表 3.3　投票とデータ収集のためのツールとその特徴

学習管理システム（LMS）	生徒への投票は、LMS のオプションとして用意されている場合があります。
Poll Everywher（ポール・エヴリウェア）	www.polleverywhere.com テキストメッセージで回答を受け付け、生徒が選択肢を提出するとリアルタイムに結果を表示します。
Survey Monkey（サーベイ・モンキー）	www.surveymonkey.com 基本的なアンケートを無料で作成できるサービスです。
Google Forams（グーグル・フォーム）	カスタムデータ収集ツールを作成し、結果をスプレッドシートや回答のサマリーとして表示することができます。

67

Part I　Enrich（充実させる）

Survey Monkey、Poll Everywhere など、データを収集・集計できるツール
は他にも多数あり、どのディバイスでも作動し、テキストメッセージを回答と
して受け付ける多くのツールが利用可能です（表3.3を参照）。

インタラクティブなフィードバックシステム

　生徒の反応システム（クリッカーなど）は、一人一台端末のプログラムの導入
によって教室から追いやられましたが、以前は教室を席捲する勢いでした。授
業中に生徒のデータをリアルタイムで収集し、必要に応じて授業を調整できる
ことは、教師にとっても生徒にとっても大きなメリットでした。クリッカーは、
複数の選択肢に限定されていました。しかし、各生徒がノートパソコンやタブ
レットを持っている今、教師は複数の選択肢の質問をするだけでなく、短文の
回答を収集したり、生徒が理解を示すために画像上のポイントを選んだりする
こともできます。現在、私たちが使用しているインタラクティブ・フィードバ
ックツールは Socrative と Nearpod です。また、Google フォームを使用して
生徒に素早い形式の評価を送ったり、クラス討論のためのデータを収集するこ
ともできます（ツールと機能については表3.4を参照してください）。

　これらのツールの使い方を学ぶのには通常数分しかかかりません。ほとんど
のツールには短いビデオチュートリアルがありますし、それを使うことの利点
は生徒の理解に関する情報に簡単にアクセスできることです。Socrative では
必要に応じて個別の質問を送信したり、事前にクイズを作成したりすることが
できます。私（ロバーツ）は生徒に短文の質問をして匿名の回答を受け取り、そ
れをクラスの投票に戻すことができるのが大好きです。投票結果は、授業での
話し合いの出発点となります。

表3.4　インタラクティブ・フィードバックツールとその機能

Nearpod （ニアポッド）	www.nearpod.com 授業の内容を生徒のディバイスで直接共有できます。質問とフィードバックの機会を追加して、双方向の授業を可能にします。
Socrative （ソクラティブ）	http://socrative.com/ インターネットに接続されたあらゆるディバイスで操作する多様な機能を有しています。

第3章　エンゲージメント

　タブレットを使用する場合、インタラクティブなフィードバックシステムの利点の一つは、生徒がタッチペンでタブレットに手書きできる「インキング」機能です。ウォーター先生の歴史の授業では、Nearpod を使用して地域の紛争や国境紛争についての討論を促しています。イスラエル・パレスチナ危機に関するユニットの後、ウォーター先生は、生徒たちが画面に表示されたミニマップを見ている間に、その地域の地図が映し出されたスライドを投影しました。そして、領土問題の根本的な原因と思われる地域をマークするよう生徒に指示しました。生徒の匿名の答えを映しながら、なぜその答えが妥当なのか、どのような誤解があるのか、生徒が他に考慮すべきことは何なのかを授業で話し合いました。教師がすべての答えを把握したり、少数の大胆な声を聞いたりするのではなく、Nearpod を使うことで、ウォーター先生はすべての生徒が発表できるよう役立てているのです。

教育ゲーム

　誰も、生徒たちが一日中ゲームをプレイする姿を見たいとは思いませんが、教育に関連するいくつかのゲームを知っていることで、時間の余った瞬間を無駄にしないようにすることはできます。生徒たちが与えられた課題を終えた後に、プレイしてもよいゲームのリストを掲示することをおすすめします。場合によっては、ゲームをカリキュラムの一部に組み込むこともできます。たとえば、私（ロバーツ）は急きょ同僚の授業をカバーすることになった時、教育ゲームが役に立ちました。

ジェン・ロバーツの AP 英語のクラスの補教

　このクラスを教えるはずだった教師が通院のために早退し、私に最後の時間帯を担当するよう依頼がありました。生徒たちは、間もなく迫っている AP テストの勉強をする予定でした。彼女は私に「彼らのほとんどは、学期中にフラッシュカードで語彙を復習しています」と言いました。

　彼女が帰った後、私は新しい電子黒板を起動し、彼女のコンピューターを使用し、Quizlet で「AP Language」を検索しました。多くの語彙のリストが見

69

Part Ⅰ　Enrich（充実させる）

つかりました。私は妥当なものを選び、「Scatter」という Quizlet のゲームを始めました。このゲームでは、用語とその定義がボード上に表示されます。ゲームの目的は、語彙をその定義に一致させて一緒にドラッグすることです。語彙と定義が一致すると、ボードから消えます。プレーヤーはタイマーが作動しているため、素早くボードをクリアするよう努めなければなりません。

　私は生徒たちのことをあまり知らなかったので、ボードの前に立ってゲームを始めました。数人の生徒が私のやっていることに気づき、アドバイスをくれるようになりました。私がプレイを終えると、何人かの熱心な生徒が私の代わりにプレイしたいと言い出し、他の生徒たちも彼らにアドバイスを始めました。すると、誰かが「それはどのサイトですか？」と尋ねました。やがてクラス全員がフラッシュカードをやめ、Quizlet で見つけた AP 語彙のリストを使って、Scatter ゲームに参加したのです。

　「とっても楽しいな。この活動が気に入った」とある生徒が言いました。

　「ああ、これなら私は家でも取り組んでみたいな」と別の生徒が言いました。

　オンラインの語彙サイトでマッチングゲームをすることは、フラッシュカー

表 3.5　おすすめの教育ゲーム[19]

Quizlet（クイズレット）	https://quizlet.com/ja 教師や生徒が自分だけのフラッシュカードデッキを作ったり、カードバンクから選んだりできるサイトとアプリです。Quizlet は、これらのカードデッキから楽しい学習ゲームを作成します。
Free Rice（フリーライス）	https://freerice.com/ 正解するごとに世界食糧計画へお米を寄付しており、さまざまな教科で利用できます。
TapQuizMaps（タップ・クイズ・マップス）	https://www.rolzor.com/ 地理を学習するために作られた双方向の学習が可能な地図アプリです。
Code.org（コード・ドット・オルグ）	https://code.org/ 生徒がゲームをすることで、コンピュータの基本的なプログラミングスキルを簡単に学ぶことができるサイトです。
Kahoot（カフート）	https://getkahoot.com ウェブとモバイル・ディバイスで操作するゲームベースの教師も生徒も使うことができるアプリです。

19）現在有料になっているものがあります。

ドよりも語彙をより良く学ぶのに役立つのでしょうか？　例えゲームであって
も、生徒が用語の取得のために、より多くの時間を費やし、集中できるように
なるのであれば、Quizlet は試みる価値があります。教師アカウントを作成し
て独自の語彙リストを作成したり、すでに作成されているリストを検索したり
できます。他の教師からのリストを簡単に使用することもできます。

　一般的なオンライン教育ゲームに加え、モバイル・ディバイス用のツールも
あり、それらを使って生徒たちが夢中で取り組む学習体験を作ることができま
す。たとえば、Munzee や Klikaklue などのアプリを使えば、QR コードを使
って教育的なスカベンジャー・ハントを作ることができます（他のアイディア
については、表 3.5 を参照してください）。

生徒が取り組まないときはどうする？

　生徒は完璧ではありませんし、私たちが必要だと考える学習が、生徒にとっ
て必ずしも興味深いものであるとは限りません。教師はより刺激的な学習を提
供することはできますが、それでも生徒が課題に集中しないことはあります。（一
日がかりの教員研修会に参加したことはありますか？　一日中、完全に集中でき
ていましたか？）精神力を鍛え、難しい課題に集中することは、目の前にコンピ
ューターがあろうとなかろうと、生徒が学ぶ必要があるスキルなのです。

　では、クラスの生徒がやる気をなくしたり、何かについて読んだり、書いた
りしているべき時にオンラインゲームに夢中になっているなど、異なった課題
に取り組んでいる場合、どうすればよいのでしょうか？　あなたがどのように
対応するかで、教師としてのあなたの価値観が明らかになるだけでなく、生徒
たちはそれにめざとく気づくことを心に留めておいてください。

　一人一台端末の環境に慣れていない教師は、本能的にディバイスを取り上げ
て、教科書や紙の資料を渡してしまうのです。しかし、このようなやり方は避
けなければなりません。ディバイスを取り上げると、問題のある生徒だけでな
く、他の生徒に対しても、ノートパソコンやタブレットで行うべき作業が意味
のないもの、重要でないものであるというメッセージを暗黙のうちに送ってし

Part Ⅰ　Enrich（充実させる）

まうからです。たとえば、生徒が作文を書く代わりに鉛筆で絵を描いている場合、鉛筆を取り上げることはしません。代わりに、正しい活動に誘導するはずです。同様に、生徒が教科書のページを間違えて開いている場合でも、教科書を取り上げることはありません。その場合も、必要に応じて声がけをするなど、適切な対応を促すはずです。したがって、まずは求められている活動ができるよう改善を促してみましょう。これは、小さな規律違反に対して行う対応と同様なのです。

　もし生徒のなかに頻繁にタスクから逸れ、あなたがさまざまな対処を試したにもかかわらず、ディバイスを取り上げなければならない者がいる場合は、同様のレベルで深い学びを提供する課題を用意しておく必要があります。また、生徒のなかには、授業から逃れるために、ディバイスを取り上げられることを意図して、妨害行為や意図的な誤使用を行う者もいることに留意しておいてください。

　生徒がディバイスを不適切に使用しないようにするための技術的な解決策もあります。生徒が持っているディバイスの種類によっては、リモートで画面を見ることができるかもしれません。私（ロバーツ）はLanSchoolを使用しており、生徒のノートパソコンの画面を見ることができ、時にはリモートでディバイスを制御してタブを閉じたりスクリーンショットを撮ったりすることができます。

　私（ニービー）は「Reflector」というソフトを使用しており、最大四人の生徒に自分のiPad画面をミラーリングすることができます。これにより、彼らが正しいアプリで作業していることを確認することができます。しかし、そのような解決策は理想的なものではなく、またプロジェクトや授業に取り組ませるためのよい代用品でもなく、ただ教師が教室のなかを見回っていることを生徒に知らせるだけのものです。熱心に取り組めない状態や注意散漫を検出および軽減するために、次のような方法を試してみてはいかがでしょうか。

・生徒をペアで作業させる。タスクを完了するために二人でやれば、一人が間違ったサイトにアクセスする可能性は低くなります。
・生徒が課題から外れたことをしていると疑われる場合、その周りの生徒を見てみましょう。周囲の生徒が彼のiPadの画面に興味をもっているようであ

第 3 章　エンゲージメント

れば、彼はおそらく学習課題以外のことをしている可能性があります。

・教室内を頻繁に移動して、異なる場所に立ってみましょう。そして、最も多くの画面を見るのに最適な場所を見つけてください。私たちのおすすめは、教室の後ろから教えることです。

・あなたが生徒に指示を出しているときは、ディバイスの画面をあなたに向けさせます。

・数分以上の情報を口頭で伝える必要がある場合は、進行中の内容に関する質問を生徒に投げかけます。

・注意をそらすものが学業以外のアプリであれば、そのアプリを削除します。

　学級経営は、生徒のディバイスの有無にかかわらず、教師全員が考えなければならないことです。教室に ICT を導入した当初は、授業運営面で頭を痛めるかもしれません。あなたも生徒も教室環境の変化に慣れるにしたがって、授業のやり方はディバイスを使っていなかったときとほぼ同じと感じるようになるはずです。しかし、私たちは一つの違いに気づきました。教室にディバイスを導入する前は、学業以外に目がいってしまう生徒の存在は他の生徒たちにとって気を逸らす存在以外のなにものでもありませんでした。しかし、ノートパソコンやタブレットが机の上にあると、学業から外れやすい生徒でもディバイスに熱中する傾向が見られます。それでも注意が散漫になることはありますが、他の生徒の学習を妨げることはほぼありません。

　全体的に、私たちは好奇心、つながり、そして困惑をうまく活用することで、生徒の学習への取り組みレベルが劇的に向上することを見出しています。教室にディバイスを導入することで、私たちの授業はより双方向に、より協働的に、より生徒に焦点を当てたものになります。協力して読み合うこと、短期や長期の研究プロジェクト、バックチャネリング、ディスカッションボード、インタラクティブなフィードバックシステム、投票、教育ゲームなどの教育方法を取り入れることで、生徒たちは学習への関心を失いにくくなります。私たちは一人一台端末の教室で何度も経験してきましたが、学級経営のための最善の方法は、生徒が取り組みたくなる学習体験の提供なのです。

Part I Enrich（充実させる）

■ POWER UP！　　授業に取り入れる参加促進の技法

1. 教室で行われる実際の話し合いでは、バックチャンネルを追加したり、ディスカッションボードを宿題の一部にしたりすることができます。
2. 授業の一部として、または授業終了時の振り返りとして、インタラクティブなフィードバックシステムを使用してください。
3. 生徒と一緒に長期的な研究プロジェクトを実施する際には、調査方法を選択させ、学習内容を記録する方法も複数提供します。

第4章
コラボレーション（協働）

コラボレーション（名詞）：人間関係を構築し、協働して意味のあるものを制作・創造する行為。

アリソン・ブラック先生の8年生英語のクラス（観察者／ジェン・ロバーツ）

　私は、コロナド中学校のアリソン・ブラック先生のクラスを訪問することを大変楽しみにしていました。この学校では、10年以上前からBYOD（自分のディバイスを持ち込む方式）プログラムを実施しており、さまざまなディバイスが使われることが指導にどのような影響を与えるかを私は確かめたいと思っていたからです。生徒たちが到着する前に、ブラック先生は、私に「よいタイミングで訪問してくれました」と言いました。なぜなら、生徒たちが取り組んでいるレポートの相互修正を計画していたからです。Googleドキュメントでレポートを共有し、お互いにフィードバックし合う予定でした。

　朝のアナウンスが終わると、ブラック先生は生徒たちに、「少しの間、パソコンをカバンにしまうように」求め、クラスのウェブサイトを使ってその日の指示を説明しました。「自分のレポートをパートナーと共有してください。そして、お互いのレポートに目を通しながら、パートナーがルーブリックの条件を満たしていると思われる箇所に印を付けてください。また、レポートに十分な根拠があることを確認するために、物語からの引用を青で、引用に関するコメントを黄色で強調してください」と指示しました。学年末に近い時期ですが、生徒たちは以前から、この手順で学習を行っていたようです。私は彼女がこれらの指示を生徒たちだけでなく、私のためにも繰り返しているのだと思いました。「さあ、始めましょう！」。

75

Part I   Enrich（充実させる）

　わずか数秒で、すべての生徒が自分のカバンに手を伸ばしました。カバンから取り出されたノートパソコン（ラップトップ）の種類は非常に多様で、一瞬電気店に足を踏み入れたかのようでした。ありとあらゆるブランドのノートパソコンがそろっていて、それにはさまざまな OS が搭載されています。さらに、サイズやモデルの異なるタブレットもありました。生徒たちは皆、自分のディバイスの操作に慣れていて、みんなすぐにレポートを共有し、修正し合う作業に取り掛かりました。一部の生徒は部屋の奥にあるノートパソコンのカートに向かいました。ブラック先生は、「ノートパソコンを忘れたり持っていなかったりする生徒のために予備のノートパソコンを提供しています」と説明してくれました。サンディエゴ市街地の対岸にあるコロナドには大きな海軍基地があるため、国防総省から補助金が支給されているのです。

　生徒たちが読み終わると、彼らはお互いのレポートのよいところや改善点について、小さな声でやり取りを始めました。「この物語からの引用方法はよいと思うけれど、唐突に文章が終わってしまってるね」ある生徒が言いました。「もう少し説明した方がいいと思ったので、あなたのレポートにコメントを残しておいたよ」。

　相手の生徒はうなずきました。「ありがとう。わかった。そこは、修正するね」。何を修正するか、何を追加するかについての短い会話が教室のあちこちで行われていました。

　その後、一人で作業している男子生徒が目につきました。タイピングしている様子だったので、まだ原稿を書いているのだろうと思いました。しかし、彼の画面には異なる映像があったのです。Google ドキュメント上でチャット・ウィンドウを開いていたのです。彼は慌てて、パートナーの生徒が喉が痛くて家で休んでおり、そのため、オンライン上でレポートを共有し、チャット・ウィンドウを使ってお互いにフィードバックする予定であると説明してくれました。

　ハードウェアも違えば、場所も違うのに、ブラック先生のクラスでは生徒同士が自分のレポートを共有し、よりよい文章を書くための協働作業を行っていたのです。表面的には、この授業は私が中学校にいた頃によく行われていたペ

ア編集とそれほど変わりませんでしたが、ディジタルでの共有にはいくつかの利点がありました。

まず、生徒たちは提案された修正案やその他のフィードバックを直接、原稿に挿入していました。そのため、書き手は文章を推敲することができますが、ペンを持って全体を書き直す必要はありません。第二に、協働とフィードバックの繰り返しは、学校外まで広がる可能性があります。実際に、パートナーは相手のレポートの校閲作業を終わらせたうえで、レポートを返却する必要がないのです。レポートは相互に共有されたままで、好きなだけやり取りを続けることができました。

第三に、ディジタル・コラボレーションは、大人たちが高等教育や社会で行う協働をモデルにしています。ディジタル編集やディスカッションは、対面でのディスカッションが苦手な生徒にも、仲間との関わりをもたせることができます。昨年は、自閉症スペクトラムの生徒がいました。その生徒は、対面で仲間と交流することを避ける傾向がありましたが、チャットを使って活発な議論をすることは大いに好みました。

なぜ協働するのか？

私たちは、協働学習や協同学習について書かれた本がたくさんあることを知っていますし、そこですでに書かれていることを繰り返すつもりはありません【33.13】。私たちが皆さんにお伝えしたいのは、ディバイスが日常的に授業の一部となることで、教室空間やあなたの教師としての職場空間（さらには、仕事の仕方自体）を変えることができるといった協働の可能性についてです。

「21世紀型スキルのためのパートナーシップ」（以下、P21と略記）（www.p21.org/）は、「21世紀型学習のフレームワーク」【65】のなかで、学校を卒業した後にも成功するために、重要な四つの応用スキル（四つのC）の一つに、コラボレーション（協働）を挙げています。その「四つのC」とは、コラボレーション、クリティカル・シンキング〔4ページを参照〕、コミュニケーション、クリエイティビティー〔第8章を参照〕です。本章で紹介する例には、上記の「四つのC」

Part I　Enrich（充実させる）

すべてを含んでいますが、ここではコラボレーション（協働）に焦点を当てます。
P21 の共同設立者であるケン・ケイは、グローバルな労働力における協働の価
値を強調しています。彼は、「現実の世界では、一人で取り組むことはありま
せん。仕事はチームで行うものであり、協働は絶対に必要なスキルである」と
説明しています【79】。長年に渡り、教師はチームワークと協働学習の価値を
賞賛してきましたが、学校の外からの呼びかけがこれほど大きく影響したこと
はありません。柔軟に協働する力（同期的な協働＝同時に一緒に作業すること、非
同期的な協働＝異なる時間に一緒に作業すること）が生徒に備わるよう、教師に要
請しているのです。

　IBM の副社長であるケビン・カバナーは、現代の雇用の協働的な性質と、
企業や従業員が同様に協働活動から得られる利益について、このような思いを
述べています。

　　職に就いてからも、他者とのやり取りは不可欠です。原則的に私たちは、仕
　　事において孤立したり、協働作業によってもたらされる恩恵にあずかること
　　なく労働に従事したりすることを望んでいません。人々が協働して働くこと
　　によって、アイディアや知識を簡単に共有することができます。また、同僚
　　たちの専門知識を活用することで、仕事をより効率的に、より良い結果を出
　　すために必要な情報を得ることができます。部門や時間帯、国を越えて他者
　　と協働し、問題解決やイノベーション、会社の収益のために貢献することで、
　　より大きな意義を見出す傾向があります。【15】

　生徒はチームでの作業とさまざまな形態の協働を練習するだけでなく、対面
と遠隔の両方の協働活動をどのように進めたらよいかを理解する必要がありま
す。机を四つ隔てた場所にいる仲間とも、時差のある場所にいる仲間とも、簡
単に関係を築けるようになる必要があるのです。そして、そのスキルを身につ
ける機会を得られれば、学校にいる間も、放課後も、学校卒業後も、自分たち
が協働でつくり上げるプロセスや作品に真の満足感を得ることができるはずで
す。

第 4 章　コラボレーション（協働）

　国際教育技術協会（ISTE）が協働を七つの項目の一つとしているのは、まさにこうした理由からでしょう。学業面で身につけることが求められている能力だけでなく、21 世紀を生きるために必要なソフトスキルないし応用力[2]が必要なのです。協働の基準には、ビジネスや高等教育のリーダーが期待するものが明確に組み込まれています。

　生徒は、ディジタル・メディアや環境を利用して、遠隔地も含めたコミュニケーションや協働作業を行うことで、自分の学習に活かし、他者の学習に貢献することができます。生徒は、多様なディジタル環境とメディアを活用して、クラスメイト、専門家、その他の人たちとやり取りし、協働し、発表します。生徒は、さまざまなメディアと形式を使って、情報とアイディアを複数のオーディエンス（発表の対象）に効果的に伝えることができます。生徒は、他の文化の学習者と関わることによって文化的理解とグローバルな感覚を養うこともできます。生徒は、オリジナルの作品を制作したり問題を解決したりして、プロジェクトチームに貢献するのです。【39】

　社会人になれば、私たちがまだ定義も想像もできないような、ますます複雑で広範なプロジェクトに参加することになります。学校での協働活動は、教科の専門用語、社会的スキル、時間管理などを練習する機会を提供します。また、クラスメイトから学び、自立性を高め、学校の枠を超えた作業や仕事への準備をすることができます。これらのことは、教室にディバイスがあってもなくても言えることです。一人一台端末の教室環境における協働とは、プロの職業人

---

1) 学習にテクノロジーを使用することで、すべての学習者に影響力があり、持続可能で、拡張性があり、公平な学習体験を生み出すことができることを保証しようと活動している教育 NPO 団体。2022 年 11 月にアメリカ最大の教育 NPO の ASCD と合併しました。https://www.iste.org/standards/iste-standards-for-students を参照。また、https://www.iste.org/iste-standards では、子ども以外を対象にしたスタンダードも見ることができます。

2) ソフトスキルないし応用力には、コミュニケーション能力、リーダーシップ、創造力、チームワーク、自発性、時間管理能力、心の知能指数（EQ）などが含まれます。これは、「社会人基礎力」、SEL（SEL 便り（selnewsletter.blogspot.com））、「思考の習慣」（https://bit.ly/3XZmfbh）などともほぼ同じと言えますが、それぞれに微妙なズレもあります。

Part I Enrich（充実させる）

が仕事の多くをこなすために使うのと同じツールを生徒が利用することを意味します。生徒たちは、共有ドキュメントで作業をし、電子メールやSNSで会話を行い、ディジタル市民になる練習を通して学ぶことができるのです。私たち教師にとって、生徒たちはイノベーションを起こすためのパートナーです（第2章を参照。ただし、イノベーションについて詳しくは、第8章を参照）。仕事の多くがディジタル化されることで、生徒たちはプロジェクトに最適なツールについてやり取りし、その過程で私たちに教えてくれることでしょう。

チームワークには技術的なスキルが必要であり、チームメンバーはそれぞれの貢献を統合して完成してプロジェクトにする方法を学びます。私たちは、教師がそれらのスキルをすべて知っている必要があるとは言いません。しかし、技術的な課題を克服するために協働することは、教室や教室外の職場におけるグループワークの大切な部分であり、生徒が最も得意とする部分でもあります。

その他、生徒の協働を支援することの重要性をいくつか考えてみましょう。

・生徒同士の協働は、私たちの教え方が生徒中心であることを意味します。そのため、私たちはグループを確認し、彼らの懸念に対処し、困っている生徒を支援する時間を確保することができます。生徒が協働作業をしているとき、私たちはファシリテーター役とコーチ役を務めることになります。
・協働のプロジェクトは、前もって（単元レベルの）準備をすることが多いのですが、その後は、日常的に授業準備に費やす時間を減らすことができます。
・協働プロジェクトは、多くの場合、質の高い作品を生み出し、生徒にとって学びをより印象深いものにします。
・協働学習は、最終的に評価する作品の数を減らすことができます。

2008年に私（ロバーツ）が一人一台端末の試験運用を依頼された際、すべての生徒にノートパソコンを持たせることによって、教室の協働学習の雰囲気を損なってしまうのではないかと心配しました。そこで私は、ノートパソコンの台数を生徒の半分にした二人に一台のモデルを提案しました。生徒が一緒に作業をすることを望んでいたのです。しかし、私は、オンラインで利用可能な協

第4章　コラボレーション（協働）

働制作ツールが爆発的に普及するとは思ってもいませんでした。

　私（ニービー）も一人一台の iPad への移行について同様の経験をしました。私は、生徒の間にスクリーンがあることで、クラスの雰囲気が失われることを心配していました。今では、すべての生徒がノートパソコンまたはタブレットを持っていますが、それでもグループで座り、自分たちの課題について話し合い、協働学習に参加しています。一人一台端末の教室では、協働学習が、さらに盛んになっているのです。

同僚との協働

　もしあなたが、学校全体を一人一台端末に移行するために本書を読んでいるのであれば、多くの先生方と同じ境遇にあると言えます。確かに、ディジタルを活用した教育への移行には時間がかかりますが、協働して取り組むことではるかに容易になります。今こそ、同じ教科や学年の教師が集まり、各自の教室でICT を有効活用するために、互いに話し合う時です。仕事を分担したり、各自の強みを活かしたりすることで、仲間とともに学ぶことができるのです。生徒のために、定期的に協働できる教師は、自身の実践を振り返ることができるため、授業改善をより確実に行う可能性が高まります【9】。

　私（ニービー）は、歴史を教える同僚との間で、一年かかって初めて気づいたことがありました。それは、9年生のクラスの教材を作成する際、実は重複して同じ作業をしていたということでした。つまり、わずかに異なる内容の同じ目的の生徒用の配布資料が、二人の PC で作成され保存されていたのです。私たちは、効率的に配布資料を活用するために、Google の共有フォルダに移行することで、メールに添付ファイルを送ったり、休み時間にコピーを交換したりする必要がなくなることに気づきました。予想外の利点は非同期の協働作業の柔軟性でした。同僚は、子どもたちが寝静まった夜に、協働作業の記録や配布資料にコメントしたり、提案を修正したりすることが多く、朝型の私は、早朝にそれを確認して返信することができました。エッセイの問いの文言や順序について質問する際にも、対面する時間を調整して確認し合うのではなく、

Part I　Enrich（充実させる）

切れ目なく、それぞれの都合の良いタイミングで行われるようになったのです。

　カリキュラムとそれに使う配布資料を整理するためにファイルを用いる時代は、すでに過去のものです。同僚に渡すものがあるときは、コピーを取るのではなく、リンクを送るのです。今こそ、Google ドライブやドロップボックス（Dropbox）にチーム用の共有フォルダを設定する時です。フォルダにサブフォルダを追加し、各教科のテーマごとに分けて管理します。使いやすいものだけを精選する時間をとれば、フォルダ内の大半が活用できる資料となります。

　もう一つの提案があります。ディジタルの配布資料を収集し、組み合わせる際には、これらのフォルダに教師の名前を付けないでください。代わりに単元ごとにラベルを付けてください。各自の力を発揮し、豊富な資料を保管することは、協働による一つの成果の表れであることを認識しましょう。同僚とオープンに情報共有することで、すべての生徒が恩恵を受けることができます。ディジタルを活用した協働によって、誰もが使うことのできる授業案や配布資料を数回のクリックで共有できるようになります。

　学校が一人一台の端末を導入する前に、手元にどれだけの教材や配布資料があったとしても、教室にあるディバイスにマッチした資料につくり替えたり、アレンジする必要があります。これは、さらなる協働と資料を共有するための絶好の機会です。私（ロバーツ）が、生徒が文章を分析するのに Google フォームを作成したとき、それを教科の教師全員で共有することができました。私（ニービー）が、文章の書き出しの書き方に関する動画教材を作成したとき、それは複数の学年で使用できるものでした。あなたのコンピューターに保管されているほとんどの教材や配布資料は、ディジタルな教え方に耐えうるものではないでしょう。ですから、協働作業を通して、うまく機能しそうなものは変更したり、新しく追加したいものを作成したりしてください。

　協働するために必要なソフトスキルは生徒だけのものではありません。同僚とのオープンな会話を維持したり、定期的に打合せを実施したりしながら、ディジタルを使った教え方への移行で何が有効かを話し合い、教材や配布資料等の管理をしていくことを強くおすすめします。その際、単元ごとにフォルダに分けて整理しておくと、とても便利です。また、単元ごとに利用可能な教材や

第 4 章　コラボレーション（協働）

配布資料をまとめたスプレッドシートや表を作成することも有効です。

　次の点は、非常に重要です。フォルダを共有する全員が、技術的な問題への対処法を理解していることを確認してください。共有されたドキュメントに変更を加えるということは、その変更を全員が見ることになるということを説明する必要があります。初心者の先生でも、共有ドキュメントを開いて、自分のクラス用にカスタマイズすることはできますが、その変更が、共有ドキュメントに影響を及ぼしていることを理解していない場合があります。同僚が共有ドキュメントを自分用に変更する前に、Word 文書で「ファイル／名前を付けて保存」するのと同じように、Google ドライブで「ファイル／コピーを作成」する方法を教えてあげるのは、ほんの少しの時間しかかかりません。また、万が一誰かが共有フォルダから何かを誤って削除した場合に備えて、自分がよく使うものは自分自身でコピーして保存しておくことも良い方法です。

　ディジタルを活用した協働が教師にとって当たり前になると、教室の壁が取り払われます。あなたの本棚にある教材や配布資料のファイルが魔法にかけられ、同僚が自分のバインダーに紙の資料を追加すると、同じ資料があなたのバインダーにも自動的に現れると想像してください。自分の棚にあるバインダーを開くだけで、同僚が自分のバインダーに追加したものをすべて見ることができるのです。これこそ、オンラインでフォルダを共有することで起こることなのです。また、何らかの制約で、自分の学校に協働できる同僚がいない場合、遠く離れた教師仲間とのヴァーチャルな協働が、今ではずっと簡単にできるようになりました。

生徒同士の協働

　私（ニービー）の元生徒であるジェシーが、ある日の昼食時に静かな場所を探してやってきました。「私たちの脚本の編集をしたいのです」と彼は言いました。彼は、他の生徒たちと歴史の授業で映画のプロジェクトに取り組んでいました。短編映画の脚本を Google ドキュメントに書いて、みんなで編集したりコメントしたりできるようにしていたのです。授業中、一緒に作業する時間

83

Part I Enrich（充実させる）

があまりなかったので、ジェシーは昼休みに時間を見つけては、このプロジェクトに参加しようとしたのです。私は、どのように協働作業を進めてきたのかを彼の肩越しに覗き込んだところ友人からの、「ジェシー、今夜中に完成させよう！ Google Meet で 8 時に？」とのメモが届いているのを見ました。機会を与えれば、生徒たちは、私たちが思いもよらないような方法によって協働し合います。彼らは、ワイヤレス世代の子どもたちであり、授業内外ですでにお互いにつながっているのです。彼らが上記のツールやスキルを使って学びを豊かにする時が来ているのです。

■ Plug In　　ディジタルを活用した協働の第一歩

1. 生徒たちに、協働に関する経験についてアンケートを行ってください。ディジタルを活用した協働に対する期待について尋ねてください。どのようなことを協働作業したいと思っているのか、これまで個々に行っていた作業で、お互いに助け合えると考えていることを聞いてください。
2. 近くにいる同僚と協働の可能性について話し合ってください。教科ないし学年用の教材や配布資料用の共有フォルダと各単元用のサブフォルダを作成してください。変更を加える予定のある資料は、コピーを作成する手順についても話し合ってください。
3. 他の学校や州、あるいは世界の他の地域にいる教師に連絡を取ってください。教材や配布資料の共有フォルダを作ったり、アイディアを共有するためのVoxer チャンネル[3]を作ったりしましょう。同じ教科を教えている教師がオンラインで教材や配布資料を投稿している場所を探し、すでに共有しているものを閲覧してみましょう。

---

3) Voxer：音声メッセージをリアルタイムで送受信できるアプリです。音声だけでなく、テキスト、写真、動画、位置情報なども送信可能です。

第 4 章　コラボレーション（協働）

何をもって協働とするか？

　本章の冒頭の定義にあるように、協働とは、意味のあるものを生み出す、あるいは創造するために協力することですが、それは非常に広い定義であり、コラボレーションには多くの曖昧な領域が存在します。ある意味では、あなたが本書を読むことも、私たちのアイディアを自分の教育実践に取り入れようとする協働の一形態といえます。しかし、ほとんどの人は、協働には、意見のやり取りや実践の交流が必要であると考えるでしょう。一人一台の教室で、それはどのように見えるでしょうか？　私たちが生徒たちと行っている方法を提案したいと思います。

・**協働学習に向けた準備**：これは、生徒が準備のための体験を共有することを意味します。ブレインストーミング、データ収集、アウトラインの作成、実験を一緒に行うこと、または、自分の考えについて話し合うことなどが含まれます。協働する形でアイディアを共有し合った後は、生徒は個別の成果物を作成したり、協働作業を継続したりすることができます。

・**協働制作**：これは最も典型的な協働の形態で、多くの場合は、協働作業を思い浮かべるでしょう。生徒たちは、作品をつくり上げるためにともに活動します。プレゼンテーション、ポスター、寸劇、ビデオ、またはその他の視覚的な制作物を意味します。

・**協働学習におけるフィードバック**：生徒が個々に作業を行った後、お互いにフィードバックをし合い、修正を提案するように求めます。具体的なフィードバックができるようになった生徒は、最終的な仕上げに向けて極めて大きな貢献をすることができます。

・**協働学習における発表**：この形態の協働は、しばしば協働制作とともに行われます。生徒たちは一緒に作業をし、その後一緒に発表を行います。生徒同士がお互いの作品を発表し合うことは、他の生徒の学習活動についてしっかりと理解することにつながります。同様に、別々の活動を一つのプレゼンテーション、ウェブサイト、またはビデオにまとめるよう生徒に求めることは、

85

Part I　Enrich（充実させる）

　生徒の協働のスキルを高めることになります。

　協働学習は、学習を展開していくうえでの一つの方法でしたが、すべての生徒がICTにアクセスできるようになったことで、そのやり方は明らかに変化してきました。私たちが生徒の手に渡したツールは、彼らの協働体験を豊かにし、学校を卒業した後に続ける仕事とより近いものになります。以下は、一人一台端末が四つのタイプの協働をどのように変化させるかを示した例です。

協働学習に向けた準備
ジェン・ロバーツの9年生英語のクラス

　私の生徒たちは、「The Cask of Amontillado（アモンティリャードの樽）」というエドガー・アラン・ポーの作品を読み、詳細に読み解き、絵コンテを作成して、物語のテーマ、情景、逆説的な表現についてレポートを書く準備をしていました。私には、英語学習支援（ELL）が必要な生徒と個別教育計画（IEP）のある生徒たちが、課題作成の指示を理解し、作品の叙述を根拠に自分の意見を表現することは大変難しいことだとわかっていました。実際、すべての生徒が物語から根拠を集めることに苦労していました。そこで、この学習を円滑に進める方法を考え、すべての生徒が協働学習に貢献できるような方法を見つけたのです。

　私は、六つの質問からなるGoogleフォームを作成しました。最初の質問では、物語のなかから逆説的な表現となる例を見つけるよう指示し、その文学的表現の根拠となる文章をコピー＆ペーストさせたのです。二つ目の質問では、なぜその文章が逆説的な表現の例なのかを説明するよう求めました。三つ目は、物語の情景を表す例文を求め、以降も同様にテーマなどの例を探すようにしました。私は、生徒たちにペアで協働させ、物語から、逆説的表現、情景、テーマの例を探すよう指示しました。生徒たちは、すぐに課題に取り組むことができ、楽しそうに課題に取り組みました。一度に一つの回答を見つけることは、さほど難しいことではありません。文章をコピーして貼り付け、なぜその文章を選んだのかを説明するだけでいいのです。生徒たちが調査結果を提出した後、レ

ポートに必要なすべての要素の例が記載されたスプレッドシートが完成しました。スプレッドシートの彼らの名前が書かれた列を削除（実際には非表示）し、スプレッドシートをウェブページに公開しました。（Google ドライブでこれを行うには、「ファイル／ウェブに公開」を使用します。）公開されたページにはリンクがあり、それを学習管理システム（LMS）に投稿することができました。

　結果をまとめたスプレッドシートから、生徒が文中のどの箇所を根拠とするのか、また、物語の文章を使って、どのように情景を表現するのかを生徒にモデル提示しました。例文を見て気に入ったものを選び、その例文の隣にある説明を見て、自分の文章を書き始めるのに役立てられる方法を示しました。留意事項についても伝えました。「このシートに記載されているすべての例や説明は、9 年生の生徒たちによって選ばれ、書かれたものです。その内容を鵜呑みにしてはいけません。文章を作成する際には、本当に適切な根拠を選ぶように気をつけなければなりません」と警告したのです。生徒たちは笑いましたが、単にスプレッドシートからコピー＆ペーストするだけではうまくいかず、選んだ文章をクリティカルに読み解き、その根拠を自分なりに解釈しながら文章を書く必要があることを理解したようです。

　その結果、生徒が作成した文章には、物語の作者の世界観や表現から、読み取った内容や考えの根拠を裏づける文章で満ち溢れていました。生徒が短編小説から多くの根拠を得て文章を充実させることができたのは、スプレッドシートという知識の保管場所があったおかげです。協働学習に向けて準備を進めたことが、すべての生徒の学習をよい方向へと導くことができたのです。

他教科での協働学習に向けた例

・学年の始めに、ある化学教師が生徒に周期表に関する資料を作成させ、年間を通して使用させることにしました。教師は、共有のオンライン・スライドデッキ[4]を作成し、各生徒に割り当てた元素について、番号のついたスライドを完成させるよう指示します（元素は 118 種類あるので、複数のクラスで同時に

---

4) Microsoft PowerPoint、Keynote などで作成されたプレゼンテーション・スライドです。

Part I   Enrich（充実させる）

行うこともできますし、年度の初めに生徒にとって最も重要な元素に焦点を絞る
こともできます）。こうした教材は、生徒の参考資料となります。

・ある歴史教師が、ベトナム戦争についての単元を始めることになりました。
Diigo[5] のグループを立ち上げ、生徒たちはその時代について調べながら情報
を追加していきます。単元の終わりに研究レポートを書かせるとき、生徒全
員が Diigo で収集し、注釈を付けた資料を活用することができます。

・ある数学教師は、生徒の試験準備をしたいと考えていますが、試験直前にだ
け対策を講じる従来の方法に嫌気がさしていました。生徒には試験直前では
なく、より早い段階から自ら進んで復習してほしいのです。彼女は学習管理
システム（LMS）上にディスカッションボードを設置し、生徒たちにペアを
組んで説明するべき概念を割り当てました。クラスで作業を進めると、ペア
同士が説明を書き込み、対応する図を描き、その文章と画像をディスカッシ
ョンボードにアップロードします。その日の夜には宿題として、生徒たちに

表 4.1　協働学習に向けた準備のための主なツールとその特徴

ツール	特徴
Google Forms（グーグル・フォーム）	フォームからのデータはスプレッドシートに集められます。スプレッドシートを全ての生徒と共有すると、全員が他の生徒が提出した内容にアクセスできます。学習の補助資料となる場合もありますし、多くのデータを分析することができるようになります。また、オンラインでリンクを共有することで、教室外の情報源からもデータを収集するためにフォームを利用できます。
Padlet（パドレット）	オンライン上で付箋を追加できるツールです。生徒たちは自分の発見やアイディアを追加し、必要に応じてそれらの回答をグループ化することができます。
Lino（リノ）	情報を収集する際に、付箋や写真をピン留めし、色をつけることができる協働的な作業スペースです。これは進行中のプロジェクトに対して使われます。
Diigo（ディーゴ）	生徒たちが共有ブックマークを共通の研究コレクションに追加することができるツールです。それぞれのリソースについての注釈も含めて情報を共有できます。
Scrible（スクライブル）	ウェブベースの注釈ツールであり、生徒たちが研究テキストにマークを付けて、グループ内で共有することができるツールです。豊富なタグ付けや要約機能があり、十分なストレージ容量も提供されています。

5）注釈つきで Web サイトがブックマークできるアプリです。

第4章　コラボレーション（協働）

他の二つの投稿に対して、質問を投げかけたり、重要な概念の覚え方、他の
例、問題を解くための別のアプローチなどを追加してコメントしたりするよ
う指示します。

表4.1では、プロジェクトを開始する際に、生徒の思考を足場とするための
推奨ツールをいくつか挙げ、説明しています。

協働制作
スティーブ・マーテル先生の7年生社会科のクラス（観察者／ジェン・ロ バーツ）

　私（ロバーツ）は教職についてから十年間、7年生の英語と社会科を担当しま
した。私の倉庫には、いまだに手放せない社会科の教材や配布資料が数箱残っ
ているので、7年生の社会科の授業を見学することは貴重な機会となりました。
私は中学校の授業で生徒用のノートパソコンを使ったことがなかったので、ス
ティーブ・マーテル先生が一人一台の端末をどのように活用しているかを見る
のが楽しみでした。マーテル先生は、メールで、中世ヨーロッパの学習を、生
徒たちがオンライン創作空間「マインクラフト」で城のプロジェクトに取り組
んでいることを教えてくれたのです。私の息子たちもマインクラフトを使いこ
なしているので、何を期待していいのかを想像することができました。

　私が教室に入ると、すべての生徒がノートパソコンを使っており、どの画面
も城作りの何らかの段階に入っていました。一部の生徒は城の骨組みを作り、
他の生徒は壁を埋めるのに夢中になっていました。私はあるグループの近くに
座り、近くにいた男子生徒が室内の制作に取り掛かるのを見ていました。彼は、
ゲストが来ていることに気づき、自分の制作過程について話し始めました。

　「これは領主の寝室なので、大きなベッドが必要です。電気がなかったので、
逆さ金床や松明を使って壁から突き出ているように見せ、床は赤が似合うので
赤い絨毯を使いました。心地のいい椅子を置いてほしかったので、階段を使っ
てサイドに看板をつけました。それと、ステンドグラスの窓もつけました。」

　「すごく凝っていますね。どれくらい時間がかかったのですか？」と、私は

Part I　Enrich（充実させる）

尋ねました。

　彼は私の後ろの時計をちらりと見ました。「この授業が始まった時間は何時だったかな？　だいたい 20 分くらいだと思います。でも私は家でもマインクラフトをしているので、作業には慣れています。」

　「城のほかの場所も見せてくれますか？」と私は尋ねました。

　「もちろんです。」彼は画面を動かし始め、視点を変えながら私たちは領主の寝室からズームアウトして長い廊下を下りました。「食堂に案内します。昨日完成したんですよ。」

　長いテーブルが置かれた大きな部屋にたどり着きました。彼はなぜテーブルが長くなっているのか、人の地位がテーブルでの座席にどのように影響するのかを説明してくれました。

　そして、再びツアーが続きました。

　「あの扉は厨房に通じていますが、そこから屋根、つまり城壁に上がってみましょう」。階段を何段か昇った後、私たちはマインクラフトの風景を見渡す位置に立ちました。遠くに他のチームが建設中の別の城が見えました。私の案内人は、部屋中の他のチームの城を指し示し始めました。

　「あなたは専門家のようですね」と私は言いました。「こうしてチームプロジェクトに取り組んでみて、どうでしたか？」

　「これらの城は大きくて手の込んだものです。プロジェクトにかけられる時間は限られているので、チームで取り組めるのはいいことだと思います」と彼は語りました。さらに彼は、チームメンバーのなかにマインクラフト初心者がいたので、その人に初心者向けの動画を送って作り方を学べるようにしたのだと話してくれました。

　「一番難しいのはキーボードの操作キーに慣れることだったけど、それを覚えたら問題ありませんでした」と、私の案内人の反対側に座っていた女の子が言いました。彼女は自分が取り組んでいた馬小屋を見せたかったようです。「実際の馬小屋の写真やマインクラフトの他の馬小屋の写真を見て、それから自分の馬小屋を作りました」。

　その日、私は教室のなかのいくつものチームを訪ねました。パン屋から鍛冶

90

第4章　コラボレーション（協働）

屋まで、城のなかで人々がしていたさまざまな仕事について学びました。礼拝堂、台所、兵舎、大広間、寝室、使用人の部屋、さらに馬小屋、屋上などを見学しました。各チームは自分たちの城に特有の防御策を説明しましたが、溶岩を防御の道具として使うことが許されないとのことで、「歴史的に正確ではないけど、使えたらかっこいいのに」と不満を漏らしていました。

　彼らの熱意は強烈で、自分たちの作品を私に見せることに興奮していました。マーテル先生は、この後、生徒たちに、自分たちの城の建設に関する解説文（日本流にいうと「説明文」）を書いてもらうと説明しました。しかし、彼らの案内を見れば、この課題は極めて容易にできてしまうことは間違いないでしょう。体験をとおして、彼らは確実に学んでいるのです。

他教科での協働制作の例

・11年生のフランス語の授業では、他国を訪問する際の対話文を書いています。一緒にその国に関する画像を探し、共有のスライドデッキに追加します。各スライドのノート欄を使って台詞を書き、台詞をフランス語で読みながら、動画を作成します。各チームは、自分たちの旅行についての動画が完成したら、LMSにアップロードしてクラスメイトに見てもらいます。

・異年齢で構成された「コンピューターサイエンス入門」クラスの生徒たちは、今年度最後の単元であるアプリの設計に取り組んでいます。四人一組のチームに分かれ、新しく身につけたプログラミングの知識や技能を活用し、学校向けのアプリを設計し、作成し、公開します。彼らはクラスメイトが使って恩恵を受けると考えるアプリを開発します。この最終プロジェクトには、スケジュールをリマインドするカレンダーアプリから、課題のやるべきリストをチェックすることができる宿題管理アプリまで、さまざまなものがあります。

・11年生の英語のクラスでは、「読後に分析的なレポートを書く」という一般的な教え方から離れ、『グレート・ギャツビー』の読者のために、解説動画を作成しています。三人のグループが小説のサブテキストに関する質問に取り組みます（「なぜ黄色と白のモチーフが登場するのですか？」、「緑の光のシンボ

91

Part I　Enrich（充実させる）

表 4.2　協働作業のための主なツールとその特徴

Google Docs（グーグル・ドキュメント）	共有テキストドキュメントを使用することで、生徒たちは台本、論文、学習計画など、さまざまなものに協働的に取り組むことができます。教師と共有して指導や助言を受けることもできます。改訂履歴は、文書に誰が何をしたか、そしていつ行ったかを示してくれます。Google Slides も Google ドキュメントと同様に機能します。どちらも Google ドライブ機能の一部です。
Trello（トレロ）	大規模で長期間にわたるプロジェクト管理に適したウェブサイトです。チームが達成したタスクやまだ完了していないタスクについてコミュニケーションを取るのに役立ちます。
Minecraft Edu（マインクラフト）	多くの生徒になじみ深いオンラインの仮想建築環境です。教育版は学校向けに追加機能が提供されています。主な機能は 3D 建築です。生徒は実在の場所や想像上の場所のモデルを作成したり、独自の構造物をデザインしたり、訪問者を仮想ツアーに連れて行くことができます。

ルには何があるのですか？」、「灰の谷の灰色のイメージには何があるのですか？」）
2 分間の解説動画を制作し、読者に重要な箇所を手短に説明するのです。彼らが作成した解説動画は、アニメーション、パペットショー、スクリーンキャスト、録画されたスキットなどさまざまな形式で展開されますが、最終的にはすべてがユーチューブにアップロードされ、世界中の読者が視聴できるようになります。

　表 4.2 に挙げたサイトは、協働による作業を支援するために特別に設計されています。近い将来、さらに多くのサイトが協働作業機能を提供することが予想されます。他にも優れたディジタルで作成するためのツールは、個々のユーザー向けのプラットフォームも存在します。これに対処するために、私たちは生徒のチームに共通のログインを作成するよう促しています。チームは一つのメンバーのメールアドレスを中央のログインアドレスとして指定し、プロジェクト用のパスワードを作成するよう指示します。これにより、生徒たちはビデオ編集、ポッドキャストのトリミング、ウェブサイトの作成などを協働で行うことができるのです。

協働学習におけるフィードバック

ヤン・エイブラムス先生の 8 年生社会科のクラス（観察者／ダイアナ・ニービー）

　エイブラムス先生が担当する 8 年生は、社会科の授業で、南北戦争の原因について説明するレポート作成に取り組んでいました。エイブラムス先生は、生徒たちがすでにレポートの大半を書き終えたところで、私を招き、レポート作成のグループ活動を見せてくれました。エイブラムス先生は、「この 1 年で、どんどん上達してきました。最初は作品を共有するのに時間がかかりましたが、その後、グループで共有フォルダを作り、今ではグループフォルダに課題を追加して、作業を開始するだけです。以前はコピー機の前で 1 時間も待機して、生徒の原稿を確認していたのです。時間が節約できて本当に助かっています」と彼女は言いました。

　エイブラムス先生は、私が生徒たちの協働学習のフィードバックの場面での技術的な側面に最も興味をもつだろうと思ったようですが、私は生徒たちが互いの文章について何を話しているのかを聞きたかったのです。私は、フィードバックを行っているグループを見て回ったのですが、一人の男子生徒がすでに自分のレポートを仲間に朗読していました。みんな自分の画面に発表者のレポートを映していたので、私は一番近くの女子生徒の肩越しにその文章を読むことができました。彼は何度か途中で一時停止して何かを修正しましたが、グループの誰もが話したり彼を中断したりはしませんでした。彼は読み終わると、大きく息を吐き、口にチャックをするしぐさをしました。しばらくは喋らないのだろうと思いました。

　不釣り合いな青い蝶ネクタイをした一人の女子生徒が、グループのなかにいる見知らぬ私を見上げましたが、特に私に気に留めることなくグループに向かい直りました。「さあ、デイビッドが導入と本文の段落がうまく書けているか見て欲しいと頼んできたよ。みんなの意見を聞かせてくれるかな」と先生は尋ねました。静寂のなか、グループのメンバーは Google ドキュメントを通してデイビッドの文章を見つめていました。

　「導入は、まあまあかな」と、黒髪の小柄な女子生徒が言いました。

Part I Enrich（充実させる）

「本当に？」今度は、サッカーのユニフォームを着たやせ型の男子生徒が続けました。「南北戦争が何であったかをうまく説明していると思うけど、原因についてはわかりにくかったよ」。

作者であるデイビッドは黙って眉をひそめましたが、何も言いませんでした。

「そのとおりだね」蝶ネクタイの女子生徒が、画面をじっと覗き込み、導入を読み返していました。「戦争の主要な原因となる主張が欠けているね」と発言しました。

デイビッドは身を乗り出し、自分でも導入を再読しました。初めは「まあまあ」と思った黒髪の少女も読み直していました。「ああ、彼の文章には、戦争の主要な原因を示す部分がないのね」。

グループは、デイビッドのレポートの改善すべき点についてさらに数分間、話し合いました。デイビッドは、彼らのアドバイスに対して再び眉をひそめることはありませんでした。デイビッドは、グループメンバーが話している内容と、レポートの該当箇所を画面で照らし合わせながら、大量のコメントを追加していました。何度か、グループのメンバーがその部分に別のコメントを追加して、彼らのアドバイスを文章にしたこともありました。グループでの話し合いが終わり、デイビッドが話す番になりました。

「えーと、そうだね。いくつか修正しなければならないところがあるね」と苦笑いし、見知らぬ見学者の私（ニービー）への視線が増えたように感じました。「僕が見逃していたことを見つけてくれて、実際よかったです。ありがとう。今晩、指摘してもらった箇所の修正に取り組もうと思う」。

私は思わず提案してしまいました。「ねえ、デイビッド、あなたのレポートをグループと共有したままにしておいて、あなたが修正を終えたら、誰かが再度チェックしてくれるか尋ねてみたらどう？」と。

デイビッドは帰宅後、仲間からの助言をもとにレポートを修正することになります。正直なところ、彼のレポートには多くの改善が必要でしたが、グループが彼に有益な提案をし、彼はそのすべてを聞き入れました。レポートを書いた本人が、グループのメンバーが自分のレポートについて話し合うのを聞くことは、エイブラムス先生の協働におけるフィードバック方法の重要な側面です。

他の教科での協働のフィードバックの例

- 7 年生の数学の授業では、生徒が解答した宿題の写真を撮影し、生徒の名前を隠して VoiceThread[6] に投稿します。その後、生徒たちはログインし、お互いの解答を見ます。生徒は、クラスメイトの問題の解き方についての音声コメントを追加します。たとえば、その解き方から学んだことや提案、コメントなどを追記するのです。これにより、閲覧した生徒は他の解答方法を知ることで学習を深め、他の生徒からのフィードバックやコメントを受け取ることで自分の理解を向上させることができます。

- 11 年生の物理の授業で、生徒たちは断熱に関するプロジェクトのために、中に電球を入れた段ボールの「家」を作りました。先生から支給された 1 個半のダンボールだけで最も断熱性の高い家を作ることが目的でした。各四人のチームは自分たちの家を展示しており、すべての生徒はタブレットを持ちながら教室内を移動しています。プロジェクトごとに、生徒たちは QR コードをスキャンします。このコードをタブレットで読み込み、チームが作成した家の設計を説明する 1 分間の動画を視聴します。その後、生徒たちは説明文にあるリンクをクリックし、Google フォームを使ってチームにフィードバックします。このフォームでは、チームの良かった点と、「家」をよりエネルギー効率の良いものにするための改善策も求めます。チームはフィードバックを確認し、プロジェクトが正式に締め切られるまでに、もう一日改良する機会が与えられます。こうした学習では、生徒は自分たちの作品を他の生徒たちに説明し、フィードバックを受け取りながらより良いものに改善していくことができるのです。

- 9 年生の英語クラスの生徒たちは、毎年 11 月に行われるナノライモ[7]で小説を書くための準備をしています。各生徒は、自分の小説の計画概要をクラス

---

6) スマートフォンやタブレットを使って自分の声ベースのプレゼンテーションを作成することができる iOS と Android 向けのアプリです。

7) 「NaNoWriMo：National Novel Writing Month」プロジェクトのことで、アメリカで毎年行われている、11 月の 1 か月間に 5 万ワード以上の作品を書き上げるというイベントです。

Part I　Enrich（充実させる）

表 4.3　協働によるフィードバックに最適な主なツール

Google Forms （グーグル・フォーム）	フォームは個人やグループのフィードバックに柔軟に利用できます。フォームを使用して、生徒が互いのプレゼンテーションを「評価」できるようにしています。その後、評価を受けた生徒に対してコメントをメールで送信します。
Kaizena （カイゼーナ）	Google ドキュメントと連携して、読者が作成者に音声コメントを残すことができるツールです。しばしば、教師や仲間が音声コメントを通じてより明確にフィードバックを行い、よりわかりやすい論調でアドバイスを提供することができます。音声コメントを使用することで、書き込みだけでは伝えにくいポイントをより効果的に伝えることができます。https://www.kaizena.com/
VoiceThread （ヴォイス・スレッド）	有料のサービスですが、画像、動画、ドキュメント、プレゼンテーションを投稿し、複数のユーザーが短い音声メッセージやテキストメッセージを残すことができます。任意の Web 対応ディバイスで利用することができます。
Discussion Boards （ディスカッションボード）	生徒はクラスのディスカッションボードにアイディア、計画、質問を投稿し、仲間から回答や提案、アイディアを得ることができます。

のディスカッションボードに投稿します。クラスメイトはその計画を確認し、キャラクター、プロット、設定に関する提案を加えます。各生徒は、11 月に書き始める前に、これらの提案を検討し、自分の小説の計画を修正することができます。

　表 4.3 に示されている協働によるフィードバック・ツールは、あなたと生徒が学習のために高品質かつタイムリーなフィードバックを提供するのに役立ちます。

協働によるプレゼンテーション
ダイアナ・ニービーのアメリカ文学の授業

　『ハックルベリー・フィンの冒険』を題材にしたこの単元では、マーク・トウェインがその時代に行ったように、会話を円滑にし、改革を呼び込む風刺の現代的な使い方について調べました。また、ジョン・スチュワートやスティーヴン・コルベアのような現代の優れた風刺作家が、世の中の変化を期待して、世相に不快を感じているという解釈をしています。それは、ユーモアを通して

ニュースの形を変えることで私たちに考えさせようとするものです。そして、「もっと違うことをしたい」という欲求を刺激するような、あなただけの風刺を作りなさい、という課題を提示しました。

　協働して作成する「風刺トーク」は、ペチャクチャ（PechaKucha）[8]を元にしています。これは、話し手が聴衆に向けて20枚の画像をそれぞれ20秒間ずつ見せながら行う時間制のプレゼンテーションです。私たちはこの「風刺トーク」を、10枚のスライドを20秒ずつで構成することにしました。たった3分20秒というわずかな時間のなかで、生徒たちはチームを作って、社会のなかで改革が必要と考える要素について批評をしたのです。

　カミール、ジェス、ローレンの女生徒三人がステージに立つと、すべての視線がバービーの画像に注がれました。彼女は再デザインされて、身体の比率が一般的な女性により近づけられていました。次の9枚のスライドは、ピンク色に染まったおもちゃの通路や、性別に偏った子ども向けの本のページなど、力作ぞろいです。その過程で、彼女たちは絶妙なタイミングでスライドに合わせた完璧な台詞を披露しました。ディズニープリンセスのコンテストの画像が表示されると、ジェスが「メディアの情報があふれる社会で成長した私たちは、常に自分の選択肢を知っていました。プリンセスになる？　それとも……まあ、結局プリンセスになるかですね？（選択肢が一つしかないという皮肉）」と言いました。そして、数枚後のスライドで「女の子のためのサバイバルガイド」というシリーズの画像がスクリーンに映し出されると、カミールとローレンが本当の書籍タイトルを交互に読み上げ、途中で少し口を挟みながら説明しました。

　「男の子のシリーズでは、森や砂漠、急流の川に生き抜く方法を学ぶことができるけど、女の子のシリーズでは、親友との喧嘩やファッションの失敗、ニキビ跡の対処法を学ぶことになるわね。」

　「少なくとも男の子たちは、私たちの扱い方を知ることをできるわ。」

　「そして、少なくとも私たちには裕福になる方法のガイドがあるわ。ねえ、もしもあの男の子たちが職場での生き残り、昇進、そして賃金格差の裏側に対

---

8) 日本発祥のプレゼンテーション形式で、2003年に東京で考案されました。

Part I Enrich（充実させる）

処できて、本当に上手くやってしまった場合に備えてね。」

　風刺トークが終わると、クラスは拍手に包まれ、苦笑いが沸き起こりました。女子生徒たちのプレゼンは、効果的な協働作業によって、効果を発揮しました。彼女たちは Dropmark を協働して行うブレインストーミングの場として使用し、ニュース記事やクリエイティブ・コモンズのライセンス画像、メディアからのビデオクリップのリンク、Google ドキュメントで台本を共有し、完成したプレゼンテーションを Google Slide デッキを用いてリンクを掲載しました。このグループの三人の生徒は、それぞれプレゼンテーションを作る過程で自分の考えを発言し、さらに重要なことに、最終的に発表する際にも、全員が発言する機会をもちました。

他の教科での協働学習における発表場面の例

・11 年生と 12 年生向けのスペイン語クラスの生徒は、チームに分かれてスペイン語圏のさまざまな国の習慣を調べ、発表しています。生徒たちは、授業で使用するツールを複数のなかから選ぶことができます。さらに、自分たちが調べたことをクラスメイトに伝えるために、Google フォームを活用して、5 問のクイズを作成しなければなりません。

・生物の生徒は、Prezi を使って動物細胞に関するプレゼンテーションを作成しました。Prezi はメイン画像を拡大・縮小して新しい情報を表示できるため、完全な細胞を中心画像として設定し、さまざまな小器官にズームインして微細な要素について詳細を追加しています。

・世界史の授業では、生徒たちは年初に歴史上の重要人物が割り当てられます。彼らは個別にその人物について調べ、その人物とその歴史的重要性についての 5 枚の画像を使ったプレゼンテーションを作成します。プレゼンテーションのスライドデッキの「発表者ノート」欄にたくさんのコメントを残します。そして、その後の授業のなかで、教師はコースの内容に適したタイミングでプレゼンテーションを予定します。ただし、スライドを作成した生徒はまずクラスメイトにそれを説明し、その後、そのクラスメイトがクラス全員に発表するのです。

第 4 章　コラボレーション（協働）

表 4.4　協働学習の発表のために最適な主なツールとその特徴

Google Slides （グーグル・スライド）	Google ドキュメントと同様に協働に適した機能を持っています。生徒は同じスライドデッキを同時に共有して編集できます。簡単なプレゼンテーション・プロジェクトやより詳細で長期的なプロジェクトにも適しています。小グループから規模の大きなグループまで使用可能です。機能はあまり派手ではないかもしれませんが、非常に機能的なツールです。
Prezi （プレジ）	このズーミング・プレゼンテーション・ツールは、示されたテーマの詳細に焦点を当てることができます。スライドではなく、生徒たちは大きなキャンバスの異なる領域で作業するイメージです。Prezi は複数のアカウントから創造的な協働作業を可能にします。洗練された外観であることも特徴です。

　表 4.4 では、オンラインでの協働学習におけるプレゼンテーション・ツールがいくつかリストアップされています。今後、協働学習をサポートするプレゼンテーション・ツールがさらに増えていくことでしょう。

生徒の協働学習を管理する

　生徒が協働することには利点が多くありますが、協働学習の設計と管理には課題が生じることもあります。教師として、生徒たちがプロジェクトで協働作業を始める前に、決めておくべきことがあります。

　以下に、あらかじめ決めておくべきポイントを示しました。これらの質問の多くは、従来の授業形態（一人一台端末の授業以前の形態）において決めておくべき事項とも重なるものです。

・学習目標を達成するために、協働学習のグループをどのような構成にしますか？
・どのような協働学習をし、なぜそれを行うのでしょうか？
・グループにはどのような基本ルールやサポートが必要でしょうか？　生徒たち自身でそれらを作成することはできますか？
・生徒の役割と責任は教師が決めますか？　それとも生徒に委ねますか？
・生徒にどのツールの使用を提案しますか？

99

Part I　Enrich（充実させる）

・生徒はどのような技術的な課題に直面する可能性がありますか？
・生徒は最終成果物をどのように共有・公開・提出しますか？
・生徒の協働作業のプロセスをどのように評価しますか？

　これらの質問を考慮しながら、我々は生徒たちが効果的な協働を実現し、成果物を達成するために必要なサポートを提供できるよう取り組んでいます。

協働学習のための生徒のグループ構成

ロバーツの教室でのひとコマ

　新学期が始まって数週間が経った頃、私は生徒たちを教室の入り口で出迎え、彼らが入室する際に新しい席が用意されていることを伝えました。前面のスクリーンにはグループごとに番号が振られたスプレッドシートを表示し、机には1から6までの番号が書かれた箱を置きました。生徒たちはスクリーンを見て自分の名前を見つけ、自分の番号のついたテーブルを見つけて座席につきました。これは、生徒に新しい席を割り当てる時によく行われる方法ですが、このプロセスにはそれ以上の意味がありました。最近の生徒の読書習慣に関する調査データを使用して、私は自分で作成したスプレッドシートを活用して、生徒たちをグループ分けしたのです。スプレッドシートを使うことで、点数（小テストの成績）、読むことへの興味関心、レポートの進捗状況などで生徒を分類することができました。

　今取り組んでいる課題にとって最も重要な基準に基づいて均質なグループをつくったり、一部の生徒にとって難易度の高い課題の場合は、異質なグループ[9]をつくったりすることができました。生徒を素早くグループ分けできるディジタル・ツールはたくさんありますが、どれもランダムなグループを作るものです。私は、生徒を意図的にグループ分けして、教室で一人ひとりをいかすのに役立てたいと考えました（一人ひとりをいかすことについては、第6章を参照）。

9）ここでは能力が異なるグループを指します。

また、私はスプレッドシートに異質なグループを作成するためのページも追加しました。私はよく異質なグループやペアでの活動を授業に取り入れます。数回のクリックで並べ替え、任意の基準に基づいて新しいグループやペアをつくることができます。スプレッドシートを頻繁に並べ替え、生徒を頻繁に新しいグループに割り当てることで、ランダムにグループ編成しているかのように見せています。生徒たちはより多くのクラスメイトと親しくなりますし、パートナーやメンバーに関する苦情はありません。生徒たちはコンピューターがグループを割り当てたのだと思っており、教師が割り当てたとは思っていないようです。

協働学習における基本的ルール

生徒たちは、自分たちでルールをつくった方がきちんと守ります【48】。ただし、そのルールづくりの話し合いをする際、教師はいくつかアイディアをもっていた方がよいでしょう。以下に、効果的な協働作業のための提案を示します。

目標を明確にする：グループ内では、生徒たちが活動の目標について話し合い、自分たちのなかに落とし込む時間が必要です。最終的な目標についてのビジョンを共有しないままプロジェクトに飛び込むと問題が生じます。生徒たちはまず、指示をもう一度確認し、完成した作品のイメージを共有し、そこに到達するための小目標を立て、それから役割と責任を分担することが重要です。私たちは、この話し合いの部分を省いて、ただ活動を始めてしまいがちですが、コミュニケーションスキルの向上はおそらくプロジェクトそのものよりも重要だと言えます。計画をしっかり立てさせましょう。また、計画と話し合いをすることの重要性を伝えましょう。

編集手順を確立する：生徒たちが計画を立てたら、編集に関していくつかのルールを設定することが重要です。グループ内でよく話し合わないまま、誰かがプロジェクトを改善するつもりで、それまでにした作業の一部を削除してしまい、トラブルになってしまうことがよくあります。生徒たちは、文章への追加やコメントは非同期／対面ではない協働作業を行い、大幅な見直しや

Part I Enrich（充実させる）

編集は同期／対面での協働作業で行うことが多いようです。生徒たちがどのような方法を選択するにしても、編集方法に関する規範は必要です。

互いの役割を尊重する：どの生徒も、常にプロジェクトに対して平等に貢献するとは限りません。役割を割り当てることで、その点を改善することはできますが、それでも一部の生徒が、自分たちだけがすべての作業をしたと考えてしまう場合があります。彼らは自分の貢献の重要性を過大評価し、一方でチームメイトの作業を軽視しています。生徒たちと協働について話し合う際には、誰もが自分のできる限りの貢献をすべきであり、他の人の役割を取ってしまうことは、チームメイトの学習プロセスを軽視することになると強調してください。私たちは生徒たちに、善意を前提とするよう教えています。つまり、チームのメンバー全員が、プロジェクトを成功させるために最善を尽くしているという前提から始めるのです。何かうまくいかないことがあったら、非難するのではなく話し合うことが必要です。

思ったことを言う：思ったことを言うといっても、もちろん丁寧に伝えることが必要ですが、生徒たちは建設的なフィードバックを提供することで他の人を批判したり傷つけたりすることを恐れて、アイディアを抑え込んでしまうことがあります。どちらの場合でも、プロジェクトに悪影響が及びます。よいアイディアが共有されず、悪いアイディアが改善されることもありません。生徒たちが自分の考えを積極的に伝えられるようにすることが重要です。

最後までやり遂げる：大人として、私たちは仕事をしっかりやり遂げ、しかも、時間通りに終わらせることで同僚の尊敬を得ます。生徒たちも、それを知っておく必要があります。私たちは協働学習を構築する際に、生徒たちがクラスメイトとともに学ぶ機会であるとともに、尊敬を得て質の高い仕事をすることができることを示す機会でもあるという視点を与えています。ティーンエイジャーは、プロジェクトや成績よりも、クラスメイトの評価を気にしていることが多いものです。

グループワークの評価

生徒が180人いれば、180人分の評価を付けるのですが、グループワークに

なることで、その数が 90 件、60 件、あるいはそれ以下に減ります。これは、グループ活動による恩恵です。それでも、180 人の生徒一人ひとりがフィードバックと評価を期待していることに変わりありません。やるべき仕事が山積みです。

　もちろん、プロジェクトの最終的な成績は私たち教師が決めるのですが、できる限り、評価も協働で行うようにしています（評価については、第 7 章を参照してください）。生徒たちはさまざまな方法で互いの作品を評価することができます。たとえば、Google フォームを使えば、プレゼンテーションの評価にとても役立ちます。生徒は自己評価をしたり、チームメイトの作品について他者評価したりすることができます。

　生徒たちが協働学習のプロセスを振り返り、チームメンバーとして成長するために、生徒たちによくする質問があります。自己評価に含めるべき質問については、資料 4.1 を参照してください。

資料 4.1　自己評価のための質問項目

- ・グループとして、プロジェクトを計画することはどれくらいうまくいきましたか？
- ・途中で計画を変更したり、改善したりする必要はありましたか？　その理由は何でしたか？
- ・あなたはプロジェクトにどんな貢献をしましたか？
- ・あなたの貢献がチームにどのように役立ちましたか？
- ・このプロジェクトを通じて、誰を尊敬するようになりましたか？　その人の貢献について、どんなところに価値があると感じましたか？
- ・チームのなかで、あなたをがっかりさせたり期待に応えられなかったりした人はいましたか？　その人に対して、今後のプロジェクトでパフォーマンスを向上させるためのアドバイスは何ですか？
- ・プロジェクトに満足していますか？　もっと時間があったら何を改善しますか？

　生徒たちには、最終的にできあがった作品と、どのようにそれをつくり上げたのかを考えるだけでなく、質の高い協働作業をすることがいかに大切であるかも示せるようにしています。生徒たちは、他者と効果的に協働することは単

Part I Enrich（充実させる）

に成績を上げることよりもはるかに重要であり、最終的には、これらのソフト
スキルの習得が、内容を学ぶことと同じくらい（か、それ以上に）重要であるこ
とを学びます。

教室や時差を超えた協働

　グローバル社会の相互依存、インターネットの速さ、そして遠く離れた場所
で起こっていることが私たちの生活にどのような影響を与えているかをより深
く知ることは、教室の壁を超えた協働学習の機会を与えてくれます。世界中の
人々がすでに大規模な共有プロジェクトに貢献しています。たとえば Wikipedia
（以下、Wiki）を考えてみてください。平均して 2,300 万以上の投稿者から、平
均して 1 秒間に 10 回の編集が行われています。Wiki のようなウェブサイトは、
誰でも編集できるウェブページですが、特定のユーザーに制限される小さなウ
ェブサイトも存在します。

　ダン・マクダウェル先生と AP〔44 ページの注 1）参照〕世界史の生徒たちは、
Wiki を使って他の三つのクラスと協働学習をしました。教師は四つのクラス
に対してトピックを割り当てました。各チームは自分たちのテーマについて研
究し、執筆しましたが、少なくとも三つの他の記事の検証にも責任をもちまし
た。各クラスが協働して、試験の準備のための自分たちの大規模な学習ガイド
を作成しました。

　ブログ、Wiki、そしてスカイプを使った通話は、私たちの記憶にある紙の
ペンパルプロジェクトに取って代わりました。今日では、遠く離れた相手と協
働することが以前よりもはるかに簡単になりました。「global collaboration
projects」というキーワードで検索すると、豊富なつながりのための情報源に
アクセスすることができます。

協働には必ずディバイスが必要か？

　そうではありません。ディジタル・ツールは協働に伴う多くの論理的な問題

第 4 章 コラボレーション（協働）

を解消することがよくありますが、教室内では非ディジタルな協働も多く行われています。私たちは、生徒たちが話し合い、絵を描き、創造するためのチャート紙やマーカーを使用する活動を決して捨てていません。私（ロバーツ）は今でも生徒たちにチョークを渡して、外に出てグループで読んでいる小説の巨大な地図を描かせています。私（ニービー）は、生徒たちが読んでいる作家たちを題材にしたレビュー劇を好んで行います。一見矛盾しているようにも見えますが、生徒たちがディバイスを家で使って、協働における非対面の作業を行うことで、結果的に、授業内で対面の活動に、より多くの時間を割くことができることがわかっています。

▦ POWER UP！　協働（コラボレーション）を続けましょう

1. 学習展開を見直して、何らかの形で生徒が協働して準備をする要素を含めてみましょう。生徒が協働で作成できる教材で、それぞれ個別の作業に役立つものとして何が考えられるでしょうか？

2. 生徒が協働的な制作、フィードバック、またはプレゼンテーションに参加した後、資料 4.1 の自己評価の質問を使って、自分の貢献と経験について振り返りを行いましょう。

3. 同僚との協働を続けてください。生徒のための協働学習を実施する際の負担をどのように軽減できるでしょうか？　教師同士の協働は、生徒が協働する際の重要なモデルとなります。

105

Part II
Extend（拡張する）

Ex・tend（動詞）：範囲、効果、または意味を広げること

教育 ICT は、私たちの学びのネットワークが物理的な空間や会う時間によって制限されないように、どのように教室の壁を取り払い、私たちに力を与えてくれるでしょうか？

第5章
オーディエンス[1]（発表の対象）

オーディエンス（名詞）：印刷物の読者／講演・公演等を聞いたり見たりする人。また、熱心な支持者や信奉者のグループであることも。

ダイアナ・ニービーのアメリカ文学のクラス

　学年末が近いある月曜日、熱心な10年生のカリーナが、ティム・オブライエン[2]の作風を真似て書いた、実際に彼女自身に起こったことを物語化した文章について相談にやって来ました。

　「よく書けていますか？」私の多くの生徒がそうするように尋ねてきました。私がタブレットの画面を見て5秒もしないうちに、さらに「気に入りましたか？」と追加の質問をしてきました。

　悲しいことに、私が最初に気づいたのは、すべての一人称代名詞が小さな小文字のiで書かれていることでした。年度末が近づいて忍耐が欠け始めていたので、校正をテーマにした数え切れないほどのレッスンをしたのを思い出して、皮肉を言いたい気持ちがわきました。

　「カリーナ、これはテキストメッセージではありませんよ」と私は言いました。「期末試験の答案のようにしないと。なぜ一人称代名詞を大文字にしないのですか？」

---

1) 生徒がつくり出す情報を、読んだり聞いたりする対象のことです。「本物の学び」においては、この対象が欠かせません。それに対して「偽物の学び」では、対象が教師（あるいは、よく知っているクラスメイトたち）のみであるため、生徒の取り組みのレベルはかなり低くなります。
2) アメリカの小説家。ベトナム戦争に従事した経験を基にした小説を多く書いています。

第5章　オーディエンス（発表の対象）

「一人称代名詞？」彼女は訝しげに尋ねました。

「ええ。たとえば、Ｉの文字。」

「ああ、それですか！　実はキーボードが自動修正されなくなりました。それに、これを読むのはあなただけです、ニービー先生」

そのとおり。彼女の作品を読むのは、私だけです。小文字のiを含めて、彼女の文章を見る唯一の人間が私です。私はまた、生徒たちの教室外での社会的差別と積極的に戦った勝利の回想録を読む唯一の人間なのでした。カリーナの言い逃れの一言で、私の関心は、この課題における最大の落とし穴に向けられました。落とし穴とは、つまり、オーディエンス〔作品を公開する対象／発表の対象〕のことです。

オーディエンスの重要性

生徒の作品が教師だけを対象にしている場合、質が落ちることを私たちは経験から知っています。しかし、教師に代わる、本物の有意義な対象が用意されると、生徒は普段は見せない力を発揮します。グラント・ウィギンス[3]は、生徒の作品の質に左右するオーディエンスの重要性を次のように明らかにしています。

アカデミック・ライティング[4]はとてもわかりにくく、定型のない文章のために、新しい知識について書くための単なる手段になっています。しかし重要なのは、本当に存在する読む対象の頭や心を開くことです。つまり動揺を

3）評価の専門家であり、バーモント州のポートフォリオ・システムやエッセンシャル・スクール連合など、アメリカ国内で最も影響力のある改革のいくつかに参画しました。特に、教育の成果から逆向きに授業を設計する「逆向き設計論」が有名です。それは、従来の授業の目標の次に指導案を考え、教え終わった後に評価のことを考えるのではなく、指導案を考える前に、評価の仕方を考えることで、「指導と評価の一体化」を実現する方法です。

4）論文やレポートのような学術的文章を書く技術、書く行為、あるいはそれらを使って書かれた作品のことです。しかし、「学校で書く文章」と広くとらえてもいいかもしれません。

Part Ⅱ　Extend（拡張する）

もたらしたり、ある気持ちを起こさせたり、考え始めさせることなどです。
言い換えれば、本物の書き手として成功するか否かには結果が必要であるこ
とを学んでいる生徒や学生はほとんどいません。本物の目的と対象を設定す
ることで、結果として、優れた書き手になるために必要不可欠なフィードバ
ックを得ることができるのです。【81】

　カリーナには執筆の際に本物の読者がいなかったので、説得力のある議論を
構築したり、主題についての信頼性を高めたりするなどの、より重要な問題は
言うまでもなく、文法や書くときの約束などの詳細を無視しても彼女は何ら影
響があるとは思っていませんでした。後から考えると、私は一人一台での経験
が豊富だったので、教室でICTを活用して、この課題を読んでくれる読者を
用意することもできました。カリーナは、教師のためだけに書くのではなく、
より広範囲の人々を対象にして書いて、そのフィードバックを「クラウドソー
シング」することもできたはずです。
　「ジェネレーション・ライク（似たものを求めたがる世代）」と呼ばれることが
多いカリーナやクラスメイトたちは、SNS（ソーシャル・ネットワーキング・サー
ビス）から即時に、たくさんの「いいね」などの肯定的な反応を期待するよう
になりました。教師からのフィードバックは非常に重要ですが（フィードバッ
クの詳細については、第7章を参照）、生徒は読者とすぐに会話することで、さ
まざまな意見をもつ人からの声を聞くことができます。幸いなことに、本物の
読者と関わることは、オンラインの場合は制限がありません。他人とコミュニ
ケーションを取り、本物の読者を見つける革新的な方法は、引き続き広がりを
見せるでしょう。次節では、一人一台を活用することで、生徒の読者を広げる
ための五つのアプローチを紹介します。

───────────

5) 一般的には、インターネットを利用して不特定多数の人に業務を発注したりすることを
　指しますが、この場合はネットを通じてフィードバック（感想や意見）を求めることを指
　しています。

第 5 章　オーディエンス（発表の対象）

オーディエンスを拡張する五つの方法

幅広い読者向けのブログ

　ブログという言葉はウェブ・ログの略です。オンラインで書いている手書きの
ジャーナル（本書12ページを参照）のようなものだと考えてください。教室のブ
ログについては、第2章で説明しました。では、生徒の視点から見てみましょう。

　ブログを使用すると、生徒はすぐにリアルな世界の読者とつながり、有意義
な対話を行うことができます。オンラインの読者に門戸を開くことで、語学学
習者は、海外のネイティブ・スピーカーと書くことを通してその言葉の練習を
することができます。理科系の生徒は、実験レポートを示して、実験のパート
ナー以外の読者に質問することができます。

　さらに、すべての教科の生徒は、ネット上のブログやフォーラム（ネット掲
示板）を検索して、関心のあるテーマに関する議論に参加できます。ブログは、
相互のやり取りを誘発します。

　このやり取りを通して、生徒は成長します。英語のブリジット・ジェイコブ
ス先生は、生徒たちに各自の書いた文章をクラスのブログに投稿させています。
12年生の選択科目のクリエイティブ・ライティングで、彼女の生徒にとって
最もエキサイティングな学びの瞬間は、クラスメイトがよく考えたコメントで
応答したり、校内の先生がお気に入りのシーンや言い回しについてコメントし
たりするときです。

　生徒はブログを通じて、他国の生徒との交流に参加することもできます。

　キャリー・サンダース先生の11年生の生徒が、自分たちの読んでいた小説『イ
ンドへの道』〔E・M・フォースター著、小野寺健訳、河出書房新社、2022年〕に
ついてブログを書き始めたとき、彼女はムンバイの先生とつながりをもち、そ
の先生は生徒たちにアメリカ人のペンフレンドとして手紙を書くようにすすめ
ました。その反応は驚くべきものでした。インドの生徒たちは、小説の歴史的
文脈の詳細を埋める形で、英国の植民地支配下での生活がどのようなものであ
ったかについて、祖父母とのインタビューを投稿しました。

　ブログは、グローバルな協働を可能にします。生徒が本物の読者のために書

111

Part II　Extend（拡張する）

表 5.1　ブログのための最適なツールとその機能

Wordpress（ワードプレス）	ワードプレス・ドットコム（Wordpress.com）は、多くのプロのブロガーが使用するプラットフォームです[6]。洗練されたデザイン、直感的なユーザー・インターフェイスを備えており、ウェブやモバイル・ディバイスから簡単に更新できます。
Blogger（ブロガー）	すでに Google のアプリを使用している場合は、ブロガー・ドットコム（blogger.com）が最適です。Google のアプリを介して生徒一人ひとりが自動的にログインできるので、複数の生徒を同じブログの管理者として簡単に管理できます。グループブログの理想的なプラットフォームになります。
Tumblr（タンブラー）	生徒は、すでにタンブラー・ドットコム（tumblr.com）に精通していることが多いです。生徒によって文章よりも多くのメディア（画像から音声、再投稿されたニュース記事まで）を投稿することが予想される場合は、タンブラー（Tumblr）がより適切なプラットフォームです。そうは言っても学校や教育委員会でブロックされている可能性もあります。

〔その他エデュブログ（Edublogs）、キッドブログ（Kidblog）などがありますが、日本語版はありません。〕

くことを奨励するには、表5.1 に挙げられているツールを確認してください。

ブログを使う際の配慮事項

　私たちはブログを大いに支持していますが、生徒たちに何の配慮もなくブログを使わせるのは要注意です。

・投稿には、自分で撮影した画像、またはクリエイティブ・コモンズ[7]で許可されている画像のみを使用する〔裁判沙汰にならないように、コピーライトに注意を払う〕ように教えてください。

・プロフィール写真に自分の画像をアップロードする代わりに、アバター[8]を選ぶように生徒にすすめます。

・同じような興味をもつ生徒をグループ化し、同じブログに投稿することで、

---

6) ソフトウェアや SNS などのサービスが動作する基盤となる環境のことです。

7) 国際的非営利組織で、条件を守れば作品を自由に使ってよいという新しい著作権のルールを定めています。

8) 自分の分身となるキャラクター画像。

クラスのブログ数を減らしてください。
・複数の教師が、異なる教科でブログを生徒に書かせる場合は、生徒への負担を考慮してください。ブログは、教科横断的なプロジェクトを記録するのに優れた方法です。
・Google フォームを使用して、生徒のブログの URL をわかるようにまとめてください。
・お互いの投稿にコメントする際の適切なエチケットを生徒に教えます。私（ロバーツ）は、リンダ・ヨリス先生の３年生が作成した、ブログに質の高いコメントを残す方法に関するビデオを生徒に見せています。[9]

生徒の作品の電子出版

　生徒の読者を広げるもう一つの方法は、電子出版 (ePub) です。移民と（移住先への）同化に関するアメリカ研究の単元のなかで、英語と歴史チームの教師であるミシェル・バルメオ先生とアンドリュー・スターギル先生は、アメリカに移民としてやって来た親戚や友人の経験をインタビューして記事にまとめるように生徒に投げかけました。彼らの教室には生徒一人一台の PC があり、毎日放課後にもほとんど同じ PC が使えました。

　アドビの出版アプリであるインデザインの書式設定とレイアウトの基本を生徒たちに説明し、その後、生徒たちは学習の続きに入りました（他のアプリのオプションについては、表 5.2 を参照してください）。

　最終的に、生徒たちは、バルメオ先生とスターギル先生だけが読むレポートの代わりに、自分たちが発行する同人誌に掲載するために自分の作品を書きました。彼らは、生徒、その家族、および学校全体の読者がスマートフォン、タブレット、およびコンピューターで読むことのできる PDF にして自分たちの作品一覧を公開しました。英語科の他の教師はのちに、その同人誌に基づいて

---

9) この動画は、YouTube の［How to Write a Quality Comment! By Linda Yollis］https://www.youtube.com/watch?v=UDVSw54VU1A（右 QR コード）で視聴できます。具体的にはほめる、情報の追加・提供、関連づける、質問で終わる、公開する前に「読み直す」、の５点が紹介されています。

Part Ⅱ　Extend（拡張する）

表5.2　電子出版のための最適なツールとその機能

Pages and Word（ページズ、ワード）	InDesign（インデザイン）が難しすぎる場合（これは私たちの経験から抜群の機能をもっているのですが！）、アップルの Apple Pages（ページズ）または Microsoft Word（ワード）を試してみてください。どちらもドキュメントを PDF 形式で保存できて、学習管理システムまたは学校のウェブサイトに投稿できます。
Google Docs（グーグル・ドキュメント）	Google ドキュメントには、文書をウェブページに変換するための優れた機能があります。生徒は文書内で下書き、協働作業、編集を行うことができ、作品を共有する準備が整ったら、[ファイル]、[ウェブに公開]の順にクリックするだけででき上がりです。
iBooks Author（アイブックス・オーサー）（マックのみ）	季刊刊行物のより「洗練された」外観については、Apple iBooks Author（アップル・アイブックス・オーサー）を使用して iBook（アイブック）を作成し、iBookstore（アイブック・ストア）に公開することを検討してみてください。唯一の問題は、iBooks Author がクラウドではなく 1 台のコンピューター上にあるため、協働作業が困難になることです。
Blurb（ブラーブ）	blurb.com（ブラーブ・ドットコム）などの発行サイトから電子書籍を簡単に作成できます。レイアウト用のテンプレートから選択するか、完全に白紙の状態から始めます。一つのログインコードを共有して協働します。
Romancer（ロマンサー）	原稿があればだれでもディジタル書籍として出版できます。作品の公開から、販売までが可能なサイトです。

いくつかの課題を出し、自分たちの身近な人たちが経験したことを生徒が読み、考え、そして反応するように求めました。

電子出版する際の配慮事項

・最新の文書作成および出版用アプリのほとんどには、生徒の作品をよりプロフェッショナルにみせるテンプレートが用意されていますので、それを使ってみてください。使い始めの段階で、独自の余白やスペースを作成することに苦労する必要はありません。テンプレートにはそれなりの価値があります。

・生徒が最終的な出版物を作り上げるために、形式を考える特別な時間を確保してください。このプロセスは、全員が参加すれば迅速に処理できますが、教師だけがその作業をして練り上げようとすると、膨大な時間がかかることを経験から学びました。

・ほとんどの文書作成アプリでは、印刷時に「PDF として印刷」するオプシ

第5章　オーディエンス（発表の対象）

ョンが提供されます。これは、洗練された読みやすいドキュメントを作成して添付する最速の方法です。

専門家とのつながり

その道の専門家ほど優れたオーディエンスはいるでしょうか？　学校での学びは、生徒が興味をもつ分野の専門知識と経験をもつ大人とつながる機会を得たときに、関連性が高まります。アドリア・スタインバーグ〔元教師で、現在はキャリア教育のNPOリーダー〕は、『本物の学び、本物の仕事（*Real Learning, Real Work*）』〔未邦訳〕で、プロのメンターを見つける際に生徒が検討すべき質問についてふれています【74】。

・私たちの地域で、そのようなスキルを使いこなしているのは誰ですか？
・どこで地元の専門家を見つけることができますか？
・どの専門機関に電話をすることができますか？
・この知識を必要とするのは、どのような種類の仕事ですか？

生物学で西ナイルウイルスの広がりについて学ぶには？　それは地元の昆虫駆除の機関にコンタクトをとるでしょう。物理学にもとづいた構造強度をはかりたい場合は、建築家やエンジニアに連絡をとるかもしれません。小説の模擬裁判で主人公を起訴する場面を書く場合は、本物の弁護士に一連の質疑応答のモデルを教えてもらうことでしょう。

しかし、私たち全員がエンジニアや建築家、弁護士を知っているわけではありません。しかしながら、インターネットはそれらすべてを提供してくれます。そして、多くのとても忙しい大人も、自分の専門に関連する質問や学びたいという意欲をもっている生徒に誠意をもって対応することをいといません。

大人も生徒が同じ目標に向かって情熱を共有しているときは、しばしば生徒に積極的に関わります。私（ロバーツ）の生徒たちは、ビデオ制作の授業で『ブラックフィッシュ』[10]を見た後、公共サービスのビデオ、『ようこそ海の世界へ』という動画を作成し、水族館を訪れたときの思い出を語ってから、海洋哺乳類

115

Part II　Extend（拡張する）

の扱い方について質問しました。このビデオは、動物愛護活動家によって広く拡散されました。

　最終的に、『ブラックフィッシュ』の監督であるガブリエラ・カウパースウェイトが学校を訪れ、生徒たちに話しかけ、動物の扱いについて自分たちで調査を行い、自分たちが正しいと信じていることについて声を上げ続けるよう励ましてくれました。

　生徒が自分の関心事について本物の発表対象に訴えるように促すと、彼らが行う探究はより有意義になり、変革をもたらす可能性があります。私の生徒たちは、自分たちには声／発言権があることと、大人たちは実際に自分たちの言うことに関心をもってくれることに気づきました。

　私たち筆者もまた、専門家としてのリクエストを受けた経験があります。私（ニービー）の学校が英語科教員募集のお知らせを掲載してから1週間後、変わったメールが届きました（資料5.1）。

資料5.1　カーリーからのメール

> 　こんにちは。私はカーリーです。私は12歳で、「英語教師の仕事に応募したい」と考えています。奇妙に聞こえるかもしれませんが、それにはもっともな理由があります。歴史の授業で、大人の立場になって、大人の役割を果たさなければならないのです。私の役割は学士号と修士号を取得した女性です。私は英語を教える仕事を見つけなければなりません。仕事についていくつか質問があります。
>
> 　給料はいくらですか（時給、日給、月給、年棒）？　「私」は何時間働くことになるのでしょうか？　この仕事に健康保険はありますか？　お時間を割いていただきありがとうございます。すべての質問にご回答いただけることを願っています。
>
> 　よろしくお願いします。
>
> 　　　　　　　　　　　　　　　　　　　　　　　　　　　　　　　カーリー

---

10) 2013年公開のドキュメンタリー映画。アメリカフロリダ州のシーワールドのシャチがトレーナーを殺した事故を通じて海洋哺乳類をエンタテイメント産業の一環として利用する産業に対してその意義を問いかけている。

第 5 章 オーディエンス（発表の対象）

カーリーのメールは、子どもの世界を広げるインターネットの力を示しています。英語科の教員は、（自分たちの時給を計算するのをやめて）心から喜んで回答しました。応募書類、給与予定表、面接手続きの説明、そして自分の学校が雇用機会均等を実施しており、年齢による差別はしていないという方針を彼女に知らせました。

わずか数分間のオンライン調査で、それまで自分たちが必要とされていたことを知らなかったメンターたちと生徒をつなぐことができるのです。生徒たちは、地元の非営利団体やコミュニティー・カレッジ[11]、近くの大学で働く人々の連絡先の情報を検索することにとても長けています（専門家とつながる他の方法については次の「補足」を参照してください）。

補足・専門家とつながる最適のツール

> YellowPages.com（イエローペイジ・ドットコム）、LinkedIn.com（リンクトイン）があります。

専門家とつながる際の配慮事項

・授業のなかで見本を示すことで、生徒に自分の探究に関連する専門家を見つける方法を教えます。分野ごとに検索する方法を示すことは有用ですが、生徒たちには専門家に要望を送信する前に、メールのエチケットを教える必要があります。生徒にまずメールの下書きを提出するように伝えます。

・生徒は何人もの人に連絡をする必要があるとき、多くの場合、一人だけに連絡してから、その返事を何日も待つことがあります。いつも生徒には三人の異なる専門家に一度にメールを送るようにアドバイスしています。

・専門家の連絡先が友人や家族以外は、メール Web または電話に限定しています。多くの場合、専門家たちには昼食時間帯が都合のよい時間のようです。

---

11) 公立の 2 年制大学のことを指しており、アメリカやカナダに多くみられます。入学基準も緩やかで、費用も 4 年制に比べると安く抑えられています。

Part Ⅱ　Extend（拡張する）

　これは、学校にとってもありがたいことです。プロジェクト期間中、昼食時に教室で定期的にビデオ会議に生徒が参加します。これにより、生徒と大人のコミュニケーションを監視し、生徒の安全を確保することができます。

・まれに、生徒が専門家に直接会うことを許可します。その場合、親の許可が必要であり、生徒は三人以上のグループで公共の場所で会うことを条件にしています。たとえば、私（ニービー）のところでは、地元の大学の学生会館で大学教授に会った生徒のグループがいました。

ビデオ会議での発表

　一人一台の端末を使用すると、生徒は VoIP（Voice over Internet Protocol）サービス[12]にアクセスすることができます。

　以前に Skype または FaceTime[13]（もしくは Zoom や Teams）を使用したことがあるならば、VoIP を使用していたことになります。インターネットが生徒を地球の裏側にいる発表対象につないだのと同じように、VoIP は対面の通信を提供してくれます。たとえば、ムンバイの生徒と行き来する代わりに（またはそれに加えて）、サンダース先生の 11 年生はビデオ会議によりオンラインでつながることができました。

　また、オンラインのビデオ会議には自分たちが主役になれるという魅力があります。私（ニービー）の生徒であるアンドリューは素晴らしい例です。真面目でルールをしっかり守る 9 年生のアンドリューは、よその町で行われる家族の結婚式のために、『蠅の王』[14]の大きな裁判にジャック役で参加し損なうところでしたが、「スカイプで参加します」と彼は言いました。「授業は 11 時で、結婚式は午後になるまで始まりませんから問題ありません！」裁判の開始時に、クラスは不在の陪審員に連絡し、部屋の隅の音楽スタンドの上に iPad を置いて、

12）インターネットのようなデータ回線を使って音声通信を行うことができる技術のことです。
13）日本でもおなじみのアップルが開発したビデオ通話ソフトウェアです。
14）イギリスの小説家ゴールディングの長編小説。19 世紀の作家バランタイン（1825-1894）の『珊瑚（さんご）の島』（1858 年）における少年たちの冒険談をパロディー化した作品です。

第 5 章　オーディエンス（発表の対象）

彼の笑顔が見えるようにしました。アンドリューは裁判用にスーツとネクタイの服装でした。彼が評決を下すのを手伝った裁判の終わりに、彼は「私は有名人になった気分です！」と付け加えました。オンラインのビデオ会議は、このように場所を超えた学びをもたらしてくれます。

　時には、スクリーンの魅力が生徒の心を摑み、教師の計画をはるかに超えてしまうこともあります。エデュトピアの記事で[15)]、理科教師のショーン・コーナリー先生は、VoIP テクノロジーを使用して教室の壁を越えて生徒の発表対象を広げていく力について以下のように説明しています。

　　私はかつて、化学の授業で生徒がたくさんいる教室で、外来種のスイッチグラス[16)]を発酵させているのを目撃しました。部屋の熱狂が伝わってきたので、その場に手伝いに入ることにしました。なぜそんなに興奮しているのかと尋ねると、一人の生徒が私の方を向いて、「これはフィリピンの町のためです。先週彼らとスカイプしたときに、彼らが持っているのと同じ草を見つけたのです。私たちはエタノールを作るのを手伝いたいのです。レギュラーガソリンは彼らにとって非常に高い農業の経費であり、彼らはたくさんのスイッチグラスを持っています」。私にはあまりにも不自然すぎて本当とは思えませんでしたが、この生徒たちは、問題を見つけて、それを解決しようという、だれもがやりたいことを実際に行っていることに気づきました【17】。

　コーナリー先生の経験は、生徒を教師以外の発表対象と結びつける力を証明しています。教室の壁が本物の学習を進めるうえで妨げになり始めたら、より多くの発表対象を招待するときかもしれません（ほかのビデオ会議のツールについては、表5.3 を参照してください）。

---

15)「Edutopia」アメリカのジョージ・ルーカス教育財団の Web サイト。教育改革を目指して、教育に関するさまざまな情報を提供しています。
16) イネ科の多年性植物で北米が原産。乾燥に強く肥料もほとんど必要がなく荒地に育つ雑草。近年トウモロコシに代わるバイオ燃料の原料として現在最も注目されている植物です。

Part Ⅱ　Extend（拡張する）

表5.3　ビデオ会議の主なツールとその機能[17]

Google Meet （グーグル・ミート）	パソコンやタブレットなどのディバイスを使用して、オンラインで会議などを開催するために開発されたアプリです。Google アカウントをもっていれば、誰でも無料で利用できます。また、Google Meet のオンライン会議は、通信時に暗号化されるので、安全に使用できます。操作画面がシンプルで使いやすいのが特長です。
Skype （スカイプ）	有料アカウントと無料アカウントのオプションがあり、米国外に住む多くの人にとって使い慣れたサービスです。これは、接続している相手によって異なりますが、知っておくと便利です。Skype の有料アカウントでは、画面を共有することもできます。
FaceTime （フェイスタイム）	すべてのアップルディバイスに標準装備のビデオ通話アプリです。無料で使用でき、iPad、iPhone、および Mac に組み込まれています。一人一台の iPad を使用している学校では、FaceTime が生徒用に設定するのが最も簡単であることがわかるかもしれません。
Zoom （ズーム）（＊）	パソコンやタブレットなどのディバイスを使用して、オンラインで会議などを開催するために開発されたアプリです。映像や音声を使ってビデオ会議が可能です。Zoom は遠隔会議、遠隔授業向けクラウドビデオ会議サービスとして世界中で利用されています。
Teams （ティームズ）（＊）	メンバーとチャットする機能に加えて、資料を共有する機能、通話やビデオ会議を開催する機能、表計算やプレゼンツールと連携できる機能などをもっています。

ビデオ会議をする際の配慮事項

・可能であれば、事前に使用する機器がすべて動くことを確認するために、授業前にテストをします。これであなたとゲストの準備が整うことになります。

・有線インターネット接続を使用すると、よりよい結果が得られるので、可能であればコンピューターをインターネットケーブルで接続します。

・コンピューターに組み込まれているカメラよりも、発表対象に生徒の様子がよく映るウェブカメラの購入を検討してください。（最新の書画カメラのなかには、この機能を備えているものもあります。）そして、発信者をより大きな画面に投影するようにしましょう。

・会議中にすべきことについて事前に生徒と話し合ってください。質問をするのか、それともただ聞いているだけなのか？　物事がスムースに進むように

---

17) 表5.3 のなかの（＊マーク）Zoom と Teams は日本の読者向けに、訳者が追記しています。

第 5 章　オーディエンス（発表の対象）

ハンドサインを用意することを検討してください。これは、生徒の質問を管理するためにバックチャネル（第 3 章を参照）を使用する絶好の機会です。

・生徒が質問をしている、あるいは答えているときは、相手に見えるようにカメラに近づいてもらいます。

・スクリーンキャスト[18]のアプリまたは Google Meet や Zoom を使用して会議を録画し、後で確認したり、ライブを見逃した生徒に見せたりすることを検討してください。（録画されていることを全員が理解していることを確認してください。）

・授業の時間だけでなく、ビデオ通話の相手の多忙なスケジュールを考慮して、開始時刻と終了時刻を設定して通話を計画します。

専門的なサイトへの作品の提出

　私（ニービー）はアメリカ文学を学んでいる生徒に対して、人種、偏見、言葉の力に関する単元の終わりに、彼らに学んだことを確実に理解して、自分のものにするために自分の経験について書いてもらいたいと考えていました。

　しかし、自分が思いついた筋書きは、不自然であり本物ではないと感じました。たとえば、「あなたが言葉によって傷ついた時のことを説明しなさい。誰に対して？　何のために？」という具合に。

　がっかりして、なんとか解決策を求めようと、仕事へ向かう車のなかで NPR〔公共ラジオ〕の「モーニング・エディション[19]」の聞き慣れた音に癒されながら、毎日のブレインストーミングの儀式を始めました。その背後で司会者のスティーブ・インスピークが静かにつぶやきました。「The Race Card Project（人種にまつわるカードを送るプロジェクト）のもう一つの作品を聞いてみましょう。これは NPR のミシェル・ノリスが企画したプロジェクトです。人種とアイデンティティーについての六つの単語のストーリーを送ることを人々に呼びかけています」。その後、1 時間も経たないうちに私の生徒たちは iPad につながり、

---

18) コンピューター画面を動画として記録することです。

19) NPR（National Public Radio）は、1970 年設立の非営利のアメリカの公共ラジオ放送で、通勤時間帯に放送される看板番組です。

121

Part II Extend (拡張する)

The Race Card Project から選択した NPR のポッドキャストを聞いて、自分で六つの単語のストーリーを考え始めました。その夜、宿題をするために、彼らはオンラインと放送の実際の視聴者に向けて、自分のつくったものを NPR に提出しました。生徒たちの作品のごく一部がオンラインで公開され、ラジオで取り上げられましたが、そのことは重要ではありませんでした。「世界」に彼らの考えが伝わったのです。実際に聞いてもらう体験は、とても力強く説得力がありました。

ウェブは教室をはるかに超えて、生徒が書いたり、考えたり、質問したりする対象を広げるための無限の方法を提供してくれます。ストーリーをオンラインのコンテストに提出する場合でも、新聞記事やブックレビューに公にコメントを書く場合でも、生徒は幅広い読者のために記事を書くときはエイジェンシー（主体性）をもっています。筆者は二人とも、自由読書 (free reading)[20] で授業を開始します。生徒が読み終えた本ごとに、グッドリーズ・ドットコム (goodreads.com)[21] に簡単なレビューを書いてもらい、他の読者が次に読む本を決めるときに役立てられるようにします。

生徒は、自分が読んだ小説を公開して評価することの満足感とともに、他の一般読者がアドバイスを求めて自分たちのレビューを参考にしていることを知って興奮します。時には、私（ロバーツ）の生徒は、グッドリーズや X（旧：Twitter）を通して得られるフィードバックに感謝し、さらに著者たちから励ましのコメントを受け取っています。次に紹介するのは、生徒の作品を書評専門サイトに提出するための方法です。「目の肥えた読者たち」に読んでもらうことは、それほど簡単ではありません。

---

20)「自由に読む」ないし「ひたすら読む」時間と訳した方がいいのかもしれません。日本では、これを朝読書のように教科指導以外で行われるものと捉えられていますが、欧米では国語の授業の中心に位置づけられています。彼らには、「ひたすら読む」や「自由に読む」時間を提供しないと、読む力は育たないという考えがありますが、日本では読書はあくまでも趣味の世界という捉え方が強いです。なお、教師は一斉指導から解放されるので、その間、生徒の見取りや個別指導（カンファランス）ができる余裕ができます。

21) タイトルの通り「いい本」に関する情報、批評などを閲覧できるサイトです。日本語でこれに類するサイトは「書評サイト」で検索してください。

第 5 章　オーディエンス（発表の対象）

・文学を学ぶ生徒向けには、「本が好き」https://www.honzuki.jp/ や「読書メーター」https://bookmeter.com/ などのサイトがあり、小説の感想や批評を投稿することができます〔日本版に置き換えてあります〕。

・新しく社会科を研究する生徒は、全国紙やヤフーニュース、Google ニュース、マイクロソフトネットワークなどのニュースサイト、または住んでいる地域の地方紙のオンライン時事記事が参考になります。

・外国語を学ぶ生徒も、同じことを行うことができます。エコノミスト・ドットコム（economist.com）などのニュースサイトや英国・国営放送・中国語サイト（bbc.co.uk/Chinese[22]）などが利用できます。

■ Plug In　教育 ICT を使いこなす

1. お気に入りのニュース提供サイトにアクセスしてみましょう。興味を引かれる魅力的な記事を見つけます。それを読んでから、質問をするか、記事の下にある「コメント」欄に書き込み、応答があるのを待ちます。

2. あなたのディバイスの VoIP 機能を試してみましょう！　遠くにいる友人に無料通話を、もしくは隣の部屋にいる誰かと、ビデオ通話を楽しんでみましょう。快適に使いこなせるようになればなるほど、あなたの授業にこのツールを用いてみる可能性も高くなるでしょう。私（ロバーツ）は、インフルエンザが流行して生徒の欠席が目立ち始めたとき、VoIP があったことに感謝しました。

3. 個人のブログやウェブサイトを開設して、ジャーナル〔12 ページの注参照〕をつけてみましょう。何について書いてもよいです。同じような考えをもつ読者や興味深い会話の場を見つけることができるでしょう。ブログは、あなたがこれから教えてみようと思うことを実践する場として最適です。

22）イギリスの主に国際政治・経済を扱う週刊新聞のサイトで、後者は英国・国営放送の中国語サイトです。

Part Ⅱ　Extend（拡張する）

ケース・スタディー：オーディエンス

ダイアナ・ニービーの 10 年生の世界文学の授業

　本物のオーディエンスの存在は、間違いなく生徒の作品をよりよいものにします。この章の前半部分で示したように、生徒の作品を発表対象に届ける方法はいろいろあります。以下は、10 年生の英語クラスでの電子出版の事例です。

　年度が終わろうとしている授業で、私たちは「本当に存在する」発表対象としての役割を果たさなくなっていました。生徒たちは、数え切れないほどのレポート、振り返り、ジャーナル、読んだ本の感想を書いてきました。彼らは毎日、クラスメイトと自分の考えを共有していました。私たちは相互にフィードバックを提供しあい、余白にコメントを走り書きし、付箋に質問を書いていました。これらはすべてやるべきことをしているかに見えますが、表面的な感じがしました。彼らの課題にフィードバックを提供するのは、私の仕事です。それをやらないという選択肢はありません。私は生徒たちに、義務ではなく楽しみや興味からオーディエンスを引き付けてもらいたいと思っていました。

　そこには、極めて単純な一つの事実が存在していました。それは、教室の外にいる誰も、生徒が取り組んでいる学習について何も知らず、気にも留めていないということです。

　生徒は、SNS（ソーシャル・ネットワーキング・サービス）で成長し、他者とのつながりを求めて生きている世代の子どもたちです。書き込みが更新され、ツイートや写真によってオンライン上に記録されていなければ、それは実現しませんでした。では、教師の机の上で学習サイクルの役割を終えるレポートが、生徒にとって何らかの意味や力をもっているとどうして言えるでしょうか？

　押さえなければならないスタンダード[23]をしっかりと把握したうえで、私は単元の再設計を開始し、情報となるテキストについての探究、調査、整理統合、および執筆を教える別の方法を探しました。『ほんものの談話の世界を教える

---

23) 生徒が知ったり、できるようにならなければならない基準のことで、日本では「学習指導要領」にあたります。なお、この事例からも、筆者には教科書をカバーすることは最初から考えていないことが分かります。

（*Teaching the Universe of Discourse*)』（ジェイムズ・モフェット著）〔未邦訳〕から
ヒントを得ました。彼は、学校という場は書き手よりも知識のある発表対象〔教
師〕に向けて書くという、本来ありえないタスクに取り組むように求める唯一
の場所であると主張しています。そこで私は、生徒たちを自分よりも知識の少
ない発表対象、つまり小学1年生に向けて書くという専門家の立場に彼らを置
くことに決めました【61】。

　私は生徒をいくつかの出版チームに分け、それぞれが世界中で起こっている
さまざまな人権侵害の問題を探究するようにしました。必要なガイダンスは提
供して、彼らは学校の図書館から核となるテキスト（長編のノンフィクション）
を選び、ディジタルのデータベース調査と併せて読み、議論をしました。最終
的に、各グループはディジタルで独自の子ども向けの絵本を作成し、検索され
るように、永続的なネットのプラットフォームで公開することになりました。
生徒たちは絵本を通して、自分たちの人権問題についての考えを次の世代にメ
ッセージとして伝えました。

　探究が女性の非倫理的な扱いに関するものである場合、生徒は男の子と女の
子が同等の能力と強さをもつ絵本を書くかもしれません。生徒が人種差別やジ
ェノサイド（集団虐殺）について読むと、違いを認め尊重することを学んだこ
とについて書くかもしれません。選択した電子出版社のオンラインストアを使
用して、生徒は作品を販売し、その収益を選択した慈善団体に寄付することが
できます。

　表5.4は、生徒が絵本のプロジェクトに取り組んだときの進行について説明
しています。右側の列で使用されているICTは、ブルームの改訂された分
類法に沿っていることに注意してください。

---

24)「思考力」に焦点を当てた分類で、「記憶」「理解」「応用」「分析」「評価」「創造」の六
　　段階に分けています。

Part Ⅱ　Extend（拡張する）

表 5.4　絵本プロジェクトの流れ

	生徒がすること	利用するテクノロジー
第1〜2週	**人権をテーマにした最初の学習** ・このテーマに関して教師（と司書）が事前に集めた文献を紹介し、単行本の厚さのノンフィクションを選択して 4 週間のうちに読みます。 ・テーマに関する最初の検索を実行し、専門分野を絞り込んで文章の意味をつかみます。	**探究** ・ダ・ヴィンチ・ニュースやスマートニュースなどの書評を読みます。 ・テーマを Google、Bing、Yahoo! などで検索し、最新ニュースと関連づけて読みます。 ・フォトブック作成のためのマイブック、フジフォトアルバムなどを試して、快適さを実感してみます。〔日本版に置き換えています。〕
第1〜2週	**調査を実行；内容について話し合う** ・歴史的な概観と基本的な内容を含む複数の情報を集めます。 ・調査結果と進捗状況についてグループでその内容をもとに話し合います。データの相違点を探します。	**理解と評価** ・記事、ポッドキャスト、学生・生徒向け国際問題データベース（Gale In Context）について調べます。 ・データの相違点に基づいて検索をさらに洗練されたものにします。キーワードとブール検索 25) を検討します。
第3〜4週	**調査結果を統合する；チェックポイントインタビュー** ・グループの調査結果をまとめて、類似点と相違点を判断します。 ・歴史的背景、根本的な原因、可能な解決策を説明します。 ・1 年生に対してグループの解決策を比喩的な方法を用いて説明することを検討します。	**分析と統合** ・注釈付きの Google ドキュメントの参考文献で調査を深めます。教師と調査チームで情報共有します。 ・Google ドキュメント、ポプレット 26)、またはパドレット 27) を利用してブレインストーミングを行い、要旨をまとめます。
第3〜4週	**ジャンルの定義とルーブリックを構築する** ・少なくともグループとして共通性を探すために 5 冊の絵本を読みます。 ・絵本に必要なものを定義します。	**応用** ・5 冊の本を読んだ結果を分類するために Google ドライブ内にスプレッドシート（表計算アプリ）を作って共有します。次に、授業用のシートに「守らなければならない」ものをルーブリックとして入れていきます。

---

25) AND、NOT、OR などの決められた演算子でキーワードを組み合わせ、対象を絞り込んで行う検索のことです。

26) つながりのあるアイディアなどを、関連線でつないで書き込める、アイディア発想のアプリです。

27) 教育現場向けにつくられた、オンライン上で複数人が文字や写真などを貼り付けたりコメントしたりできる掲示板です。

第 5 章　オーディエンス（発表の対象）

	絵コンテ・原稿を作成する ・フレイタークのピラミッド[28] に従って、ストーリーの原稿を書きます。 ・本のレイアウトや言葉とイラストの合わせ方を考えます。	創造 ・Google ドキュメントに原稿を入力し、複数の寄稿者／編集者により作成します。 ・スケッチブック・プロ[29] などのアプリを使用して、手動またはディジタルでイラストをデザインします。
第5〜6週	イラストや言葉をアップロードして投稿する ・コンテンツを校正し、機械的なエラーに備えて編集担当に原稿を再読させます。 ・コメントやレビューが入り次第、読みます。	出版 ・ハードコピーの図面をスキャンしてJPEG ファイルとして保存します。イラストをアップロードします。 ・テキストをフォトブック作成サイトにアップロードします。

一人一台で見えてきた解決策

　一人一台の端末を使用すると、オーディエンスに関しては根本的な転換が図られます。筆者たちは教室の外の世界にすぐにアクセス可能で、「読んだり聞いたり見たりしてくれるオーディエンス」とつながることのできるツールを手に入れました。

　何年もの間、教育研究者は、本物のオーディエンスに向けて書くことの利点を主張してきました。それはリアルで、書き手に内容のオウナーシップ[30]をもたせることや編集・校正に対する興味、最終作品に対するプライドをもたせてくれる読者たちです【72、81】。

　単元の再設計を開始するにあたり、私の最初の質問は、「教室で教育 ICT を活用して、生徒を探究や執筆に夢中させるにはどうすればよいか？」ということでした。

　答えは、私が予想していたよりも明確でした。生徒たちにツールや教育 ICT を利用させて、ワードプロセッサーでは不可能だったやり方で作品に磨きをか

---

28) 19 世紀ドイツの劇作家フライタークによって開発された物語などの構造的枠組みのことです。それは、物語を (1) 導入（序幕）、(2) 上昇展開、(3) 絶頂（クライマックス）、(4) 下降展開、(5) 大団円（破局、解決）で捉えています。
29) オートデスク社によるスケッチ・描画用ペイントソフトです。
30) 学びに当事者意識をもって主体的に取り組むことを意味します。

Part Ⅱ　Extend（拡張する）

けると、生徒たちの探究に対するエネルギーは、無関心から興奮を伴う創造的なものへと急激に高まりました。そこには何時間も考え続けると同時に、作業し続ける「端末（ディバイス）ユーザー[31]」がいたのです。

　その過程で、一人一台端末のプロジェクトと同様に、従来の形式と授業時間の流れを再考し、話し合う必要があります。以下のことは、生徒の発表対象を拡大するたびに私たちが尋ねるべき質問の一部と、私（ニービー）が自分のプロジェクトを通じて発見した答えです。

オンラインで公開（出版）するための適切なウェブのツールを選択するにはどうすればよいのか？

　私は、ハイテックハイ[32]の知り合いのオンラインディジタル・ポートフォリオを熟読した後、ブラーブ[33]に出合いました。

　私はブラーブの電子ストアとテキスト全体をプレビューするオプションにとても感銘を受け、すぐに無料アカウントを申し込みました。

　多くの場合、自分にとって適したツールを見つける方法は、教育分野や他の専門職に就いている人にアイディアを求めることです。X（旧 Twitter）やFacebook などの SNS から素晴らしい情報や貴重なリソースを見つけることができるのは驚くべきことです。

　とにかく、情報源をテストして、ニーズを満たしていることを確認する必要があります。ブラーブなどのウェブツールを検討する際に私たちが尋ねる質問のいくつかを次に示します。

　　・申し込みにはいくらかかりますか？　申し込みの手続きには何が必要ですか？

31）IT 分野で、機器やアプリなどについて、それを実際に操作して利用する人や組織のことを指します。
32）『「探究」する学びをつくる：社会とつながるプロジェクト型学習』（藤原さと著・平凡社、2020 年）で紹介されているサンディエゴにある公立高校です。
33）フォトブックを作ることのできるサイトです。残念ながら日本語のサービスはありません。

第5章　オーディエンス（発表の対象）

・使用するにはアプリをダウンロードする必要がありますか、それともオンラインでしか利用できませんか？　アプリは追加料金がかかりますか？

・使い方は、どの程度直感的に認知できるものですか？　説明ビデオを見た後、基本を理解できますか？　ウェブサイトまたは YouTube で利用できる説明ビデオはありますか？

・生徒は簡単に協働作業ができますか？　たとえば、生徒は複数のディバイスから進行中の書籍にアクセスできますか？　それとも、作業は一台のコンピューターで行う必要がありますか？

・出版については、オンラインで無料プレビューするオプションはありますか？　それとも、印刷物を購入する必要がありますか？　タブレットにも公開されますか？　必要に応じて電子書籍を購入できますか？

・このツールを使用するその他のメリットはありますか？

　最後の質問への答えは、なぜこのプロジェクトで私がウェブツールとしてブラーブを選んだのかということに関係します。生徒たちは、「ブラーブでいいことをしよう」(Blurb for Good) プログラムを通じて、子ども向けの本を販売し、彼らの探究と同じ分野で活動する慈善団体にその収益を送ることができました。

　正直なところ、私はウェブツールをいくつでも選択でき、それらはすべてさまざまな特長をもち優れていました。私は、電子出版と電子書籍を読むことを奨励することで、紙ベースのものを回避できました。生徒は、電子出版の機能を備えた別のアプリを使用することもできました。しかしある時点で、私は決断を下さなければなりませんでした。

最終成果物はどのようになるのか？

　これは、早い段階で決めなければならない重要な判断の一つです。私たちは、内容、オーディエンス、および目的（なぜ、それに取り組むのか）の観点から考える傾向がありますが、最終的な形態については柔軟なものにしておきたいものです。絵本プロジェクトの場合、私は、問題の解決策の方向に沿って、生徒

Part Ⅱ　Extend（拡張する）

が自分たちの答えを出すことを望んでいました。これによって、彼らの探究は
複数の視点を考慮し、複雑な人間関係について話し合い、ともに考え、最終的
には絵本の形で創造的な作品にすることが求められました。本がどのようなも
のになるかは生徒次第です。彼らが、イラストをディジタルにするか、色鉛筆
を使った「伝統的な描き方」にするのか、テキストの文字を黒にするか別の色
にするのか、テキストのサイズと配置をページごとに変えるかどうかを決めま

表 5.5　絵本に必要なものの一覧

物語 （あらすじ、登場人物）	・独創的で、面白く、話の展開が早い。物語はすぐに対立の場面に入ります。 ・洗練されている～フライタークのピラミッドに従い、あらすじに穴がなく、物語の部分どうしの論理的つじつまが合っています。子どもたちが人生で遭遇すると思われる状況とあらすじが関連しています。 ・子どもたちをモラルのあるテーマに明確に導いていきます。 ・登場人物は活発で、子どもにとって親しみやすく、いつも面白いです。
言葉づかい （言い回し、構文、語彙）	・言葉づかいのレベルは、子どもが自分で理解できる簡単な言葉にします。 子どもたちを「発奮」させるのに充分に複雑です。 ・語彙は、新しく解釈の広がる単語が文脈に沿って使われ、その後で繰り返されます。明確で説明的です。 ・構文は、長さによって異なりますが、ほとんどの文は構造が単純です。 ・完璧な文法と句読点の使い方をしています。 ・人を引き付けるタイトルになっています！
イラスト	・大きな絵でページ全体または 2 ページの見開きを占めるものもあります。 ・絵と文字の比率は、ページの大部分が文字よりも絵で占められています。 ・イラストはストーリーを強調し、筋書きと語彙の文脈をより明確にしています。 ・他の絵やテキストの色調と一致しています。 ・細部まで感情を表現する鮮やかな色が使われています。 ・表紙が引き付けられるもので美的です。「本棚から私を取ってください！」と叫んでいるようです。
魅力 （モラル、関連性、"一般受けする"）	・子どもに関連して、適切で明確な道徳／テーマです。 ・テーマは明確でありふれておらず、ユニークなプレゼンテーションです。 ・思い出深い内容です。

第5章　オーディエンス（発表の対象）

した。

　使えるツールの品質を考えると、完成品に関しては常に生徒が高い水準を維持するように求めています。現実にあるモデルから始めて、そこから遡って作業を進めるとやりやすいです。絵本プロジェクトの場合、私は教室に用意した絵本コレクションをモデルにして読むことから単元を開始しました。ヘザー・ラティマーの『扱うジャンルから考える（*Thinking Through Genre*）』〔未邦訳〕を参考にして、人気のある絵本のモデルを調査し、優れた本に必要なものと、そうでないものを理解しました【51】。

　私たちはこのやり方を頻繁に使うことで、大きな成功を収めています（その他の例については、第8章「創造性とイノベーション」を参照してください）。表5.5は、私の生徒がジャンルの定義を決めるときに思いついたリストを示しています。これは、後に最終的な作品を作り上げていくための基礎となりました。

教師がオーディエンスではなくなったときに、探究プロジェクトの深さや濃さを維持するにはどうすればよいか？

　教師以外のオーディエンスに向けて書くということは、生徒が専門家の立場になることを意味します。つまり、他の人に教えるつもりなら、まず自分たちがそのテーマの専門家にならなければなりません。作品が書き手の責任であるというこの観点から、質の高さを保つために注意深く仕事を進めるということが期待されます。教師は究極のオーディエンスではありませんが、オーディエンスは生徒のつくる作品しだいなので、教師は生徒に高い基準を思い出させる存在になります。

　私のプロジェクトでは、生徒同士の協働研究を完了の要件としていたので、生徒たちが個々に図書館も使いながら「ひたすら読む」時間〔17ページの注21）と122ページの注20）を参照〕は、最も生産的なやり方ではありませんでした。この教科の従来の探究モデルでは、生徒は授業中に図書館やコンピューター室で情報を探し出し、自宅でそれらを読んで考えていました。彼らはメモ用紙とアウトラインを唯一の発表対象である教師に提出し、探究と執筆を続ける前にフィードバックを受けることになっていました。

131

Part Ⅱ　Extend（拡張する）

　代わりに、私は生徒に図書館のデータベースと調査情報源の使用に関する入門レッスンを受けて、自宅でそれらの資料を読み込んで、探究を行うように伝えました。翌日の英語の授業になると、生徒は仲間とカンファランス〔13ページ注15) を参照〕をしたり、質問したり、つながりを見出したり、まとめたり、フォローアップの必要性を検討したりする準備ができていました。生徒は実際の発表対象に向けて執筆することになるため、書ける内容はすべて探究の質にかかっているので、それを高めるために協働で作業する時間は貴重でした。

　私は、彼らが小学1年生のために書く準備ができていることを確認したかったので、生徒の研究者・執筆者チームが熱心に取り組んでいる間、生徒一人ひとりに個別のインタビューをして、これまでに学んだことについて尋ねました。口頭で生徒は自分の探究を要約し、そしてそれを「擁護」しました。[34] 彼らは注釈付きの参考文献を説明し、読んだ論文を要約し、情報源が信頼できるものであることをどのように確かめたのかを説明しました。そして、自分の探究が絵本の内容を決定づけるのにどのように影響したかを話しました。最終的に、すべての10年生は「チェックポイントの面接」、つまり絵本の執筆権を得るための「最終試験」に合格しました。彼らは、幼い読者向けの作品を制作しているにもかかわらず、探究プロセスの深さ・濃さを維持することができたのです。

プロセスに関する考察

　15冊のオリジナル本を注文するためにブラーブの［送信］ボタンをクリックしてから10日後、私は重い段ボール箱を持って教室に乗り込みました。1時間目の30人の若い作家たちは、誕生日のプレゼントを待っている小さな子どもたちのように、ドアまで私を迎えに走ってきました。彼らは次のようなことを言いながら、その箱の口が開くのを待ちました。

　「どんなふうに見えますか？」

　「私たちの本はどこ？」

---

34) ある意味では、博士や修士論文の口頭試問を弁護しているような感じです。

第 5 章　オーディエンス（発表の対象）

「私のイラストはうまく印刷されたかな？」

「1 年生の読み聞かせはいつからですか？」

箱から本を取り出すたびに、作家たちはすぐそばにいるので、それを受け取る準備ができていました。その後、しばらく沈黙がありました。私は教室を見渡し、各

図 5.1　生徒たち創作物には、物語、台詞、挿絵が描かれている

チームが何週間にもわたる探究、調査、まとめを行い、ついには彼らが誇りに思える作品を覗き込んでいる各テーブルを見わたしました（図 5.1）。

翌日、私は生徒たちを駐車場の反対側にある小学校に向けて連れ出しました。歩いていると、興奮している声が聞こえてきました。「パンダの声はどうしよう？」「誰が本を持って、絵を見せるの？」「待って、みんなで農夫のセリフを一緒に言うべきだよ！」

リンカーン小学校の 1 年生は、熱心なファンで、聞き手・読み手でもある最高の発表対象になりました。彼らは高校生と一緒にプレイ・エリアで輪になってきちんと座り、「大きな子どもたち」が発する声にくすくす笑い、お気に入りの絵を指さしました。

私のそばには、兄や姉が長い間取り組んできた話を聞くためにクラスを離れる許可を得て教室を抜けてきた 3 年生も二人いました。

私が生徒たちに向けて書いたコメント以上に、彼らは自分たちの絵本のなかで何が成功したか（そして何がうまくいかなかったか）を、小学生たちの反応を通して学びました。よく練られたジョークに歓声を上げたり、大きな謎が明らかになると息をのんだり、本が「説教くさい」と退屈そうな表情を浮かべたりすることさえ、すべて建設的な批評でした。オーディエンスを拡大すると、生徒の作品に対する本物のフィードバックが倍増することがわかりました。

小学校での朝の活動後、生徒たちはディジタル・ストアのオンラインのコメント数が急増していることに気づきました。

133

Part Ⅱ　Extend（拡張する）

　私たちの姉妹校の保護者は、生徒の電子書籍を「閲覧限定」版で読み、コメントを寄せていました。その学校のある教師は、2年生のクラスで使用する印刷版の絵本を注文し、次のように書いていました。「とても素敵なお話です。学校は大切だというメッセージが大好きです。私は生徒たちに読んであげたいと思います。結末は読み手に推測させているのがよいです。」

　生徒たちにフィードバックを求めたところ、これが1年間で最も記憶に残り、最も影響を受けた課題だと言いました。彼らが言うように、幼い読み手たちに向けて書くことの面白さの一部は、専門家が書いたように見える作品をつくる喜びがあったからこそでした。彼らはそれを誇りに思っていました。そのとき同僚から聞いた言葉を思い出さずにはいられませんでした。「教師向けの作品は基準を満たしていれば十分ですが、本当にいるオーディエンスに向けた作品は高い質が求められるのです」。生徒たちの学びは、本当にすばらしいものでした。

第 5 章　オーディエンス（発表の対象）

| ■ **POWER UP！** | あなたの教育 ICT のスキルを駆使して、生徒のオーディエンスを拡大する |

1. 他のクラス、他学年、または他の学校の生徒とブログ仲間になってチームを組みます。あるいは、学習内容に関する既存のブログを見つけて、生徒に参加をすすめます。

2. 学期または年度の生徒の「自己ベスト」の作品を収集し、学校のコミュニティー向けにウェブで公開します。今年度の生徒は、来年度の後輩向けのガイドブックを作成し、それを PDF や電子書籍として共有することができます。

3. オンラインで、地元の専門家を探します。生徒が専門家とつながることで恩恵を受けることを検討し、ぜひ外部の専門家を招いてください。

4. 校外のリアルな世界とつながる機会にアンテナを張ってください。おそらく、あなたは自分の分野の専門家をすでに知っているでしょう。遠方にいるシェイクスピア俳優、熱帯雨林を研究している環境生物学者、スミソニアン博物館で働く歴史家などです。そうしたゲストの発表対象が生徒のプレゼンテーション、プロジェクト計画の会議、またはソクラテス・セミナー〔62 ページを参照〕に Zoom、FaceTime、または Google Meet などを介してビデオ会議ができるように手配します。

5. オンラインの訪問者を招待します。また、生徒が自分の作品をコンテストに提出したり、専門のサイトで意見を募集したりする機会がないかをよくチェックしてください。

135

第6章
一人ひとりをいかす

　一人ひとりをいかすこと（Differentiation、名詞）：違いを認識して、それを活かして表現する行為のこと。一から多へ、単純なものから複雑なものへ、同質なものから異質なものへと進化すること。

ダイアナ・ニービーの10年生の世界文学のクラス

　私（ニービー）が教え始めた最初の年の授業開始の数日前、分厚い封筒が学校に届きました。

　それは学校の予定表と時程表、五つのクラス名簿でした（どうすれば、148人もの生徒の名前を覚えられるのでしょうか？）。さらに個別の指導計画（IEP）の必要な17人の特別支援教育対象の生徒と504プラン[1]が必要な6人の生徒に関する情報が入った紫色のフォルダもありました。それからオリエンテーション中に、私は特別な支援を必要とする生徒たちへの適切な処置と発達状況について話し合うために定期的なミーティングをもつこと、エピペン[2]の使用方法、一人の生徒の車椅子の正しい回転半径を決めること、および自傷行為や摂食障害の身体的兆候を見つける方法についても研修を受けました。

　私はくじけそうになりましたが、生徒たちにしっかりと奉仕しようと決意しました。指導を始めて数か月後のある日、教育委員会の指導スペシャリスト[3]か

---

1) Individualized Education Plan が教育法に基づく障害をもつ生徒への特別支援教育を定めたものであるのに対し、504プランは「Section 504 of the Rehabilitation Act」と呼ばれる、Civil Rights ＝公民権に基づく障害による差別禁止法に基づいています。
2) ハチによる刺傷、食物アレルギーなどによるアナフィラキシーに対する緊急の補助治療に使用される医薬品のことです。
3) 日本の指導主事に近いところはありますが、教師への「指導」よりも「サポート」を優

ら、「一人ひとりをいかす教え方」を使った指導案の提示を求められました。それは、私にとって極めて容易なことでした。生徒が自分の書いたエッセイの校正を一人で、あるいはパートナーと一緒に、または私と一緒に小グループで作業が行えるように三つのセンター[4]を設置するなどして指導計画をつくりました。

　しかし実際の授業が始まると、何ごとも計画通りに進みませんでした。熱心な生徒たちは、私の指導を受けたくて急いで前に出てきました。友だちとの交流が好きな生徒たちは部屋の後ろに固まってたむろしました。そして、最も配慮を要する生徒は傍観者として静かに座って、よくわからずサポートも得られないのに配布資料をただ見つめているだけでした。授業後、教育委員会の指導スペシャリストは「授業の観察メモ」を渡してくれました。

　それによると、生徒がパートナーと話していたことの大部分は、ホームカミング[5]と翌日にある予定の理科のテストに関するものだったとのことでした。私は、とてもがっかりしました。どうしたら、すべての生徒が参加する授業ができるのでしょうか？

誰もが支援を受けられる教育環境

　一人ひとりの生徒をいかすためには、かなりの柔軟性が必要です。キャロル・トムリンソンが『ようこそ、一人ひとりをいかす教室へ――「違い」を力に変える学び方・教え方』〔山崎敬人ほか訳、北大路書房、2017年〕【77】で述べているように、「今日の教師もまた、校舎にたった一つの教室しかない頃の教師が取

先している人たちです。最近は、「インストラクショナル・コーチ」と呼ぶほうが多いです。近刊の『インストラクショナル・コーチング（仮題）』（ジム・ナイト著、図書文化、2024年）を参照ください。

4) 学習センターを使った学び方・教え方について詳しくは、C. A. トムリンソン『ようこそ、一人ひとりをいかす教室へ』（北大路書房、2018年）の第7章と第8章、およびS. サックシュタイン＆K. ターウィリガー『一斉授業をハックする――学校と社会をつなぐ「学習センター」を教室につくる』（新評論、2022年）を参照ください。

5) アメリカの高校で卒業生を招いて開催される校内パーティーのことです。

Part Ⅱ　Extend（拡張する）

り組んだ重要な問題と闘っています。それは、幅広い学習のレディネスや個人的な興味関心をもち、おのおのの属する文化によって形づくられてきた世界の見方や語り方や経験の仕方をもった多様な生徒に、どうすれば効果的に手を差し延べることができるのか、という問題です」（邦訳書、p.1）。

　長年にわたり、研究者は多様な一人ひとりをいかす方法の有効性を称賛してきました。生徒たちの違いのほんの数例を挙げると、多様な学習スタイル、マルチ能力、性別、言語、レディネス〔ある特定の学習をするための準備状況〕、経験、および興味関心などです。これらはすべて、生徒の最適な学び方を決定するうえで有効な配慮事項ですが、一人ひとりをいかすことを、適切な学習体験を生み出すために使用する「教師の選択」と捉えた方がいいと思っています。トムリンソンは、選択を次の三つに分類しています【77】。

・**内容**：教師が生徒に学ばせたい内容とその提示の仕方
・**プロセス**：生徒が学習内容を学び、主要なスキルを使って、重要な概念や情報を理解するのに役立つ活動
・**成果物**：生徒が学んだことを証明したり、普及するための手段〔詳しくは、次ページの訳者コラムを参照〕

　いずれの場合も、教室での一人一台の端末により、一人ひとりをいかすことがはるかに実現しやすくなりました。これにより、生徒の学習を修正することと加速することの両方が可能になり、授業中（または授業外）に何をどのようにするかを大幅に転換することもできます。たとえば、作成した配布資料を必要に応じて、授業中に生徒へメールで送信することができます。

　ウェブサイトへのリンクをリアルタイムで投稿できるので、生徒はそれを自分が書くレポートの参考にすることができます。さらに、クラスノートを共有

---

6) 人は誰しも一つではなく複数（現在は八つ）の知能を有するというハワード・ガードナーが提唱した考え方で、今では、世界各国の教育やビジネスの世界で取り入れられています。教師用には、トーマス・アームストロングの『マルチ能力が育む子どもの生きる力』（小学館、2002年）があります。

第6章　一人ひとりをいかす

◎訳者コラム「成果物とは」

　成果物（生徒の作品やパフォーマンス）を授業中につくり出す教え方・学び方や、それらに対する評価は、日本ではこれまでほとんど実施されてきませんでした。世界の教育界の傾向は、テストに向けての授業や、テスト以外に評価方法は考えられないという「偽の教え方」や「偽の評価」から、「本物の教え方」や「本物の評価」に転換しつつあり、その要として、成果物が位置づけられています。この点で参考になる本には『学びの中心はやっぱり生徒だ！』『みんな羽ばたいて〜生徒中心の学びのエッセンス』（新評論、2023年）、『あなたの授業が子どもと世界を変える』『だれもが科学者になれる』（新評論、2020年）、『子どもの誇りに灯をともす』（英治出版、2023年）、『一人ひとりを大切にする学校』（築地書館、2022年）および右のQRコードに含まれる本（なお原著者たちは、このリストで紹介されているライティングやリーディングワークショップを中心に実践しています）などがあります。それらのなかでは、本物の成果物やそのオーディエンスなしの学びは、「生徒中心の学び」とは言えない、という主張が貫かれています。本書の208〜ページの「本物の学び」も参照ください。

ドキュメントにまとめて、全員が確実に読めるようにすることもできます。

　また、一人一台の端末のある教室で一人ひとりをいかすことは、生徒のプライドが保たれる形で行うことでもあります。一人一台の端末が導入される前は、生徒に追加の指導やカリキュラムの変更を必要とするときでも、目立たないようにサポートすることは不可能でした。ワークショップ[7]中、生徒はサポートが欲しくても、クラスの前の小さな円卓に先生と一緒に座ることをためらいました。

　しかし、一人一台の端末のある教室であれば、私たちのサポートは他の生徒には見えず、どこでも可能であり、的を絞ったものにすることができます。教師が授業前にメールで送ったヒントの書かれた資料[8]などよって、生徒はクラスメイトに気づかれずにより的を射たフィードバックを得られることで、プライ

───────────

7）原著者たちは、国語の時間を、教師や教材／教科書主導ではなく、生徒主導で教えています。上のコラムのQRコードにあるような本で紹介されている方法を使って教えています。

8）授業のポイントが書かれた教師によってあらかじめ用意された資料のことで、重要な考え方などが書き込めるように空白があります。

139

Part Ⅱ　Extend（拡張する）

ドを保つことができます。

　私が新任教師だったとき、一人ひとりをいかすことの複雑さをすべて理解していませんでした。一人一台の教室以前の書き方を教える授業の大惨事を思い出すと苦い笑いがこみあげてきます。当時の自分の手を取り、コンピューター教室またはノートパソコン（ラップトップ）の格納カートに案内できればと思うくらいです。そのうえでさらに、長い時間をかけて計画を立てても、実施するのが難しかった学習センターを本物の一人一台の教室によって提供できればと思いました。あの日から多くの変化がありました！　一人ひとりをいかす学習センターを導入し始めてから5年後、新しい学校で、異なる学年を対象に、私は勇気を出してあの授業に再度挑戦しました。今回はiPadと蓄積してきた知識とともに。

　振り返りと添削活動の前日、私は採点済みのレポートをまとめて返却し、生徒たちに振り返りのために何を手伝ってほしいかを考え始めるように言いました。その夜の生徒たちの宿題は、私からのコメント付きのレポートを読み直し、Googleサーベイ[9]に記入することでした（図6.1を参照）。その際、四つの簡単な質問に答えます。名前、授業時間、授業で振り返りたいこと、そしてどのような方法で学びたいかということです。

　翌日、生徒が教室に入ってきたときに、グループ名を書いたスプレッドシートを投影して、荷物を持って新しいチームに移動するように告げました。彼らが席に着くと、その日の計画を与えました。「皆さん、おはよう。Schoology（スクーロジー）[10]にログインして、グループのリンクをクリックしてください。その日の目標が記載された共有ドキュメントが表示されます。各グループは異なる内容に取り組みますが、全員が来週提出する改訂版に向けてレポートを修正していくための方法を理解することになります。授業中に質問がある場合は、バックチャネル[11]に投稿してください。そのURLは、ホワイトボードに記載さ

──────────

9）アンケート作成サービスです。
10）学習管理システムを備えたクラウドの動作環境であり、オンライン教室の管理に必要なツールを提供しています。
11）ネットワーク化されたコンピューターでメッセージを送ることのできるソフトウェアを使用して、生徒と教師の一対一の通信を可能にするものです。クラス・コモンズ（Class-Commons）やX（旧Twitter）などが使用されています。

第6章　一人ひとりをいかす

れています。」その後、生徒たちは活動に取りかかりました。

　自分の作品を修正したいチームは、授業の最初の部分で例示された段落あるいはレポートを一緒に読み、私が記入した注釈について議論しました。準備が整うと、彼らはそれぞれ、サポートしてもらいたい自分のレポートが含まれた Google ドキュメントを共有しました。お互いに余白にあるコメントボックスから助言をもらい校正に取りかかりました。

　より多くの指導が必要なチームは、序論、主題またはそのグループのテーマをどのように書くかをスクリーンキャストのレビューを見て学びました。その後、チームは編集仲間と同じサンプルの段落を読み上げました

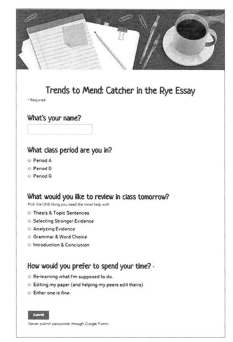

図6.1　生徒の形成的な自己評価の様式として Google サーベイを使う

が、私はコメントの代わりに、チームとして議論するための質問を残しました。最後に、チームは、私が見本として書いたあまりできの良くない作品を読み、それをどのように修正するかについて話し合いました。

　生徒たちが活動している間、私は室内を歩き回りました。でも、「調子はどうですか？」といういつものあいさつ代わりに、いくつかの質問をすることを目標にしました。生徒からもらったバックチャネルの内容に基づいて、それぞれの質問に答えました。これによって、チームは私のサポートがなくても一緒に作業をする機会が提供され、途中に生じた問題も解決することができました。

　私のクラスでは、生徒のほとんどが自分のニーズに合った活動に積極的に取り組んでいたので、学年レベル以下で、追加の足場的支援が必要な数人の生徒を手厚くサポートすることができました。

Part Ⅱ　Extend（拡張する）

　最近、韓国からきたばかりのシャロンと失読症のミラは、バックチャネルに質問を出すことを躊躇するだろうと思い、彼女らをサポートするためにどうしたらよいかを考えました。シャロンとミラには手助けが必要なことがわかっていたので、私は二人のレポートに一連の音声コメントを追加し（フィードバックに音声コメントを使用する方法の詳細については、第7章を参照してください）、授業が始まる前にヴァーチャルの個別カンファレンスを用意しました。バックチャネルを使って他の生徒の質問に答える間に、私はシャロンとミラの机に立ち寄って次のようなやり取りをしました。「私のコメントを聴きましたか？」と尋ねると、義務的に「はい」とうなずいたので、二人にコメントで私の言いたかったことと、それをもとにどう修正していくかを説明させました。一人ひとりをいかすクラスの授業では、私は補習的なサポートと一対一の個別指導を提供する機会を頻繁にもてるのです[12]。

　その後数日で、一人ひとりをいかす授業で使用した資料のページへのアクセス数が大幅に増加したことに気づきました。生徒にその理由を尋ねると、その答えは私のねらい通りでした。

　「授業では主題チームに入っていましたが、先生が導入チームに何と言ったのか知りたかったのです。」

　「根拠となるビデオのすべてを完全に覚えていなかったので、戻ってもう一度見ました。」

　「自分のレポートを修正するために、主題文[13]の例文を見ていました。」

　クラスメイトや教師によるサポートを受けて挑戦的な考え方を身につける授業時間を用意するばかりでなく、オンライン上の学習センターをつくることは、学びの修正と加速化のための常設の拠り所となりました。当然のことながら、次の週に集めた生徒たちの改訂版は、これまでのなかで最高の出来でした。

───────────

12) なぜ、授業中にこうした時間が確保できるかというと、生徒たちは個別学習か協働学習に夢中で取り組んでいるからです。その間に教師は個別ないしグループ・カンファランスをして回っています。『「学び」の責任は誰にあるのか』（D. フィッシャーほか著、新評論、2017 年）を参照ください。
13) 段落の要旨を述べた文章のことです。

威厳をもって一人ひとりをいかす

　私たち教師は、いつどのように生徒の学習体験を一人ひとりをいかす形にするかの判断と、いつ足場を取り除くのがよいかを選択することができます。重要な配慮事項の一つは、一人ひとりをいかす際のグループの構成の仕方です。ここでも、一人一台端末はゲーム・チェンジャー[14]になる可能性があります。

　生徒はソーシャルメディアを介して常に連絡を取り合っており、この切れ目のないやり取りは、教室の内外で生徒の自己認識に影響を与えるでしょう。私たち教師が何を信じたいかに関わらず、生徒は私たちのわからないところで、私たち（や宿題）について日常的にオンラインで話しています。教師が課題を一人ひとりをいかすものにしたり〔ニーズや興味関心に応じて異なる課題や資料を提供したり〕、さまざまな学習内容を提供したり、多様な方法で自分がわかったことを提示するように奨励したりすると、生徒たちはそれについて情報交換をします。彼らは、誰がどんな課題を受け取ったかを知っているので、レポートに挑戦する代わりにビデオを見るだけの「下位グループ」に自分が属しているかどうかを常に意識しています。彼らは、小学校のときと同じように、どの生徒が「優秀」で、どの生徒が「優秀ではない」のかを知っているのです。

　したがって、生徒をグループにする方法とタイミング、および一人ひとりをいかすための学習内容の例としてどのような資料を提供したらよいかということをいつも気にかける必要があります。優秀な生徒は、優れたクリティカルな読者かもしれませんが、挑戦的な大学レベルの講義を聞いて、メインポイントを識別するための聞く練習が必要です。おそらく、「チャレンジしがいのある」課題はビデオを見ることですが、修正が加えられ、足場が提供された課題は生徒がわかりやすい資料になります。メディアが多いほど簡単で、少ないほど難しいという主張に異議を唱えることが重要です。グループづくりと課題の種類についての慎重な配慮と、技術的な進化のおかげで、一人ひとりをいかす教え方は素晴らしい可能性を秘めています。内容、プロセス、および成果物に照ら

14）ものごとの状況や流れを一変させるアイディアや、個人や企業などのことです。

Part II　Extend（拡張する）

しながら、一人ひとりをいかす際の新たな選択肢を見てみましょう。

学習内容、学習プロセス、および成果物

学習内容で一人ひとりをいかす—生徒が何を学び、それをどう提供するか？

　ジョン・チャン先生は、12年生の経済の授業で生徒に大規模な「株式市場暴落シミュレーション」に取り組ませる準備をしていました。すべての生徒が、暗黒の木曜日と大恐慌の兆候となった歴史の瞬間を基本的に理解して、翌日の授業に来ることになっていました。

　彼のクラスはさまざまな背景をもった生徒で構成されており、そのなかには過去にAP〔44ページを参照〕の歴史を受けた生徒もいれば、普通科の授業についていくのに苦労している生徒もいました。生徒が読んだものを整理するためのグラフィック・オーガナイザー[15]を配ったときに、彼はテキスト自体の理解のために、受信トレイをチェックするように言いました。その日の午後、チャン先生は一つの章を全員に割り当てる代わりに、さまざまな読解レベルの生徒に異なる記事やサイトにリンクするメールを送信しました。彼は、メールの「bcc」機能を使って、各リストの生徒の名前を非公開にして（資料6.1を参照）、「読む課題については、ここをクリックしてください」と簡単に知らせました。

　難度の高い学習をする準備ができていたグループ1の生徒は、翌年に大学で読むと思われる学術雑誌の記事をJSTOR[16]から受け取りました。

　すべての生徒に個別のメールを送信するのは、確かに大変であり、まったくばかげているように思えます。しかし、チャン先生はその点を工夫しました。彼のやり方は次のようなものです。

---

15) 生徒や教師が学習内容を理解しやすくするために使われる学習ツールです。情報やアイディアを整理するための「思考ツール」や「見える化シート」とも言われています。
16) 主要な学術雑誌のアーカイブを提供するデータベースです。

第 6 章　一人ひとりをいかす

資料 6.1　作業手順を簡単にする：150 通の個別メールを送信しないですむ方法

1. 年度初めに生徒全員の名前とメールアドレスを Google フォームで集め、スプレッドシートに保存し、新しい生徒が授業を受講し始めたときは追加した。
2. この課題のために、スプレッドシートに新しい縦列を作成して、生徒に 1、2、3 のように番号をつけた。生徒たちは、自分がどのグループに属しているのか、また、何番を割り当てられているのかを知ることはない。スプレッドシートは、チャン先生のグループ編成のためだけに使われる。
3. スプレッドシートをそれらの番号で並べ替えた（受講時間とは関係なく）。
4. グループ 1 の生徒たちのメールアドレスをコピーしてメールの bcc 行に貼り付け、最初の課題をグループ 1 に送信した。
5. 次にグループ 2、グループ 3 とそのプロセスを繰り返した。

　グループ 3 の生徒は、より多くのサポートを必要としており、世界史プロジェクトの画面上でやり取りのできるページが紹介されました。[17)]このページには、文章、画像、インタビュー、年表など、たくさんの短い情報があります。中間のグループ 2 の生徒は、両方のリンクを受け取りました。彼らのメールには、双方向性のあるページのリンクの横にある「ここから始めてください」と、「それが理解できたと思ったら、雑誌の記事を読む前に、こちらを読んでみてください」が書かれていました。すべての生徒は、翌日に提出しなければならないグラフィック・オーガナイザーにまとめられている項目に答えるために、自分の読むレベルに合った形で十分な情報を得ることができました。

　チャン先生の宿題のポイントは、生徒たちを段階に分けることであり、トムリンソンはそれを学習内容で一人ひとりいかす際の基礎であると説明しています【77】。読解があまり得意ではない生徒にはサポートが得られるようにする一方で、支援をあまり必要としない生徒には自分で進めることができるようにするのです。一人一台の端末を使用すると、このような目に見えない段階化が可能になります。生徒が適切な読解レベルを自分で選択できるとチャン先生が確信していたなら、学習管理システム（LMS）にいくつかのリンクを投稿し、

---

17) worldhistoryproject.org が促進している「協働で歴史を記録し、共有すること」をめざしたプロジェクトで、過去の特定の日に何があったのかを調べることもできます。

Part Ⅱ　Extend（拡張する）

生徒に自分のスキルとレディネス（学習の準備状況）に最も適した課題を選択するように指示できたことでしょう。自分が選択した課題に関係なく、授業内に一度だけ共通ページに戻ることは、どのような手法や進度で学習を進めればよいかを確認することにつながります。

　チャン先生と同じように、私たちは生徒の好みに合わせた学習内容を提供するためのタブレットとノートパソコンを、舞台の裏方と捉えています。一人一台の端末を使って学習内容で一人ひとりをいかすその他のアイディアには次のようなものがあります。

・一人一台端末以前のときは、生徒が1年間を有意義に過ごすために必要な基礎的なスキルをもたずに学年や特定の授業に入った場合、学習に大きな支障がありました。しかし、イアン・クーパー先生は、生徒のクリッスィーが一次方程式を理解していないために多変数の微分係数の公式に苦労していることに気づくと、すぐにタブレットに目を向け、**補習サポート・サービス**がないか探しました。クリッスィーをカーン・アカデミーのビデオ学習に取り組ませて、放課後にフォローして、足りないところを補うことにしました。クーパー先生は、次のステップの準備ができている生徒たちに対して教え続けると同時に、クリッスィーが学習内容を自分で学べるようなレベルに引き上げることに成功しました。

・私たちのクラスにはさまざまな**学習スタイル**をもった生徒がいるため、学年の初めにはオンラインでオーディオブックから入手できる小説を選択するようにしています。そして、生徒にメールを送り、ウェブ上でオーディオ・サポートの最良のツールについて説明します。（通常のリストには、公共図書館の貸出システムである Overdrive（オーバードライブ）と、パブリック・ドメインのオーディオブックの無料コレクションである LibriVox（リブリィ・ヴォックス）が含まれます。また、Audible.com（オーディブル）および iTunes（アイチューンズ）

────────────

18) カーン・アカデミー（https://ja.khanacademy.org/）は、世界中から利用者のある、誰でも無料でさまざまな科目を学ぶことができるオンライン学習サービスです。

19) 主に英語の本が多いのですが、日本語のものもあります。

の有料オプションもあります）。いつも授業で最初の章を再生し、生徒が読みながら、誰もが優れたナレーションを聞くことができるようにします。[20]

・私（ニービー）とおなじ教科を教える同僚のフェミーン・ピチェティ先生は、小説を扱う単元の選択に対する**生徒の興味関心**を調べるために、それぞれの本のテーマと形式についてオンライン調査を行いました。生徒たちが相談して友だちと同じ本を選ぶ時代は終わりました。今では、生徒一人ひとりの興味関心に基づいて、本当に好きになりそうな本を生徒と組み合わせることができます。

・ミゲル・サンティアーゴ先生は、環境科学の授業で生徒の**情報処理能力**を伸ばし、好みの学習スタイルに依存せずに学習できるように、宿題を出すときは学習管理システム（LMS）へ関連するリンクを投稿しています。プラスチック・リサイクルの背後にある真実に焦点を当てた1週間の読み物には、短いテッド・トーク[21]の無料動画、雑誌「タイムズ」のフォトエッセイ、新聞「ニューヨーク・タイムズ」の記事、インフォグラフィック[22]が含まれています。サンティアーゴ先生は生徒たちに、最も理解しやすい情報源から始めて、その週を通して残りの情報源も理解を深めるために利用することを奨励しています。彼は、四つの情報源の関連と、それぞれが同じ話題を異なる方法でどのように伝えているかを説明して、回答する文章を書くように求めています。

学習プロセスで一人ひとりをいかす
―生徒は新しい情報をどのように理解するか？

　一人一台端末は、教える内容や教え方を調整するだけでなく、生徒が学習内

---

20) 具体的な説明はありませんが、この事例は視覚的によく学べる生徒だけでなく、聴覚的によく学べる生徒にも対応しようという試みであることは明らかです。

21) 「広める価値のあるアイディア」を活動方針に掲げているNPO団体「TED」（Technology Entertainment Design の略称）が主催しているさまざまな分野の専門家による講演のことです。「テッド・トーク」で検索すると日本語字幕付きの大量の刺激的なスピーチ（15分前後）を見ることができます。

22) わかりにくいデータや情報を、図やイラストでわかりやすく表現したものです。朝日新聞フォトグラフと毎日新聞に同様のものがあります。

Part Ⅱ　Extend（拡張する）

容に接して新しい情報を処理する方法に大きな柔軟性をもたらします。ノート
パソコンやタブレットは、標準的なメモ取りや配布資料作成のわずらわしさか
ら私たちを解放してくれます。

・**メモを取る**ことが、生徒の取り組む作業の中心である場合は、そのやり方を
変更します。教師が講義をする代わりに、プレゼンテーション用のスライド
を投稿するのです。タブレットを使用している生徒は、Notability〔50 ペー
ジを参照〕などのプログラムを使用して、スライドにインク（ディジタル書き
込み）をしたり、講義の音声を録音したりできます。生徒にスライド資料を
配布した場合は、内容を絞り込むことが多いです。この場合、スライドには
タイトルと主要な画像があれば十分で、視覚情報から記憶を補完し、聴覚情
報から重要な概念を記憶することができます。一つの感覚（視覚）をサポー
トすることで、別の感覚（聴覚）を伸ばすことができます。

・あらゆるタイプの生徒が高いレベルで**話し合い**に参加することを奨励します。
todaysmeet.com〔61 ページを参照〕や padlet.com などのバックチャネル（第
3 章を参照）を使って、学習会話を同時に行うことを検討してください。一
部の生徒は、言語と聴覚の処理能力が高く、対話のなかで新しい情報を簡単
に処理できます。一方、アイディアを集めて書き留めることが必要な人もい
ます。バックチャネリングは、これら両方を尊重する方法です。

・生徒が次のテストために学習記録を作成し終えたら、私（ニービー）は生徒
に授業用の写真を撮らせ、それを自分にも送ってもらいます。その写真（形
式は JPEG）を Quizlet[23]（クイズレット・ドットコム）の**フラッシュカード**の
共有デッキにアップロードし、そこに生徒はログインして学習します。彼ら
は、教室の内外で同じ画像が見られることを気に入っています。

　　追加の利点として、Quizlet（クイズレット）などのサイトには、（外国語でも）
単語を読み上げるオプションがついています。また、他の教師や学校から提
供されたフラッシュカードを、テーマと文章で分類してカタログ化していま
す（図 6.2a と 6.2b を参照）。

───────────────
23）英単語学習アプリでさまざまなディバイスに対応しています。

第 6 章　一人ひとりをいかす

図 6.2a（左）図 6.2b（右）　Quizlet を使用したフラッシュカードの作成
〔この例では、「帰郷」や「帰還」という意味の Nostos という単語の裏面に、生徒がその言葉に関連する写真と説明を貼って一組になるようなフラッシュカードを作っています。〕

・生徒がホワイトボードの内容を記録するために、ディバイスのカメラを利用できるように、終業ベル前の１分間を確保するようにしています。授業で自分が書いたものとホワイトボードに教師が書いたものの写真をディジタルで（Notability を使用して）つなぎ合わせることで、生徒は**視覚的な手がかり**を得て、授業の要点を思い出すことができます。私の教室では、生徒たちは冗談めかしてこの瞬間を「パパラッチ・タイム」と呼んでいます。

・生徒一人ひとりをいかすために学習内容をチャン先生が読み物の課題を段階で分けたように、**段階的な活動**は、生徒の内容理解に対して効果的です。学習管理システム（LMS）では、すべての生徒に同じ活動を提示する代わりに、複数の「学習プログラム」を容易に提供できて、新しいスキルを練習したり、新しい概念を振り返ったりすることができます。一人一台端末によって、学習目標は同じなのに、複雑性、抽象性、開放性に違いのある学習体験を同時に、しかも他者にわからない形で提供することができます。たとえば、数学の教師は、クラス全体に対して授業をした後で三つの異なるリンクを提供します【77】。(1)片方には手順が説明され、もう一方には生徒が解決するべき問題が記載されている二列表示の PDF ファイルを使ってさらに指導する。(2)一つの例題とそれに関連する復習問題で構成されたヒントつきの練習問題をする。(3)いくつかの難しい問いによって学んだ内容をチェックするテストをする。生徒は、取り組みやすさのレベルに基づいて自分の好きなものを選択できるのです。

・文字どおり文章に書かれていることを自分のことと捉えて、**読みの課題の足**

149

Part Ⅱ　Extend（拡張する）

場かけをします。小説、記事、または PDF のなかで、重要な局面で質問をし、はっきりさせるためのコメントをし、生徒の質問に答えます。たとえば、私の 10 年生全員が、注釈付きの iBook（アイブック）による『緋文字』〔ホーソン著〕を読みました。注釈には、生徒の読書の焦点を絞るための質問、すぐに理解できるようなポップアップ語彙[24]、前年度の生徒のアート作品、注釈にアクセスできるチェックインボックス[25]が含まれています。この読書体験は、大成功でした！　または、Actively Learn〔54 ページを参照〕などのオンラインツールを使用すると、ソーシャル・ネットワーキングがもたらすもっともよい読む活動の体験をすることができます。生徒は授業で使っている文章を読みながら、お互いの質問やコメントを見ることができるのです。協働学習と一人ひとりをいかす学びの両方を、同時に達成できるのです！　使わない手はありません。

　生徒が新しい学習内容を処理できるように、学習体験にどのような足場かけ（ガイドを読んだり、書くためのチュートリアル・ビデオの視聴、イラストつきのフラッシュカードを作成したり）をしても、LMS にすべてのリンクを選択肢のメニューとして投稿します。私たちは、生徒がさまざまなサポート資料にアクセスできるようにすることで、最もよく学べる方法を自分で選択して学べるようにしています（同僚と協力して一人ひとりをいかす教え方の幅を広げるアイディア

コラム 6.1　一人ひとりをいかすために同僚と協働する

　　第 4 章で述べたように、同僚と協力して、複数回繰り返す一つの課題を効率的に作成することができます。同僚の一人が、生徒にとって一人ひとりをいかす課題として相応しくないものを作成した場合でも、（ハードコピーではなく）ディジタルで共有されるため、すぐに修正することができます。無駄に時間を費やすことはありません。また、一人でする必要もありません。

---

24) コンピューターの操作画面で、最前面に飛び出すように現れるウィンドウなどの表示のことです。
25) チェックマークを入れる記号のことです。

については、コラム 6.1 を参照してください)。

成果物で一人ひとりをいかす―生徒は学んだことをどのように示すか？

　成果物で一人ひとりをいかすことの中核には、生徒が学んだことを証明する方法は数多くあり、それを評価する方法も同一である必要はないという考え方があります。

　私たちは二人とも、評価には「習得メニュー」を使用し、RAFT [26] の頭文字を手引きとして活用し、「生徒が習得したことを示すメニュー」を使っています。

　「選択肢の一つがとても簡単そうに見える」とある生徒が言うと、しばらくして別の生徒が同じものに対して「それは、難しくて無理」と言う声を聴いて、私たちは笑わずにはいられません。それがまさに、一人ひとりをいかすことなのです！　私（ニービー）は、カリフォルニアのレストランでよく見かける「スパイシーチリ」の表し方をまねて、書くためのヒントに「唐辛子 1 個、唐辛子 2 個、唐辛子 3 個」を使っていました。

　生徒は、マイルドな「唐辛子 1 個」のヒントが必要か、それとも自分でしっかり学習する準備ができているかを選択します。

　表 6.1 は、従来の教室で生徒の学習段階に応じた評価をするためのいくつかの方法と、それらが一人一台の教室でどのように見えるかを示しています【84】。

　生徒は、最終成果物としてポッドキャストやビデオを作成する必要はありません。彼らは、自分の成長を示す最善の方法を選ぶことができます。第 7 章では、評価法やフィードバックを強化する方法を掘り下げます。また、第 8 章では生徒の成果物を創造的なものにする方法を探ります。それらのアイディアの多くは、一人ひとりをいかす方法としてそのまま使えます。

---

26) R（role）は生徒が果たす役割、A（audience）は課題の発表対象、F（format）はその形式、そして T（topic or technolofy）はテーマまたは使うツールないしテクノロジーを表しています。

Part Ⅱ　Extend（拡張する）

表 6.1　生徒の成果物をさらによいものにする工夫 ── 一人一台の教室における段階的な学習のあり方

伝統的な教室	一人一台の教室	実践の原則
オウム返しの代わりに、情報を巧みに処理する。	内容についてオンラインで視覚的につくりだす。	時事問題に関する説明やレポートを書くのではなく、Piktochart[27]（ピクトチャート）または easelly[28]（イーゼル）を使用して同じデータを視覚的に表現するよう生徒に促す。
考慮する変数を増やす。	従来の教師の指導を、専門的な情報で補強する。オンラインで入手できる洗練されたルーツも使う。	ツールを使ったことがなくても、課題に対して特定の双方向の教育 ICT を使用するよう生徒に求める。thinglink.com は、試してみる価値がある。
成果物に予期せぬ要素を追加する。	実社会のシナリオを教育 ICT でシミュレートする。	別の州や国の仲間とオンラインで協働作業することを生徒に要求することは、現代の労働需要を再現することになる。あるいは、計画した対象を変更する（それに伴い、課題の最終的なディジタルの形式も変更する）。
生徒は個別に活動する。	生徒は学習しているテーマを取り上げたウェブサイト、Wikipedia、ブログ、またはビデオを作成する。	生徒に自主的な研究やプロジェクトについてオンラインで記録してもらい、あなた（および他の人）がその進捗状況やプロセスを観察できるようにする。
抽象的な概念やモデルによって学ぶ。	慣習にとらわれず、これまでの課題を見直し、計画し直す。	DebateGraph[29]（ディベート・グラフ）を使用して、公民の授業での討論をグラフにして、アイディアと議論の関係を示す[30]。
よりオープン・エンドな状況に対応する。	自由な議論を引き起こすためのツールとしてインターネットを使用する。	外国語クラスでの議論のきっかけに、ライティング・プロンプト[31]として YouTube ビデオに投稿したり、Flickr 画像を投稿したりする。失敗した科学実験の映像を再生し、生徒たちにその失敗を分析してもらう。

---

27) 仕上がったインフォグラフィックの無料ダウンロードができるサイトです。
28) 視覚表現の完成度が高いテンプレートを用意していることで有名なサイトです。
29) 思考のネットワークを視覚化して共有する協働学習用のウェブ上のプラットフォームです。
30) これを、手作業およびアプリを使って行う方法が、A. ウィギンス『最高の授業──スパイダー討論が教室を変える』（新評論、2018 年）で紹介されています。
31) 文章を書く練習をするためのお題や質問のことです。

第6章　一人ひとりをいかす

学習内容、プロセス、および成果物を展望する

　評価に最適のオーダーメイドの教育は、未来の姿のように思えます。生徒は、「学習経験を個別化することが単なる可能性ではなく、必ず実現可能なときを生きています。私たちは、Rhapsody と iTunes [32] でプレイリストを個別化し、

■ Plug In　あなたの端末（ディバイス）の多様な可能性を知ろう

1. **学習内容**：自分がもっと学びたい趣味（絵画、料理、ハイキング、スキーなど）を考えてみましょう。それについて、Google で検索してみてください。どのような情報がインターネットで得られるでしょうか？　YouTube ビデオ、オンラインフォーラム、写真、TED Talks（テッド・トーク）、オーディオブック、アプリ、ゲームなどもチェックしてみてください。あなたの学びをサポートするために利用できる一連の情報と、インターネット検索でサポートされている異なる学習形態を確認してください。

2. **学習プロセス**：その日のニュースをいつもとは違うところから入手してみましょう。夜テレビを見ることが多ければ、代わりに X（旧 Twitter）で世界のニュースを読んでみましょう。新聞を読む代わりになるでしょうか？　ポッドキャストを聞いてみましょう。本を読むのもいいかもしれません。オーディオブックまたは双方向性のある電子書籍 [33] を試してみましょう。個人のディバイスでサポートされているさまざまな学習形態に慣れましょう。

3. **成果物**：あなたが他の人に情報を提供する方法（メール、SNS、口頭での説明、レシピカード、書面での説明など）について考えてみましょう。同じ内容のメッセージを伝える新しい方法を試すのもいいでしょう。ドライブするときの道順リストを送信する代わりに、Google マップに注釈を付けてみるのはどうでしょうか。レシピを送信する代わりに、Tildee.com（ティルディー）[34] を使って利用可能な写真つきの手引きを用意します。「上手にコミュニケーションをとる」とはどういうことかを、常に考え続けましょう。

---

32) Rhapsody（ラプソディー）は、ラプソディー社の音楽配信サービスで、現在はナプスターと名称を変更しています。iTunes（アイチューンズ）は、アップル社のメディアプレーヤーや携帯機器との連携ができる管理アプリのことです。

Part Ⅱ　Extend（拡張する）

Amazon と X（旧 Twitter）で読書をし、Google と Bing で検索結果を個別化しています」【70】。

　生徒は「カスタマイズされた（個別のニーズに合わせた）文化」の中で生活し、生きています。私たちは、この世界観が教室に浸透していることを知っており、それは良いことだと考えています！[35]　教室での教師の柔軟性が、生徒が今いるところで、私たちを彼らと出会わせてくれ、そしてさらに、彼らを私たちなしで行けるところまで成長するのを可能にします。これの最もよいところは、一人一台の端末を使用して、必要な足場をすべての生徒に提供し、彼らの教育を標準化／均一化／画一化するのではなく、個別化する環境をつくり出せることです【7】。

特別なニーズのある生徒一人ひとりをいかす支援

　私の学校の特別支援教育プログラムの責任者は、教育 ICT を「平等性を生み出す優れもの」と呼び、ハンディキャップのある生徒が可能な限り制限の少ない状況で他の生徒と同様に、授業に参加できるよう、必要な配慮を提供しています。ある教員研修の日に、彼女は iPad と眼鏡の類似点を説明しました。それは、「眼が悪ければ、メガネをかけます。生徒の学び方に違いがある場合は、授業をより明確に理解できるアプリやツールへのアクセスを許可します」というものでした。

　あらゆる種類の学習ニーズを抱える生徒をサポートするために利用できる多くのアプリやウェブサイトがあります。以下に、私たちが特別支援教育の分野で信頼しているお気に入りを紹介します。

---

33) 双方向性のある（インタラクティブな）電子書籍は、読者が書籍と直接対話できる要素が組み込まれた書籍で、クイズ、投票、さらには読者がその内容に対する反応を表現できる項目などが含まれています。

34) 料理などをつくる手順を説明するための無料のウェブアプリです。

35) 本書（原著）が出版された当時は、アルゴリズムを利用した「見たい情報が優先的に表示される」というフィルターバブルのような問題は表面化していませんでした。

第6章　一人ひとりをいかす

・**視覚障がい**：教室でディバイスをカスタマイズできることに驚きました。利用しやすくするための機能により、視覚障がいのある生徒は、トグルボタン[36]を動かすだけで、テキストのサイズを大きくしたり、テキストを読み上げたり、色あいを反転したりできます。これらの機能を超えて、教師は画面共有によって視覚障がいのある生徒をサポートすることができます。パワーポイントのプレゼンテーションを起動したり、プロジェクターでクラス全体に指示を出したりする前に、教師のコンピューターから生徒のディバイスへの画面共有を作成して、必要な生徒には自分の画面からズームインして、より詳しく見ることができるようにします。「Join.me」などのサイトでは、このサービスを無料で提供しています。または、Google ハングアウト〔Google チャットへ移行〕で画面を共有したり、Nearpod（ニアポッド）などの双方向性のアプリを使ったりすることができます。

・**聴覚障がい**：生徒と教師との距離に応じて、口述筆記アプリやサイトを使って、タブレットやノートパソコンで授業のリアルタイムの解説を作成し、教師の講義を文章に変換することができます。このアプリには、より高価な定額制の製品も用意されています。

・**手先の細かい動きに課題のある生徒**：手先の細かい運動が困難な生徒には、10 ドル程度の部品の取り付けでうまくいくかもしれません。外部マウスを追加するか、生徒にポイント・アンド・クリック[37]用の太いタッチペンを与えることで、双方向な画面に非常に敏感な操作を必要とする難しさを軽減することができます。文字入力やタップが面倒な場合は Dragon Dictation（ドラゴン・ディクテーション）などの口述筆記用プログラムを検討してください。

・**注意と集中の課題のある生徒**：一人一台の教育 ICT を使うと、生徒に多大なメリットがもたらされますが、注意欠陥障害（ADD）または注意欠陥多動性障害（ADHD）の生徒にとっては気が散る活動体験になる可能性もあります。多くの特別支援教育部門は、PC ベースの Kurzweil（カーツワイル）システム[38]

---

36) 同じ一つの操作で二つの状態を交互に切り替えるようなしくみをもったボタンのことです。
37) マウスを動かし、ボタンを押して放す操作のことです。
38) 文字を読み取り「人の声」で読み上げてくれる「朗読機」で、1970 年代～80 年初頭に

Part Ⅱ　Extend（拡張する）

を使って、生徒が読むときに単語を強調表示し、入力中に読み上げます。注釈とブレインストーミング用のテンプレートを利用して読み取りをサポートします。そして、まわりの文章をブロックして生徒が集中できるようなオプションを提供しています。このプログラムは、英語を習得中の生徒にも有効です。

・**時間の管理や計画に課題のある生徒**：生徒が中学校に入学すると、生徒はふつう異なる提出期限の宿題や時間厳守の決まりのある七つの授業をこなさなければなりません。そのような負担に耐えることは、どの生徒にとっても苦しみとなりますが、特に学習障がいのある生徒にとってはそうです。Clear、Wunderlist、Reminders などの電話やタブレットの使いやすいアプリは、生徒が締め切りに優先順位を付け、完了した課題を把握するのに役立ちます。

・**自閉症**：2011 年 10 月、「60 Minutes」は『自閉症のためのアプリ』（Apps for Autism）という番組を放送しました。コミュニケーションをとる際にタブレットやスマートフォンを使用することで大きな恩恵を受けたという家族の素晴らしい経験に光を当てていました。タブレットが誕生してから何年もの間、特に自閉症コミュニティーを念頭に置いて多数のアプリが誕生してきました。「自閉症　アプリ　おすすめ」で検索してみてください。マイケル・ベアマン（ジョージ・メイソン大学名誉教授で特別支援教育のリーダーの一人）などの教育研究者は、これらの技術的進歩と、今後さらに現れる技術的進歩のおかげで、「こうした支援技術は、車椅子の生徒や、身体的特徴から話したり、見たり、聞いたりすることが不自由な生徒が、コンピューターを使って授業中に書いたり、整理したり、考えたりするために大切なものとなることは間違いないでしょう」【5】と予測しています。これは、一人ひとりをい

───────────

かけて製品化されたものです。

39) Clear（クリア）は、「やること」リストが簡単につくれるアプリです。Wunderlist（ワンダーリスト）は、スマートフォンやタブレットなどで予定を管理することができるクラウド型アプリでした（後継は、Todoist）。Reminders（リマインダー）は、備忘のためのアプリの総称です。

40) アメリカでもっとも人気のあるテレビニュースショーの一つです。

かす教育において、とてもすばらしい展開です。

■ POWER UP！　　あなたの教育 ICT のスキルを駆使して一人ひとりをいかす指導を拡張する

---

1. IEP（特別なニーズのある生徒を対象にした個別の指導計画）の多くの書類のなかから、生徒の課題と必要な配慮を説明する箇所に注目します。生徒ごとにあなたが試してみたい一人一台の端末の可能性をブレインストーミングしてみてください。それは、授業時間をより魅力的で生産的なものにし、教室外のサポートをいつでもどこでも得られるようにするためです。

2. Q&A にログインするために生徒と共有する Google ドキュメントを試したり、講義中に生徒が印をつけられるように授業前にプレゼンテーション用のスライドを共有したりすることも考えられるでしょう。さらに、一人ひとりの生徒と一緒に座って、生徒にとって役立つと思われる方法にはどんなものがあり、それを実現するのに最適なツールについて話し合ってみましょう。

第 7 章
フィードバックと評価

> フィードバック（名詞）：目標を達成するために自分たちの努力はどんな具合かを示す情報【82】。

ダイアナ・ニービー先生の 10 年生英語のクラス

　火曜日の午後 9 時ごろ、静かになった自宅でお茶を入れ、ようやく数日後に生徒たちが提出する予定の解説文を確認する時間をつくることができました。その夜は、生徒たちに最後のサポートのためにメールで連絡が可能なことを伝えていましたが、Google ドライブの共有ドキュメントをチェックして生徒たちの進捗状況を確認することにしました。

　エミリーのものを確認する前に、何人かの生徒にコメントを残しました。クリックすると、私の名前のアイコンが画面の上部に表示され、エミリーもドキュメントに入力していることがわかりました。写真の横にあるアイコンをクリックして、チャットのウィンドウを開きました。以下は、エミリーの返事を待っている間、他の生徒の文章をチェックしながら、画面を通してエミリーと交わしたやり取りのコピーです。

資料 7.1　エミーとのやり取りの記録

> 私：いま、みんなのレポートをチェックしているのよ。エミリー、どう調子は？
> エミリー：こんばんは、ニービー先生。うーん、私は自分のレポートでどう表現するかを考えていますが、何を書いたらいいかよくわかりません。
> 私：この一節は、ジェイニーの性格をどう表していると思いますか？　あるいは彼女の夢について？
> エミリー：ジョディと一緒にいる限り、夢を追い求められないことを表してい

ると思います。彼は、彼女のことを重い荷物を運ぶラバのように扱い、彼女がやりたいことや欲しいものを与えないからです。

私：そのとおりね。

エミリー：彼女はその関係から離れたいと思っていますが、それは自分の心のうちだけにとどめて、幸せそうなふりをすることに決めました。

私：それをもう少し練りましょう。

エミリー：わかりました。

私：どうやってそのことがわかりますか？　それを裏づける証拠は何ですか？

エミリー：そうですね。「もう彼にとっては魅力的ではない」というくだりがあり、もう二人の関係がふつうのものではなく、たとえば彼が彼女をラバのように扱うことを示した夕食の事件がありました。さらに、二人の関係が壊れたイメージが比喩的に表現されて、彼女はもう彼とは何の関係も望んでおらず、その壊れたイメージから離れたいだけだと率直に認めています。

私：そのとおりですね。それで、それらの共通点は何ですか？

エミリー：春のイメージ、壊れた理想の結婚？

私：では、ジョディはそのなかでどこに当てはまりますか？

エミリー：彼は、ジェイニーの理想の結婚の夢にはいません（梨の木のシーン）。

私：では、ジェイニーが夢に忠実であるためには、どうしたらいいですか？

エミリー：うーん……

私：どう思いますか？　ジョディはそのなかにいますか？

エミリー：いいえ。彼女が自分のいるコミュニティーで自分自身を表現する勇気を得るまでは。たぶん、そこで考えをまとめてから出ていくのだと思います。

私：それでは、あなたのレポートに戻りましょう。

エミリー：わかりました。春の主題とジョディの壊れたイメージを広げた比喩を通して、作者のハーストンは、ジェイニーが完璧な結婚の夢を追求できる唯一の方法は、ジョディから離れて彼女自身の思いを表現することであることを示しています。

私：今それを書く準備はできていますか？

エミリー：はい！

私：それでは続きを書きましょう！　あなたが書いたものを楽しみにしています！

エミリー：はい！　サポートいただきありがとうございます。ああ、この Google ドライブのチャットは最高です。

---

1) レポートを書く対象となっている本は、『彼らの目は神を見ていた』（ゾラ・ニール・ハーストン著、松本昇訳、新宿書房、1995 年）のようです。

Part Ⅱ　Extend（拡張する）

　言うまでもなく、これは一人一台端末が実現する以前には絶対にできなかった会話です。すべてのレポートや大きな試験があるたびに「ウェブ上のオフィスアワー[2]」を設けるのは無理ですが、ICTを使うと、適切なタイミングで生徒に有意義なフィードバックを提供できるのです。ICTのおかげで、これまでにはなかった方法で生徒に伝えることができるとともに、こちらがしてほしいことを提示できるようになりました。ICTは決して休むことがないので、時々それが負担になりますが、生徒や私たち自身の学びのために私は選択的にICTを活用しています。

効果のあるフィードバックをするための挑戦

　毎年フィードバックという課題が、新年度が始まって2か月が経った11月初旬ごろにやってきます。私たちはとっくの昔に、楽しくゆったりとした夏と別れて、学校のリズムに慣れてくるころです。いくつかの単元を終え、多くの課題についてそのつどフィードバックを提供してきました。11月は、1年のなかで、私たちが話したり書いたり、ルーブリックについて強調したりしたことを生徒が自分のものにしているかどうかを思い悩み始める時期です。また無事に感謝祭（11月の第四木曜日を含む週末）までに一つの成果物が間に合うかどうか真剣に悩む月でもあります。この時期、昼食中やコピー機ごしに耳にする成績についての同僚の愚痴をすべて聞き取ることができたら、およそ次のようなものでしょう。

・私はとても疲れています。この山積みのレポートを睡眠も取らずに読み進めるのは不可能です。
・実際に生徒がちゃんと読んで考えてくれるのなら、フィードバックをしてもいいのですが……。
・3週間もこういうテストをやっているのに、まだ始まったばかりのようです。

---

2) 学生・生徒からの質問や相談に応じるために、教員が研究室などにいる時間帯のことです。

第7章　フィードバックと評価

・同じことを 50 回くらい繰り返し書きました。

・私がテストをやる前に、生徒はみな同じところがわからないと言ってくれれ
　ばよかったのに。

・こんなにたくさんのコメントをわざわざ書いているのかわからなくなってき
　た。生徒たちは成績だけしか気にしてないもの。

　おなじみのことですね？　　私たちも同じ気持ちを抱いたことがあるのでよく
わかります。効果的なフィードバックを提供することは難しいことです。貴重
な時間を費やしてフィードバックを提供しても、生徒たちはたくさんの印がつ
いた課題をリュックの奥に詰め込むだけで、それが二度と日の目を見ないのは、
心を打ち砕かれる思いになります。

　それでも、私たちは学習プロセスにおけるフィードバックの重要性を認識し
ています。頻繁に引用される教育研究者のジョン・ハッティは、900 以上の研
究のメタ分析から、生徒の学力に影響を与える多くの要因の中で、次のことを
報告しています。「フィードバックは、生徒の学習に最も大きな影響を与える
ものの一つであり」、学習に対して「最も影響する多くの共通する特徴」を有
しています[3]【35】。さらに、すでに学んだことに対するフィードバックではなく、
いま学んでいることに対してフィードバックの焦点を当てると、生徒は「学習
目標に向けた進捗状況とそれを改善するための方法を明確に把握」し、改善に
向けて取り組むために必要な励ましを受けることになります【55】。

　生徒の成長にとってのフィードバックの価値を考えると、何がフィードバッ
クで何がそうでないかを最初から定義することが不可欠です。

フィードバックといえるもの

・**有益な情報が得られること**：質の高いフィードバックは、「生徒の現状と、
　生徒が目標とすべき場所とのギャップを減らす」ことを目的としています【35】。

---

3)　『教育の効果：フィードバック編』（ジョン・ハッティほか著、法律文化社）が 2023 年の
　6 月に出版されています。

161

Part Ⅱ　Extend（拡張する）

効果的なフィードバックにより、生徒は目標が何なのか、習得に向けて自分は今どの位置にいるのか、〔そしてそのギャップを埋めるために〕次のステップとして何をすべきかを明確に理解できるようになります。

・**タイムリーであること**：これが「鉄は熱いうちに打て」の原則です。生徒が課題を完了してからフィードバックを受け取るまでの間隔が長ければ長いほど、フィードバックの価値は低くなります【82】。

・**役に立つこと**：これは簡単なように思えますが、実際にはおそらく最も守られていません。有益なフィードバックを提供するということは、進行中の学習にすぐに使える具体的なコメントや概念を生徒に提供することを意味します。フィードバックが途中の形成的な評価ではなく、総括的な評価として提示されたときには、生徒が私たちの助言を活かすのにもう手遅れになっています。

・**相互に利益のあること**：教師も生徒と同じようにフィードバックを必要としています。生徒の間違いや誤解のパターンを特定できれば、教師は自らの指導を修正したり、生徒が必要とするものやそれをサポートしたりする機会が得られます【25】。

フィードバックとはいえないもの

・**成績**：フィードバックを点数とペアにするというとても一般的な習慣と、文字による評価[4]が効果的であるという通説があります。しかし、生徒はフィードバックと成績とが一緒にあると、フィードバックを無視して点数しか見ません【49】。さらに憂慮すべきことは、生徒がその点数の根拠となるフィードバックしか読まないことです。つまり本人の予想よりも高い点数がつけられたときの賞賛や、反対に思ったよりも低い点数がつけられたときの間違いだけということです【6】。

・**賞賛**：「よくできました！」では、生徒には自分のどこがどう優れていたのか、さらによくするために必要な情報を生徒に提供できていません。生徒が教師

───────────────
4) 優〜不可やA〜Fなどのことで、良くする評価に対しての「評定」です。

に好かれているのか、自分自身を賢いと思っているかどうかよりも、学習についての自分の成功と失敗を自らの努力と行動の結果としてとらえる「成長マインドセット[5]」を育むために【21】、私たちは「よくできました」と言わずに、より内容の伴った発言をする必要があります。

今の世代の生徒は、迅速で継続的なフィードバックを吸収するようにプログラムされているようです。彼らがコンピューターゲームやビデオゲームに参加していることを考えてみてください。彼らは本質的にフィードバックループで学習することを理解しています。グラント・ウィギンスは次のように述べています。

「Angry Birds や HALO、Guitar Hero、Tetris[6] をやってみると、本質的な改善にはフィードバックがタイムリーかつ継続的に行われることが重要であることがわかります。失敗しても、すぐにやり直すことができ、場合によっては中断したところからやり直すことができ、フィードバックを受け取り、そこから学ぶ機会を得ることができるのです」【82】。生徒は、ほとんどの教室ではまだ稀にしかない即時のフィードバックを受ける用意ができています。

効果的なフィードバックを提供するには乗り越えるべき多くの課題があります。一方でよい知らせは、一人一台の端末がさまざまな障害に対する問題を解決して、これまでとは異なる方法によって、私たちに大きな優位性を提供してくれることです。

一人一台端末を使用すると、以前よりも多くのフィードバックをより効率的に、より多くの形式で提供できるようになります。クイズや理解度チェックは、

---

5) 努力することで成長し、能力を獲得できると考える思考様式のことです。成長マインドセットについては、引用文献［21］、P. ジョンストン『オープニングマインド』（新評論、2019 年）、H. ハンドレー＆ A. ブロック『マインドセット学級経営』（東洋館出版社、2019年）が参考になります。
6) Angry Birds（アングリーバード）は、アクションパズルゲームの一つです。HALO（ヘイロー）は、マイクロソフトが開発したシューティングゲームです。Guitar Hero（ギターヒーロー）は、音楽リズムゲームです。Tetris（テトリス）は、1984 年にソ連のコンピューター科学者パジトノフが開発したゲームで「落ちもの」ゲームの元祖です。

Part II　Extend（拡張する）

数秒で終えることができます。私たちは指導に際して、情報に基づいた決定を下すために必要なデータを簡単に集めることができます。また、同じコメントを何度も与える作業をやらずにすみます。生徒がよくやる間違いを修正できるように、フォローアップの指示を簡単に追加できます。さらに、フィードバックを成績から切り離して、生徒が成長と学習に集中できるようにすることもできます。そして、レポートの提出を待つことなく、下書き段階で生徒の書いたものを見ることができます。以下に示すのは、より強力な形成的フィードバックを提供するために教室で試された六つの方法です。

フィードバックをより強力にするための六つの方法

①即時的なフィードバック

　私たちの挑戦は明白です。研究者たちは「効率的かつタイムリーなフィードバック」を私たちに求めています。それによって、いまは1、2日（または1、2週間）かかっているのを、生徒たちは間をあけることなく学習について考え、間違いを振り返ることで、自分の学びを良い方向へ変えていけます。挑戦は受け入れられました。即時のフィードバック以上に、効率的でタイムリーな方法はあるでしょうか？　テクノロジーは準備ができています【54】。

　私（ロバーツ）が初めて Google フォームと Flubaroo（フルバルー[7]）を使用して語彙クイズの一つを自動採点したとき、ジェットソンズ[8]の誰かが空飛ぶクルマに乗って教室にブーンと入ってくるようなものだと思いました。以前はあり得ないように思えましたが、実に素晴らしいことです。生徒が教室に入ってくる前に簡単な準備をすることで、私は生徒の理解度を確認し、数回クリックするだけで、その結果をメールですぐに送信することができたのです。即時のデータによって、個別の生徒に取り組む必要がある改善点を示しながら指導することができます。

7）教師が生徒の成績を評価し分析することができるようにする Google フォームに追加された拡張機能のことです。
8）1990 年に発表されたアメリカのアニメ『宇宙家族ジェットソン』です。

164

第 7 章　フィードバックと評価

　数学（幾何学）の教師であるギャリー・アシャンティ先生は、毎日の授業の初めに即時フィードバックを使用しています。ベルが鳴り、生徒たちはタブレットを取り出して学習管理システム（LMS）のアプリを開きます。クイズをクリックすると、5分間のタイマーがカウントダウンを開始します。生徒がクイズを提出すると、得点が画面に表示されます。正解した問題には緑色の✓マークが表示され、間違った問題には赤色の×マークが表示されます。正しい回答はいつも強調表示されるので、生徒は授業が本格的に始まる前にどこを間違えたのかがわかります。アシャンティ先生は毎日クイズを出題することで、最初の数分間に生徒たちが宿題で何を理解し、授業を進める前に何を復習する必要があるかを明確に把握できます。さらに重要なことは、クイズから生徒のサポートの必要なところがわかり、その日の授業で行う復習や発展的な活動を選択するのに役立つことです。アシャンティ先生は、授業のなかで生徒が自分の学習の進め方を選択することを奨励しています。つまり、基本を復習するのか、いくつかの同じような問題に取り組むのか、あるいは学んだことをより難しい問題に応用するのかということです。フィードバックにより、生徒は自分の学習のニーズについて適切な決定を下せるようになるのです。

　一部の教師は、即時フィードバックを提供する形式として「ゲーミフィケーション[9]」を取り入れています。これによって、生徒はコンテンツを習得するとバッジを獲得し、学習段階を進めたり、ビデオゲームと同じように、最近の評価や課題に基づいて学習目標を「レベルアップ」したりすることができます【47】。私たちは二人ともゲーミフィケーションにはあまり取り組んでいませんが、多くの教師はゲーミフィケーションが好きです。教育的実践としては、高学年よりも低学年の生徒の間で人気のある傾向です。ゲーミフィケーションに興味があるか、生徒たちに役立つと思われる場合は、ゲーミフィケーションについてさらに学んで、慎重に進めることをおすすめします。

---

9) さまざまなゲームの要素（参加者間の競争や協力、自身の挑戦など）を、ゲーム以外の分野に応用することです。

Part Ⅱ　Extend（拡張する）

補足・即時的なフィードバックのための主なツール

> LMS Quiz、Socrative（ソクラティブ）、Nearpod（ニアポッド）、Poll Everywhere（ポール・エヴリウェア）、Flubaroo（フルバルー）、Hemingway App（ヘミングウェイ・アプリ）

②ピア・フィードバック

　生徒は、自分の学びについてクラスメイトから言われることを気にしています。評価の研究が進むにつれて、このような一般的に知られていることが確認され、広がりつつあります。それは、教師などの一人の専門家からのフィードバックよりも、複数のクラスメイトからのフィードバックの方が効果的である、ということです【16】。生徒にクラスメイトの話を聞く機会を設けると、生徒全員が利益を受けます。ピア・フィードバックを提供した後に生徒に尋ねるお気に入りの質問の一つは「パートナーの作品を読んだり、見たり、聞いたりする過程で、自分の作品で修正したい点を思いついた人はいますか？」というものです。教室中の全員の手が挙がると、その活動が有意義であったことがわかります。

　コーリ・マクファーソン先生の 12 年生たちは、選択科目である「栄養学とスポーツ科学」のための公共サービス・アナウンス（PSA）[10] を作成する最終段階にありました。生徒一人ひとりが学校コミュニティーにおけるさまざまな健康上の関心、たとえば砂糖の身体への影響から、アルコールの脳への影響、10 代のウェイト・リフティングで筋肉量を増やすことの良い点と悪い点といった課題に取り組みました。マクファーソン先生は、校内放送のゴールデンタイムや学校のアナウンスで PSA をする準備が整いつつあれば、生徒たちにはそのプロセスを記録するステップに入る前に、実質的なフィードバックが必要だということがわかっていました。確かに、マクファーソン先生には短い期間に 32 人の PSA をよくするための時間はありませんでした。代わりに、彼女は次

---

10) 世論を変えて問題の認識を高めることを目的として行われる広告のことです。PSA はその略称です。

のように決めました。クラスメイトを対象として生徒自身に自分の PSA を試させることです。

　プロジェクト締め切りの数日前に、彼女は生徒たちに「最後の短時間のプレゼンテーション」の日を計画しました。この日、生徒は四人のチームに分かれて集まり、最終的なスクリーンキャストを録画する前に互いのプレゼンを確認し合いました。生徒たちは、Google スライドで完成したスライドを用意して、発表者ノート[11]に原稿を入力して授業に臨みました。60 分間の授業中に、一人ひとりの生徒が、15 分ずつ「ホット・シート[12]」に座ります。つまり、10 分間発表者になり、自分のスライドをグループの他のメンバーに紹介しながらプレゼンテーションを行い、フィードバックをしてもらうのです。生徒が自分の台本を読み終えてスライドを進め終わると、グループの仲間は 5 分間、共有されたスライドとプレゼンテーションに対して黙ってコメントを入力する時間が与えられます。コメントのなかには、選択された画像の品質に関するものがありました。それ以外は、台本に関することや生徒のセリフの読み方についてのものでした。この授業の終わりには、より洗練された PSA につながるような的確で実用的なフィードバックを全員がもらうことができました。結果として、ビデオが校内で公開されたときにはより洗練されたものになっており、生徒たちは自分のできは最高だと自信をもっていました[13]。その他のアイディアについては、表 7.1 を参照してください。

③グローバルなフィードバック

　この言葉を聞いた印象とは違うかもしれませんが、グローバルなフィードバックは、世界中の人々に私たちの学習を助けてもらうための方法ではありません（もしそうなら、それはとても良いことですが）。これは、クラス全体にいっぺ

11）プレゼンテーション中に、発表者のモニターに表示されるノートです。
12）"hot seat"「苦境に立つ」「槍玉に上がる」という意味もありますが、ここでは「注目を集めて、みんなのアドバイスをもらう」というニュアンスです。
13）ピア・フィードバックに興味をもたれた方は、S. サックシュタイン『ピア・フィードバック―ICT を活用した生徒主体の学び方』（新評論、2021 年）を参考にしてください。

Part Ⅱ　Extend（拡張する）

んに高いレベルのフィードバックを提供するための方法です（詳細については、表7.1を参照[14]）。実質的なフィードバックをタイムリーに提供することは、評価の重要な要素です。しかし、ふつうはトレードオフ[15]の関係が存在します。たとえば、生徒たちが成果物を提出して短いメモをすぐに受け取るか、それともしばらくたったのちに、より長い詳細なコメントを受け取るかというようなものです。ここで扱うのは、個々の生徒へ具体的なフィードバックをするのではなく、クラス全体に的を絞ったグローバルなフィードバックを提供するものです【25】。

　フィル・フォレット先生のアメリカ政治の授業では、生徒は非暴力の平和的抵抗を通じて社会変革の起源を学び、ヘンリー・デイヴィッド・ソローの『市民の反抗』〔飯田実訳、岩波文庫、1997年〕を分析しているところでした。ある週末の宿題として、フォレット先生は生徒にディスカッションの掲示板を割り当てて、1回投稿して2回返信をするよう求めました。ソローと自分自身の正義感に従って、どのようなときに政府の法律を破るのが正当となるのかを説明するように要求したのです。最初の投稿が生徒から来始めたとき、フォレット先生は議論の司会をするというよりも、生徒全員に一度にフィードバックを提供するために割り込みました。

表7.1　ピア・フィードバック用の主なツールとその優れた機能

Google Forms	Googleフォームはフィードバックのついた情報を集めるのに優れた方法です。これらの調査では、多肢選択、リストからの選択、テキスト入力、グラフ、スケールなど、さまざまな形式でデータが集められます。生徒は自分のフォームを設定してクラスメイトに送信して、プロジェクトに関するフィードバックを求めることができます。また、教師が作成したコメントを使って送信し、そのコメントを生徒と共有するようにもできます。私（ロバーツ）は、プレゼンテーションに対するピア・フィードバックにこのフォームを使用し、その日のうちに発表者にこのコメントをメールで送信します。
その他	Google Comments（Googleコメンツ）、Blog Comments（ブログ・コメンツ）、Peer Mark from Turnitin（ピア・マーク・フロム・ターニットイン）などがあります。

14) 日本では、ロイロノート・スクールの「共有ノート」によって、グループやクラス全体で意見の共有などが可能です。
15) 何かを得れば、一方で何かを失う関係のことです。

第7章　フィードバックと評価

　根拠を示さずに議論をごまかしたある生徒の投稿を受けて、フォレット先生は次のように書きました。「テキストに書かれている根拠を使って、さらに発展させてくれますか？　このスレッドの下に追加してください。」また、元の投稿に同意してクラスメイトに一行で返信した書き込みに、フォレット先生はこうつけ加えました。「お互いに認め合うのは問題ありませんが、ここでの目標は、たくさんのアイディアを盛り込んだ会話をすることです。同意する場合は、『賛同します』と書いたうえで、私たちの理解をさらに深めるコメントもつけてください。さあ、ここにどんどん議論を追加してください！」フォレット先生は、生徒全員の投稿を待ったうえで評価し、方向を修正するコメントを書く代わりに、全員が見ることができるメモを作成し、生徒がまだ考えて、学んでいる途中で修正ができるようにしたのです。

　私たちは同様の理由で録音された「考え聞かせ」[16]を使って、フィードバックの見本を示しました。たとえば、私（ロバーツ）のクラスの9年生が全米小説執筆月間〔NaNoWriMo：ナノライモについては、95と196ページを参照〕に向けて小説に取り組んでいたとき、生徒の多くがもっともらしい会話を書くのに苦労していることに私は気づきました。ある日、私は授業の終わりに生徒たちにこう尋ねました。「本気で、自分の小説の会話を改善したいと思っている人はいますか？」5、6人の手が挙がりました。だれを選ぶかを慎重に検討した後、私は部屋の後ろにいる興奮気味の女子生徒を選びました。この生徒は、助けが必要であるとわかっていましたが、同時に、クラス全体で学習を共有するという場面にぴったりでした。その日の午後、私は「考え聞かせ」のビデオを録画し、生徒の対話を読んで、フィードバックを提供しました。文章を強調表示して、両方の登場人物が同じように思える要素や、作者がそれまでと異なる考えを示し始めたところを書きとめました。私は、生徒が登場人物の癖や性格を掘り下げ、最終的にはより本物に思えるような会話につながる質問をしました。翌日、私はこの授業のブログにビデオを投稿し、生徒たちがそれを参考に振り

---

16) テキストに書かれている部分を読みながら、それを読んだ時に頭の中で考えたことも一緒に表現する方法を指しています。詳しいやり方については、前出の『読み聞かせは魔法！』の第3章を参照ください。

169

Part Ⅱ　Extend（拡張する）

返ることができるようにしました。

表7.2　グローバルなフィードバック用の主なツールとその優れた機能

グローバルなフィードバック用のツール	
話し合いボード	あなたから他の生徒たちへの返信は、初めのうちは他の生徒の反応を見てから行います。おそらく学習管理システム（LMS）には利用できる話し合いの機能がすでに備えられています。
コース・アナウンスメント	おそらく LMS には、すべての生徒にメッセージを送信できる方法があるでしょう。これはあなたが生徒たちの作品を楽しんでいることや、同じような問題が繰り返し起きていることを伝える素晴らしい方法です。
ビデオによる考え聞かせ	一人の生徒へのフィードバックをスクリーンキャストで作成すると、生徒全員にとってよい学びになります。あるいは、多くの生徒に同じような技術的な誤りがあれば、スクリーンキャストを作成して、学習を進めるための正しい方法を示すことができます。私（ロバーツ）の生徒は時々自分の成果物へ間違ったリンクを投稿し、完成品ではなく編集中のリンクを提出することがあります。私は正しいリンクを取得してフォームを送信する方法を示したスクリーンキャストを作成しました。Quicktime、ScreenChomp、Jing、Camtasia、または Screenr[17] を試してみましょう。

④頻繁なフィードバック

この形式のフィードバックは、複数の課題に対して同じコメントを何度も書くといういつも感じるフラストレーションを軽減し、生徒に改善への明確な道筋を示すフィードバックを提供することができます。私たちは、思慮深い英語と歴史の教師をたくさん知っています。彼らは頻繁に行うコメントの時間を節約するために、生徒のレポートにつけられた記号を利用した表記システムを考案しました。生徒は記号の意味が説明されたコピーを受け取り、採点された課題を受け取ったら、時間をかけてコードを解読します（そうすることを願っています）。表7.3 を参照してください。生徒は、自分のレポートのなかに N/PN

---

17) Quicktime（クイックタイム）は、アップル社による、動画や音声、画像などのデータを統合的に扱うマルチメディア技術のことです。ScreenChomp（スクリーン・チョンプ）は、アイディアやノウハウを記録して共有するアプリです。Jing（ジン）は、スクリーンキャストをつくるためのソフトウェアです。Camtasia（カムスタジア）は、ビデオ編集ソフトウェアです。Screenr（スクリーナ）は、ユーザーが画面をオンラインで記録できるようにするウェブを利用した画面レコーダーです。

第7章　フィードバックと評価

表7.3　頻繁に使うコメント

名詞と代名詞の不一致	おっと！　この文では名詞と代名詞が一致しません。名詞（主語）と代名詞（主語の代わりとなる短い単語）は、番号、性別、大文字小文字で一致する必要があることに注意してください。したがって、あなたの文が「ある人」について書いているならば、正しい代名詞は彼らではなく、むしろ彼または彼女になります。英語には性別に依存しない複数形の代名詞がないので、これは難しい概念です。
結論を再考する	結論の段落で、もう一度判断してもらいたいです。結論の目的は、レポート内の重要なアイディアをしっかり統合し、その議論をより広範な意味に拡張することであることを忘れないでください。導入が漏斗のようなものだとしたら、結論はその漏斗を逆さにして絞り込むものです。私はライティング・ハンドブックの27〜28ページにある結論概要の配布資料と併せて、復習できるように、6分間の説明用ビデオを作成しました。
エビデンス（根拠ないし裏付け）の質	ここであなたのエビデンスの質が気になります。よい引用は、議論をサポートするために、特定の単語、フレーズ、文章の工夫、登場人物の行動、テーマの展開、重要なストーリーの変化、および／または対立を分析する機会を提供することを忘れないでください。また、小さな（1〜4単語）のチャンクに分割して、説明したり、調べたり、テーマ文につなげたりすることもできます。よくない引用には、次のような欠陥が一つ以上あります。レポートやトピックの文を言い換えている、単なるあらすじの要約である、および／または分析の機会が不足している（トピックを説明したり調べたり、結びつけるための表面的なもの以上の深い内容が何もない）文。自分のことを何度も繰り返しているように感じたり、引用を繰り返したりしているだけであるように感じられる場合は、エビデンスを再評価することから始めるとよいでしょう。

を見つけて、記号の一覧でN/PNが名詞と代名詞の不一致エラーを表していることを理解するかもしれません。しかし、エラーのところがなぜ間違いなのか、あるいはその修正方法がわからない生徒がいたらどうなるでしょうか？代わりに双方向性の記号一覧がエッセイのなかに組み込まれていると想像してみてください。

　生徒はディジタルで作品を提出し、私たちは生徒の成果物に対して直接フィードバックを提供するので、生徒と私たち双方のために記号システムを機能させることができます。私たちはそれぞれ、頻繁に使用するコメントの蓄積したリストをもっており、それを生徒の課題に合わせて使い分けます。私（ロバーツ）

171

Part II Extend（拡張する）

は Google スプレッドシートを使っており、そこからフィードバックをコピーして、生徒の Google ドキュメントに貼り付けます。

私（ニービー）は、ターンイッイン（Turnitin.com）の有料サービスであるグレード・マーク（GradeMark）を使用しています。コメントは保存されるので、生徒の間違いを指摘して、改善の方法を示すためのコメントを書く時間を心配する必要はありません。（途中で中断しても保存できるので、続きから始めることができます。）

私たちはこれまでレポートの下書きの欄外に、これほど多くのことを書くことは決してありませんでした。しかし、自分が頻繁に書くフィードバックが保存されて、再利用できるようになったら、事前に時間をかけて完ぺきな説明を書き、そのリンクを生徒に提供するのが賢明だと思います。頻繁なフィードバックに使えるツールについては、次の補足を参照してください。

補足・頻繁なフィードバックに最適なツールとその優れた点

Google ドキュメント	文書、スプレッドシート、スライドなど、生徒の作業にコメントを追加するのは簡単です。元の文書を自分の Google ドライブに保存して、参照したり作成したりするのも同様に簡単です。そしてもちろん無料です。最大の欠点は、生徒の文書と元のコメント文書の間で行ったり来たりする必要があることです。
その他	GradeMark（グレード・マーク）、Kaizena（カイゼーナ）などがあります。

⑤音声フィードバック

私たちのコメントが生徒一人ひとりに対応して、その口調が明瞭でていねいである場合、生徒はそのフィードバックによく反応します。場合によっては、私たちのよく考えたねらいにもかかわらず、書面によるコメントには会話の感覚が欠けており、生徒は教師との距離を感じることにもなります。一対一のカンファレンスであれ、文書に関する音声メモであれ、生徒に口頭でフィードバ

18）論文やレポートの類似度チェックやフィードバック、採点・評価に関するオンライン学術支援ツールを提供しています。

ックを与えると、生徒は耳を傾けるということがわかりました。

　私たちは、キャロル・ジャゴ先生[19]の『レポート、レポート、レポート（*Papers, Papers, Papers*）』〔未邦訳〕の事例を読んだことを覚えています。彼女は生徒たちに空のカセットテープと一緒にレポートを提出するように頼み、書いた文章を音声で録音するようにしました。彼女はその作品を音読し、途中でフィードバックをしています。私たちはこのアイディアを気に入っていますが、150本の空のカセットテープを集める必要がなくなったことが本当によいことだと思っています。私（ニービー）の生徒たちが『緋文字』のレポートの最終稿を書き終えたとき、通常のやり方ではなく、ジャゴ先生の音声フィードバックを試すことにしました。私は、コンピューターに内蔵されている録音ソフト（QuickTime）を使用してフィードバックを「考え聞かせ」の方法で録音し、音声ファイルをサウンドクラウド（SoundCloud）にアップロードしました。生徒には、一連の指示を記してフィードバックへのプライベートリンクをメールで送信しました。以下は、私が生徒のベンに送信したメールの内容です。

音声によるコメントを添付したことを生徒に伝えるメール

> 親愛なるベンへ　あなたの『緋文字』のレポートを読み、コメントを書きました。以下に方法を説明しますね。
>
> 1. あなたのレポートを読み上げながら、私が考えたことも録音する形のフィードバックを提供します。これがフィードバックのリンクです。（ここに彼の Sound Cloud へのリンクを貼りつけます）
> 2. あなたがやるべきことは、自分のレポートのコピーを見ながら、フィードバックに耳を傾けることです。メモを取り、私のコメントを書き留めることはとても重要です。（書き留めるには、紙に書き写すこともできますし、Google ドライブに直接書きこむこともできます）。録音の長さは約15分ですので、十分な時間を確保して取り組んでください。
> 3. 次に、このメールに添付されているルーブリックを使用して自分自身を評価してください。あなたのレポートに最もよく当てはまると思われるところにチェックを入れてください。

---

19) （Carol Jago）長年中学校と高校で英語を教えており、UCLA の文学プロジェクトなどの要職を務めています。

Part Ⅱ　Extend（拡張する）

4. 上記の作業をすべて完了したら、オフィスアワーまたは昼食時に私のところに来てください。あなたのレポートの成績を一緒に決定し、もし興味があるなら修正の必要のある箇所について話し合いましょう。意図的にあなたのレポートにはまだ成績をつけていません。点数ではなくフィードバックに集中してほしいからです。難しいかもしれないけれどがんばって。

このメールが届いてから1週間以内に私のところに面会に来てください。あなたと話ができることを楽しみにしています。

ミセス・ニービーより

　まさにその翌日、ベンは勤務時間の始まりに現れ、印を付けたシートをiPadの画面上に出して、話す準備をしました。
「本当に素晴らしかったです、ニービー先生！」彼がこう話し始めました。
「何がそんなに素晴らしかったの？」私はこう返しました。
「まるで会話をしているような気分でした。先生はいつもよりたくさんのフィードバックをくれました。」
「ベン、面白いのは、私がいつもあなたのレポートを採点するのとほぼ同じ時間がかかったことよ。ただ、書いたのは、私ではなくあなただったということ。」
「実際、その部分が気に入りました。本当に注意して聞かなければならなかったです。」
「つまり、今までは注意を払ってこなかったということ？」私は笑いながら尋ねました。
「そうですね、時々先生がくれたメモをざっと読んで、よく理解できなかったりしたこともありましたが、それについては質問してきませんでした。」
「なぜそうしなかったの？」
「その必要がないと思ったからでした。」
　ベンの最後の返答は、私（ニービー）がこれまで律儀に欄外のメモを書くために何時間も費やしてきたことが不必要だったことを端的に表していました。今回のベンとのやり取り（カンファランス）はいつもと違う感じがしました。ベンが主導していました。5分から10分間話し合ってメモを比較し、ルーブリ

174

ックに従って項目ごとに体系的に進めました。会話が終わりに近づいたとき、私はベンに自分の成績をつけるように言いました。私にとってうれしかったことに、ベン（そしてクラスのほぼ全員）は、私が思っていたものと同じ成績をつけたのです。しかし、彼も点数だけに注目してフィードバックを無視したりするのではなく、適切な点数を決めるためにフィードバックに注目しなければなりませんでした（図 7.1[20] を参照のこと）。

私（ニービー）は長い課題に対して音声フィードバックを使うのが好きですが、もう一人の共著者（ロバーツ）は簡単なコメントやア

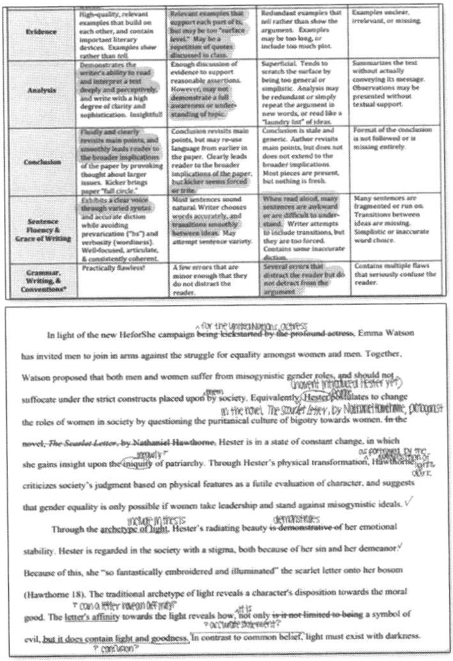

Evidence	High-quality, relevant examples that build on each other, and contain important literary devices. Examples show rather than tell.	Relevant examples that support each part of it, but may be too "surface level." May be a repetition of quotes discussed in class.	Redundant examples that tell rather than show the argument. Examples may be too long, or include too much plot.	Examples unclear, irrelevant, or missing.
Analysis	Demonstrates the writer's ability to read and interpret a text deeply and perceptively, and write with a high degree of clarity and sophistication. Insightful!	Enough discussion of evidence to support reasonable assertions. However, may not demonstrate a full awareness or under-standing of topic.	Superficial. Tends to scratch the surface by being too general or simplistic. Analysis may be redundant or simply repeat the argument in new words, or read like a "laundry list" of ideas.	Summarizes the text without actually conveying its message. Observations may be presented without textual support.
Conclusion	Fluidly and clearly revisits main points, and smoothly leads reader to the broader implications of the paper by provoking thought about larger issues. Kicker brings paper "full circle."	Conclusion revisits main points, but may re-use language from earlier in the paper. Clearly leads reader to the broader implications of the paper, but kicker seems forced or trite.	Conclusion is stale and generic. Author revisits main points, but does not does not extend to the broader implications. Most pieces are present, but nothing is fresh.	Format of the conclusion is not followed or is missing entirely.
Sentence Fluency & Grace of Writing	Exhibits a clear voice through varied syntax and accurate diction while avoiding prevarication ("bs") and verbosity (wordiness). Well-focused, articulate, & consistently coherent.	Most sentences sound natural. Writer chooses words accurately, and transitions smoothly between ideas. May attempt sentence variety.	When read aloud, many sentences are awkward or are difficult to under-stand. Writer attempts to include transitions, but they are too forced. Contains some inaccurate diction.	Many sentences are fragmented or run on. Transitions between ideas are missing. Simplistic or inaccurate word choice.
Grammar, Writing, & Conventions*	Practically flawless!	A few errors that are minor enough that they do not distract the reader.	Several errors that distract the reader but do not detract from the argument.	Contains multiple flaws that seriously confuse the reader.

In light of the new HeforShe campaign being kickstarted by the profound actress, Emma Watson has invited men to join in arms against the struggle for equality amongst women and men. Together, Watson proposed that both men and women suffer from misogynistic gender roles, and should not suffocate under the strict constructs placed upon by society. Equivalently, Hester postulates to change the roles of women in society by questioning the puritanical culture of bigotry towards women. In the novel, *The Scarlet Letter*, by Nathaniel Hawthorne, Hester is in a state of constant change, in which she gains insight upon the iniquity of patriarchy. Through Hester's physical transformation, Hawthorne criticizes society's judgment based on physical features as a futile evaluation of character, and suggests that gender equality is only possible if women take leadership and stand against misogynistic ideals.

Through the archetype of light, Hester's radiating beauty is demonstrative of her emotional stability. Hester is regarded in the society with a stigma, both because of her sin and her demeanor. Because of this, she "so fantastically embroidered and illuminated" the scarlet letter onto her bosom (Hawthorne 18). The traditional archetype of light reveals a character's disposition towards the moral good. The letter's affinity towards the light reveals how, not only is it not limited to being a symbol of evil, but it does contain light and goodness. In contrast to common belief, light must exist with darkness.

図 7.1　ルーブリックと生徒が自分でエッセイを修正する様子

20) 図 7.1 の上の表はルーブリックです。ルーブリックとは、学習目標がどの程度達成されているかを判断するために、評価の「観点」と「基準」（尺度）を一覧表にして、可視化した評価方法です（5 ページの注 5）を参照）。

図 7.1 の例をあげると、観点の一つである「文章の流暢さと作品の優雅さ」（上から 4 列目）を 4 段階の基準にわけて記述しています。一番上の基準は「さまざまな決まりを守って明確な考えを表現し、正確な言葉づかいをしている。あいまいさや冗長を避けて、焦点化し、明瞭で首尾一貫している」というものです。以下順に、「ほとんどの文章が自然である。書き手は、正確に言葉を選び、見方が無理なく展開されている。文章に変化を与えることを試みている」「音読すると、多くの文章はぎこちないか、理解が難しくなっている。書き手は、話の展開を試みているが、あまりにも不自然である。不正確な言葉が使われている」となり、一番低い基準は、「見方の変化が欠けている。単純、もしくは不正確な言葉が使われている」となります。

このルーブリックを教師と生徒が共有することで、生徒がその成果物を自己評価できるようになるだけでなく、レポート執筆の過程でよりよい作品に仕上げるために何が必要なのかを知ることができるので、改善・修正が可能になるという大きなメリットがあります。また、評価がガラス張りになるので、管理職や同僚、保護者の理解も進みます。

Part Ⅱ　Extend（拡張する）

イディアを提供するのに使う傾向があります。そして、Kaizena（カイゼーナ）というソフトを使用したメモを生徒の Google ドキュメントに直接貼りつけます。文書にコメントを挿入する代わりに、テキストを強調表示して「記録」をクリックします。音声コメントを使うと、生徒が受ける恩恵以上の利点もあります。まず、フィードバックを音声で記録するほうが、個別のフィードバックを書くよりも時間が少なくてすみます。これは私たちのほとんどは、手書きしたりタイプ入力したりするよりも、話すほうが早いからです。第二に、フィードバックを音声で記録すると、生徒全員と会う時間を確保しなくても、会話をしたような効果が得られます。また非同期なので、より柔軟性があり、扱いやすくなります。（推奨される音声記録ツールには以下があげられます。）

補足・音声フィードバック用の主なツール

> **Kaizena**：このアプリを使うことで、文章の項目を強調表示して、それに対するコメントを記録することができます。
> **QuickTime**：スクリーンキャスト機能に加えて、簡単に音声を録音することができます。
> **SoundCloud**：音声ファイルを扱ことができて、ファイルへのリンクや授業ブログへの埋め込みが簡単になります。
> **LMS**：学習管理システムの略称で、オンライン学習を行う際に教材を配信するだけでなく、さまざまな管理機能を備えた統合的なシステムのことです。

⑥フィードバックを振り返る

　フィードバックをいま取り組んでいる課題に反映するには、生徒は定期的に振り返る機会が必要になります。ある研究者は、「教師が生徒の学びを促すフィードバックを提供できる最も効果的で直接的な方法の一つは、生徒に自分の進歩をたどらせる」ことと「自分の学びの振り返りをさせる」ことであると指摘しています【55】。振り返りには、多様な方法があります。たとえば、長所や成長について書くこと、修正するのに最も役立つフィードバックを検討すること、失敗や成功のパターンを追跡すること、新しい課題を始める前に以前のフィードバックをしっかり確認することなどです。幸いなことに、ICT が生

徒の手中にあるので、生徒が受け取ったフィードバックに対する責任をもって、それを次の学習に活かせるようにするためのツールが無数にあります。

　ジョン・グレイ先生の化学の授業の二学期までに、生徒は 12 編の実験レポートに対するフィードバックからデータを蓄積しました。年度当初に、先生は生徒の Google ドライブに Google フォームの形式で質問リストをコピーして投稿しました。フォームは六つの質問で構成されており、そこには実験レポートの項目ごとに一つと、最後の振り返りを求める質問が含まれています。最初の五つは多肢選択式の質問で、レポートのそれぞれの項目（導入と目的、仮説、手順と材料、データ、および議論）に対するルーブリックの得点を生徒に求めています。振り返りは書き込む形式の質問で、受け取ったフィードバックをもとにして「次回は〜する必要がある」というフレーズで始まる言葉で要約するよう生徒に求めています。グレイ先生は生徒たちに書き込む形式の振り返りに自分のアイディアを追加するよう促し、修正する必要がある要素と、うまくいったのでこれからも維持する要素の両方を含めるように求めました。

　新しい実験レポートを課す前に、グレイ先生は生徒たちに振り返りを書き込むスプレッドシートを作っておくように指示しました。「まず結果のまとめから始めましょう。各項目の得点はどうでしたか？　次のレポートではどこに力を入れる必要がありますか？」生徒は、データをまとめて最高点と最低点の項目を表した円グラフを考察しました。次に生徒に自分が書き込んだメモを読み直すように言いました。そして生徒は、新しい実験レポートの一番上に自分の学習目標を書きました。それは「データの表を再確認する必要がある！」から「昼食時にグレイ先生と会い、自分の仮説について話し合う」に至るまでいろいろとありました。

　生徒たちは、Google ドキュメントでこのような考察を簡単に行うことができたのですが、代わりに Google フォームを利用することで、文章だけではなく視覚的にデータを確認することができました。（フィードバック・ツールの使用方法の詳細については、次の補足を参照してください。）

Part Ⅱ　Extend（拡張する）

補足・フィードバックに反映させるための主なツール

> Google Forms：さまざまな形式（多肢選択、リストからの選択、文章入力など）でデータを集めることができます。生徒が自分のデータをこのツールによって、定期的に入力することで成長の様子を確認することができます。
> Google Voice：無料の Google Voice 番号を設定することで、生徒がボイスメールに音声メッセージを残すことができます。私（ロバーツ）は、計画を修正したときはメッセージを残すように生徒にすすめています。

　一人一台の教室と現在利用できる ICT ツールを使って、さまざまな方法で生徒に個別化されたフィードバックを迅速に提供することができます。これらの生徒相互のやり取りや教師によるクラス全体へのフィードバックと音声フィードバックを組み合わせることで、生徒に幼虫から成虫になるために欠かせないフィードバックの繭を提供し、羽をつくり出せるようにできるのです。Google ドライブを通じて生徒の作業の進み具合を確認して、即座にソクラティブのような授業のフィードバック・ツールを利用して、その場で理解の様子が評価可能になる〔5 ページの注 5) を参照〕と、より適切な指導の判断をするための情報が得られたことになります。生徒たちも求められている成果が何かを推測する必要がなくなります。

■ Plug In　　あなたのフィードバックのパワーを増強しましょう！

1. 三〜四人の生徒を対象に、この章で紹介したフィードバックの方法の一つを試してみましょう。それをもとに、クラス全員に広げていくのです。
2. 即時性のあるフィードバック・ツールを試してみましょう。最初は、そのツールを「出口チケット〔13 ページを参照〕」として使うのがいいかもしれません。そうすれば、時間のあるときに生徒のデータを確認し、あなたが対処しなければならない技術的な課題に取り組むことができます。
3. アンケートやフォームであなたが提供したフィードバック、あるいはクラスメイトからのフィードバックについて生徒が振り返れるようにしましょう。

型にはまらない課題[21]を評価する

　一人一台端末を利用した教育と学習のための TECH モデルを初めて紹介した第 1 章を思い出してください〔21 ページを参照〕。モデルの一番上の「譲り渡し」の項目について少し考えてみましょう。そこでは彼ら自身が学習を所有し、成果物が実社会を意識してつくられます。生徒の成果物が伝統的なものでなくなると、その成果物に対する私たちの評価も変わらなければなりません〔139 ページのコラム「成果物とは」を参照〕。私たちは、一人一台の環境で教えることで、これまでにない課題を与える機会が得られることを気に入っています（その具体的なアイディアや方法については、第 8 章「創造性とイノベーション」を参照）。私たちが生徒に、本当に存在する読者に向けて本物の成果物を出版するように仕向けると、生徒は成長します。しかし、読者が教師から他の存在に変わり、形式が従来のレポートやテストから創造的なプロジェクトに移行すると、評価は難しくなります。私たちが何度も使ってきた基準はもはや適切ではないと思われるかもしれません。ディジタルで強化された生徒の成果物の華やかさや魅力に簡単に流されてしまいます。

　私（ニービー）は、評価のために生徒たちから、従来の調査レポートではなく、ドキュメンタリーの動画を初めて集めたときのことを思い出します。完成した成果物を採点したとき、生徒たちが小さな ICT でつくりだしたことにとても感銘を受けたので、ほぼ全員に A をつけました。私は自分自身が作成するとしたらどんなものが可能かを基準に採点したいと思っていたからです。しかし、生徒たちは、学校の映画祭で観客が本物として見てくれるものをつくろうとしていました。その観客とはオーディオとビデオの非同期性やとても速くスクロールする文字などの技術的要素を理解してくれる（そして関心をもつ）人たちです。私は彼らがどのように文字を動かしたのかを確認するのに忙しすぎて、実際に何が書かれているかを読むことができませんでした。

21）「型にはまらない課題」とは、テストやレポートなどとは異なり、従来の型にはまらない課題であるパフォーマンス課題のことを指します。

Part II　Extend（拡張する）

　私が見落としていたのは、生徒が自分たちの成果物に本当に存在する視聴者を引き込もうとするとき、その成果物は私たちが現実の世界で見ているものと同じように見えるべきだという点です。私たちは二人とも、今はプロがすることを参考にしてルーブリックを生徒たちと協働でつくったり、協働で評価したりするモデルに移行しました。生徒が特定の読者に向けて文章を書くことが目的なら、当然のことながら、読者が期待するものに基づいて評価する必要があります。最終成果物が単純に努力を示すレベルのものなら（以前のルーブリックの項目の一つです）、それはプロに要求されるような高い基準を満たしていません。目的、読者に対する意識、練り上げられた内容などが十分に表されていなければならないのです。

　型にはまらない課題に関しては、私たちは生徒を二つの方法で評価する傾向があります。一つ目は、そのプロセスに焦点を当て、生徒が段階的にどのようなことをする必要があるのかを評価するために特別につくられたルーブリックを使用します。それは、中間の締め切りを守る、しっかり調査をする、絵コンテを完成させる、グループでのブレインストーミングに積極的に参加するなど生徒が途中で取るべきステップが想定されています。

　二つ目は、成果物を強調するものです。これは、最終的な成果物に対して教師と生徒が一緒に総合的な得点を決定します。このために、（プロジェクトの性質に応じて）個々の生徒またはチームと会い、実社会のモデルに基づいて協働で作成したルーブリックに基づいて、生徒の成果物のうまくいったところとそうでない点について話し合います。生徒との協働の評価が難しい場合、あるいはその必要がないほど課題が小さいときでも、生徒の成績をプロセスと最終的な成果物に分けて、目標に到達するためにしたことが目標の達成と同じレベルで重要であることを強調します。

　私たちは生徒の成果物を評価する際にさまざまな基準を考慮しますが、ICTを組み込む際には、いくつかの追加事項を含める必要があります。つねに次の質問を自分自身に問いかけています。

・生徒がこのプロジェクトで使用しているアプリやハードウェアの学習曲線は[22]

第7章　フィードバックと評価

どのようなものか？
・プロジェクトの過程で、生徒はこの ICT やテクニックについて何を満足の
　いくレベルで学ぶべきか？
・生徒はこの種のプロジェクトを他に何回行っているか？（生徒が授業でスク
　リーンキャストのアプリを使うのが 5 回目であれば、私たちの期待は最初の時よ
　りも当然大きくなる。）

　一人一台端末に移行して以来、生徒はビデオ、ポッドキャスト、ウェブサイ
ト、ブログ、ディジタル・ポートフォリオ、およびさまざまなマルチメディア
のプレゼンテーションをつくってきました。時間が経つにつれて、これらのプ
ロジェクトを評価する方法を見つけだす過程で、完成した成果物は見た目も感
じ方もそれぞれまったく異なるものの、多くの共通点があることがわかりまし
た。完成した成果物について、私たちは学習内容の習得、プレゼンテーション、
ツールの意図的な使用の三つについて注目していたのです。この複数の視点に
対応し、プロジェクトごとにルーブリックをつくり直す時間を節約するために、
共通のルーブリックを作成しました。次に、個々のプロジェクトごとに、その
メディア固有の要素を表すことがらを一行または二行で追加します。基本のルー
ブリックを表 7.5 に示します。このルーブリックは、すべての欄に文章が埋め
込まれた、これまでのもののようには見えないかもしれません。私たちは、創
造的なプロジェクトに対しては一列のみのルーブリックを使うことにしました
【27】。生徒たちは、期待されていることが明確に示されているのが気に入って
います。また、フィードバック・ツールが自分の何が良かったのか、どこを改
善する必要があるのかを考えるときに、必要以上に考えなくてよいことが気に
入っています。「期待」の欄の両側は空白になっているので、生徒やグループ
ごとに個別のフィードバックを書き込むことができます。

---

22) 学習や訓練に費やした労力（時間や試行回数など）と、対象とする知識や能力の獲得、
　　習熟度合いの関係を図示したものです。

Part Ⅱ　Extend（拡張する）

表7.5　型にはまらない学びを評価する共通ルーブリック

期待を超える	期待される	さらに努力が必要
	学習内容の修得： テーマについて全体的に理解している。複雑な問題について深く考えている。	
	プレゼンテーション： 専門的にみて一貫性のある考えにもとづいてつくられている。創意工夫して編集され、目的意識のもとに芸術的な観点から、発表対象の興味を引くような方法を意識している。	
	ツールの使用：生徒が学習内容に対して適切に評価して選んだICTに基づいて作品がつくられている。オンラインの情報は著作権に配慮して使われている。	

　ビデオ、ポッドキャスト、ウェブサイトとブログ、ディジタル・ポートフォリオ、マルチメディアのプレゼンテーションなどといったプロジェクトの種類ごとに、基本ルーブリックを補足するそのプロジェクト固有のルーブリックの基準が含まれています。また、生徒のプロセスの成績を考慮したステップも含めました。これらの項目は意図的に幅広くつくってありますので、学習の目的を充分に把握して、そのプロジェクトのニーズに合った項目を変えたり、明確にしたりすることをおすすめします。

ビデオの評価

　私（ニービー）の歴史の研究仲間であるデイヴィッド・スモック先生は、生徒たちと『アメリカの奴隷制を生きる―フレデリック・ダグラス自伝』〔フレデリック・ダグラス著、専修大学文学部歴史学科南北アメリカ史研究会訳、彩流社、2016年〕を読むという教科横断的な英語の授業の最中でした。私とスモック先生は、奴隷制度廃止、言葉の力、オーラル・ヒストリーという複数科目にまたがる考え方に興味をもち、生徒たちが3時間の授業で制作する短編のドキュメンタリーの課題を企画しました。課題に取り組む前に、授業ではHBO（アメリカの衛星およびケーブルテレビ放送局）のドキュメンタリー『解放された記憶―奴隷が語る物語を読む』を視聴しました。この作品では、現代のアフリカ系ア

182

メリカ人の俳優が、1930年代の作品管理局の連邦作家プロジェクトによって記録された元奴隷のインタビューと物語をドラマ化しています。この実際にあるものをモデルとして利用し、授業ではプロのドキュメンタリー映画を特徴づけるものについてブレインストーミングをしました。生徒たちはドキュメンタリーの特徴を次のようにまとめました。

・専門家の意見を含める→生徒は歴史読本の記事、スピーチ、インタビューから直接引用することで、この目標に取り組もうとした。
・感動的な画像を紹介する→この特色により、生徒は歴史の授業で調査した一次資料の一部を取り入れる機会が得られた。
・迫力のあるシーンを選択して再現する→課題の大部分として、生徒たちは『アメリカの奴隷制を生きる』のなかで最も重要だと思われる場面を選択し、それらの場面を歴史的に見て味わい深い表現で正確に再現するという課題を課されていた。多くのグループは、音声なしで撮影し、文章にナレーションを追加することを選択した。これは今年2回目の映画の課題だったので、私とスモック先生は、生徒がビデオについて慎重に選択できるように、映画のアングルとショットについて簡単に振り返った。

続く3時間の授業を通じて、私とスモック先生の生徒は小グループに分かれて、『アメリカの奴隷制を生きる』の中心となる考え方、つまり所有者による奴隷の扱い、教育と知的なことへの自覚、奴隷制の奴隷所有者への影響、反乱の形態、そして奴隷制の非人間的な影響から逃れることなどについて話し合いました。そして、最終的な成果物に至るまで、次のプロセスを段階的に取り組みました。

・グループの視点を説明する重要なシーンを一つか二つ決定する。そのシーンがとても長い場合は、Googleドキュメントを使ってそれらのシーンを短くする。
・少なくとも三人の専門家によるインタビューの抜粋と、グループが補足資料

Part II　Extend（拡張する）

として使う主要な情報源から三つの画像を集める。

・映画の順序、すなわちドラマのシーン、インタビュー、画像をどのようにつないでいくかということに焦点を当てて、短編ドキュメンタリーのストーリーボード[23]の草案を作成する。

・脚本を書き、場面を撮影する。

・映画を編集して YouTube にアップロードし、学校管理システム（LMS）にリンクを貼る。

　表 7.6 はビデオ課題のマスタールーブリックに追加した二つの基準を示しています。

表 7.6　ビデオに特化したルーブリック

期待を超える	期待される	さらに努力が必要
	画像とビデオは、プロジェクト全体のメッセージをサポートするために慎重に選ばれている。画像とビデオは著作権に配慮して使われている。生徒が作成したビデオは、カメラのアングル、ショット、セット、シーンの間の切り替えをよく考えて使っている。	
	音声はクリアで、一定のレベルにある。プロジェクト全体のメッセージを表現するために、効果音、言語、音楽が使われている。曲を含むすべてのオーディオの素材は、著作権に配慮して使用されている。	

ポッドキャストの評価

　私（ニービー）の 10 年生は、今年の最後のプロジェクトに近づいていました。それは、この授業の鍵となる質問の一つについて語るポッドキャストです。授業開始のベルが鳴ると、私は課題に対する指示を始めました。

---

23) 製品やサービスをユーザーがどのように体験するかをイラストや画像を使ってストーリー化する手法のことです。

第 7 章　フィードバックと評価

　あなたがたが修了しようとしている「アメリカ文学」の授業は、新聞の見出しから思いついたものです。数年前、私は夏の間、ニュースをくまなく調べて、浮びあがった主要なテーマを見つけました。全国的な舞台で議論を巻き起こしている社会問題を探し、それを教室にもち込んで、偉大な文学と関連づけて議論をしてみようと考えました。オンライン、テレビ、ラジオ、印刷物を問わず、ニュースキャスターたちは、経済、所得格差、貧困、男女平等、人種差別、移民、同性愛者の権利、海外紛争、プライバシー、個人の自由、そしてアメリカン・ドリームの理想について語っていました。今年の主要な学習単元では、これらの問題を理解することを目的とした「鍵となる問い」について検討しました。

　徹底したリスニングと意図的で思慮深いスピーキングの能力を示すために、ある問題を経験した人やその分野の専門家にインタビューすることで、この科目の中核となる問いの一つを探究する特集をポッドキャストで作成します。そのためには、アメリカでの生活であなたにかかわりのある最近の話題のなかで科目に関係する問いを組み立てる必要があります。それは社会的または政治的な問題、時事問題、統計などについて、考えたり、疑問に思ったり、もっと知りたいと思わせる内容です。

　私は、NPR〔121 ページを参照〕が制作したある特集記事をモデルにしながら、生徒に次のことを含めるよう要求しました。

・テーマと「鍵となる問い」の紹介。
・読者のために明確に確立され、定義された観点。
・議論されている問題を経験した人、あるいはその分野の専門家である一人のインタビュー（または、相互に相反する視点や異なる視点を提供している二人のインタビュー）。
・その年にアメリカ文学の授業で学んだ重要なことと関連づけながら、直接引用を織り込み、それを適切に引用してスピーチに組み込むこと。
・最後の部分では、冒頭の発言に戻って、それにふれて話を締めくくり、自分の名前を再び述べ、聞き手に感謝の意を表すこと。

Part II　Extend（拡張する）

　最終原稿を提出する前に、生徒はプロセスの段階に組み込まれている手続き
を実行しました。

・鍵となる問い、中心的なテーマ、観点、インタビュー対象者を決定して、こ
　れらを学校管理システム（LMS）の Google フォームに送信する。
・インタビューで使う 10 個の質問を事前に用意する。それらは自由回答形式で、
　インタビュー対象者が会話や個人的な話をしやすくするものにする。
・インタビューを完了し、編集日にその映像を授業に持ってくる。
・インタビューを補足するために記録したやり取りを起こす。
・発表を録音し、ポッドキャスト用にそれを最終的に編集する。
・できあがったポッドキャストを SoundCloud にアップロードし、リンクを
　LMS に送信する。

　表 7.7 はポッドキャスト課題のマスタールーブリックに追加した二つの基準
を示しています。

表7.7　ポッドキャストに特化したルーブリック

期待を超える	期待される	さらに努力が必要
	スタイル：ポッドキャストはジャーナリズム・スタイルでつくられ、専門家のインタビューと物語的な説明がうまく織り込まれている。ナレーターは、「語る」のではなく、感情に訴えるような方法でストーリーを活き活きとしたものにしている。	
	オーディオ：サウンドはクリアで、安定したレベルになっている。効果音、言語、音楽は、ポッドキャストによる成果物全体のメッセージを表現するために配置と音声を意識して最終的な成果物がより意味のあるものになるように使われている。すべての音声素材は著作権に配慮して使われている。	

186

第 7 章　フィードバックと評価

ウェブサイトとブログの評価

　中学校の理科教師エリック・クロス先生は、ウェブサイトを使って、生徒に選択した調査分野の学習を記録し、説明させています。彼の生徒たちは、実験の写真、学習の感想、科学の概念を説明するために作成したビデオを投稿します。クロス先生は、「本質的に私が望んでいるのは、目的をもって ICT のよさをうまく発揮する方法を生徒たちに教えることです」と述べています。彼と生徒たちは科学を扱った既存のウェブサイトを検討し、本当にすばらしいことを実現するために現場のプログラマーに関する情報源が不足していたので、次に掲げる重要な要素をサイトに含める決断をしました。

・仮説と調査計画を含む調査プロジェクトの説明
・関連のプロジェクト、サイト、情報へのリンク：文献レビューのディジタル版
・調査プロセス、データ収集、クラス活動の振り返りに関する記録
・テーマに関連した写真とその簡単な説明

　これらを含めるということは、典型的な科学プロジェクトの要素とウェブサイト開発の要素を融合することを意味します。

・プロジェクトのニーズに適したウェブサイトのプラットフォームを選択する。Google サイトとウィーブリィ（Weebly）[24]は、最優先の選択肢。
・プロジェクトのテーマと研究課題を決める。クロス先生はこのことを生徒たちのブログに投稿させ、それに対して先生や他の生徒がコメントできるようにした。彼は「どの問いが漠然としているのか、どの問いが小さすぎるのかを生徒に理解させることがこのプロセスの重要な点です」と言っていた。
・そのテーマに関してどのような研究がすでに行われているかを調べ、研究へのリンクの項目をサイトに追加して、注釈とリンクのついた参考文献を作成

24）アメリカのある会社が運営しているホームページ制作プラットフォームです。

187

Part II Extend（拡張する）

する。

・プロジェクトの進行に合わせて、定期的にブログへの記事を追加し続ける。

・プロジェクトにふさわしい場合は、チャートやグラフなどのデータを要約したページを追加する。

・プロジェクトが完了したら、調査結果と結論を記載するページを追加する。

　この考え方は、科学者が助成金を獲得するために競争し、研究成果を発表するためにしなければならないことと同じです。高校レベルでは、Google サイエンス・フェア[25]や、その他の国内科学コンテストに出場する生徒は、応募プロセスの一環としてこのようなウェブサイトをつくる必要があります。中学校でこのような経験を早くから得られることは、クロス先生の生徒にとって有利になります。また、クロス先生にとっては、オンラインで生徒たちの学習状況を確認できることにもなります。

表7.8　ウェブサイトとブログに特化したルーブリック

期待を超える	期待される	さらに努力が必要
	教科に関すること：ブログ／サイトのテーマは関連性があり、最新であり、著作権を守って使われている。学習内容には、提供される情報を通じて読者をひきつけ、価値を与える文章と画像が含まれている。	
	デザイン／レイアウト／誘導：ブログ／サイトの要素は、情報が明確で見つけやすく、誘導しやすいように考えられ配置されている。重要な情報は入口のページから 2 回クリックすれば入手できる。	

ディジタル・ポートフォリオの評価

　10 代の若者（および大人）が自分たちの「ディジタル・フットプリント[26]」に

---

25)「Google Science Fair」は、世界中の 13 歳～18 歳の生徒が参加できるオンラインによる科学コンテストです。

26) オンライン上で私たちが書いたことや貼り付けたことはもちろん、覗いたこともすべて記録残る「足跡」のことです。

第7章　フィードバックと評価

注意する必要があるという記事をよく目にします。

　私たちの友人のアディナ・サリバン先生は、取り除くのが難しいため、ディ
ジタル・タトゥー（入れ墨）のようだと言っています。ICT を進めていくうえで、
気をつけるべきものと考えています。生徒たちがオンラインで投稿した作品は、
現在の生徒たちを代表するものであり、将来的にはそれを基にしてさらに発展
させたいと考えています。ディジタル・ポートフォリオ（DP）は、生徒が自分
の最高の作品を投稿する、よく整理されたオンライン上のスペースです。DP
はさまざまなツールから構築できますが、ほとんどはウェブサイトまたはブロ
グで構成されています。私たちにとって頼りになるプラットフォームは、Goo-
gle サイト、Weebly（ウィーブリィ）、Wix（ウィックス）[27]、WordPress（ワードプ
レス）、Blogger（ブロガー）です。

　私（ロバーツ）の学校では、ディジタル写真の授業をとっている生徒が課題
をブログに投稿しています。それぞれの生徒は自分のブログをもっており、各
課題には課題のためにつくった画像と振り返りがついています。時間が経つと、
そのブログが生徒の作品のディジタル・ポートフォリオになります。すべての
作品がディジタルでつくられる場合は、オンライン収集はとても理にかなって
います。しかし、500Px.com[28] などのサイトで作品を掲載したり、自分の作品を
展示および販売するための独自のサイトを構築したりしているプロの写真家た
ちを模倣する可能性もあります。すべての専門家、特に「クリエイティブ」な
分野の専門家は、オンラインでのプレゼンス、履歴書、または作品のポートフ
ォリオをもつことが期待されています。生徒にディジタル・ポートフォリオを
つくらせることは、生徒が創造性を発揮し、潜在的な将来のキャリアで必要な
スキルを育成するのに役立ちます。

　私（ニービー）は、年度の最後の課題としてディジタル・ポートフォリオを
作成するように生徒たちに指示しています。その目的は、文系、理系（STEM）[29]、

---

27) 世界中で使われているクラウドベースのウェブ制作プラットフォームです。

28) 世界中のハイレベルな写真を見ることができる写真共有サイトのことです。

29) 科学・技術・工学・数学の教育分野を総称し、これら四つの学問の教育に力を注ぎ、IT
　社会とグローバル社会に適応した国際競争力をもった人材を多く生み出そうとする教育

189

Part Ⅱ　Extend（拡張する）

芸術系の教科と、サービス・ラーニング[30]などの学習とその考え方に関する内容を取り上げて、徐々に内容を追加できるサイトを生徒につくり出してもらうことです。他の学校のディジタル・ポートフォリオと何人かの専門家のポートフォリオを検討した後、私と生徒たちは、ディジタル・ポートフォリオには次の要素を含める必要があると判断しました。

・生徒の興味とこの授業での取り組みを示す一連の模範的な作品のサンプル。
・課題の説明、課題に取り組んだなかで難しかったところ、課題から学んだ教訓など、各課題についての振り返り。
・「制作者について」の項目。ここで大切なことは、生徒が個人を特定する情報を出さずに、自分の興味、強み、目標を説明できるようにすること。

　最終成果物に成績をつけるためにこれらの要素がルーブリックにもとづいて評価されるわけですが、ディジタル・ポートフォリオをつくるプロセスには次の項目が含まれます。

・どの成果物を入れるべきかを決めて、必要に応じてディジタルの形式に変換する。
・利用可能なブログおよびウェブサイトのサーバーのなかからポートフォリオのプラットフォームを選択する。
・サイト構成の骨格を決めるか、提供されるテンプレートを使用するか、もしくはその両方を行う。
・作品と振り返りを掲載する。
・画像やその他のデザイン要素を追加して、サイトを見栄えよくする。
・サイト内の移動が容易かをテストする。（すべてのリンクは正常に機能しているか？）

───────────

のことです。
30）アメリカで始まった教育活動の一つであり、「奉仕活動と学習活動の実践を統合させた学習」です。

190

第7章　フィードバックと評価

・サイトのレイアウト（構成）を確認する。（すべての作品は適切に配置されているか？）

表7.9　ディジタル・ポートフォリオのルーブリック

期待を超える	期待される	さらに努力が必要
	模範的な活動の例：このディジタル・ポートフォリオには、課題の説明やプロジェクトから学んだことの振り返りと同じように模範的な活動例が含まれている。	
	サイトのデザインと移動：サイトは論理的に構成されており、移動しやすくなっている。リンクには具体的で役にたつ名前がつけられており、期待される学習内容に移動する。	

マルチメディアによるプレゼンテーションの評価

　12年生のアルバートが私（ロバーツ）の部屋に来て、プレゼンテーションの練習を手伝ってほしいと頼んできたのは、卒業制作展が始まる3時間前でした。彼は9年生のときの授業の生徒でした。彼はスライドをめくり、そこにあるとてもたくさんの箇条書きを読み始めました。彼は自分が東海岸でどのようにして生まれ、そしてカリフォルニアに移るまでを要約したものでした。彼は学校でやっていたスポーツや友情の重要性について話し、それからどこの大学に行くのかについて、すべて箇条書きにして説明しました。

　私は彼の話を止めて、スライドとして用意されたものを「これはあなたが読むメモです」と言い、彼に渡しました。それから私は彼に箇条書きをすべて削除させ、彼の話に一致する画像をすべてのスライドに入れさせました。携帯電話、Facebookのページ、さらには進学予定の大学のウェブサイトから写真を取り出す必要がありましたが、1時間以内にすべてのスライドを彼はやり直しました。午後の終わりに、彼は戻ってきて、アルバートはこう言いました。「とても良かったです。スライドを変えることができて、本当にありがとうございました。」

　皆さんもパワーポイントによって退屈極まりない時間をすごしたことがあると思います。（その人の思考の流れを表すのが箇条書きですね？）教育者としての

191

Part II   Extend（拡張する）

役割を果たすために、すべての人に効果的なプレゼンテーションのデザインの仕方を教えましょう。プロの講演者のような洗練さや何時間も練習することは難しいですが、それでも、よく考えて画像を選択して、スライドを文字だけで埋めることのないようにすることは可能です。生徒の発表前に、十代の若者によるTED（テッド）トークをよく見せています。それらから、私たちは生徒とともに、効果的なスピーチには次のような特徴があると結論づけました。

・明確なメッセージ（最初から必ずしも明らかではないこともある）。
・興味深い語り口で語られるストーリー。
・明瞭な声、適切なペース、意図的な一時停止。
・関連づけられた画像や単語を使用してストーリーを補強する、シンプルで整然とした思慮深いスライド。文字がある場合、通常は強調のために一つまたは二つの単語にする。

　生徒と一緒にプレゼンテーションのプロジェクトを開発するときは、一般的に次のプロセスの各段階を踏むことをおすすめします。

・**コンセプトの開発**—　多くの場合、私たちは生徒たちに新しいGoogleスライドを作成し、最初のスライドにメモを入力し、ブレインストーミングを行い、プレゼンテーションをまとめるストーリーを書き出すように指示する。
・**ストーリーボード**—　後続のスライドでは、生徒はストーリーを扱いやすい小さなまとまりに分割する。従来のストーリーボードのサムネイルと同様に、個々のスライドは、生徒が一度に一つのアイディアだけを扱うための独立したスペースを提供する。
・**スクリプトの作成**—　それぞれのスライドの下にある発表者ノートの欄に、生徒は台本を書く。ペチャクチャ（PechaKucha）〔97ページを参照〕やIgnite Talks[31]などの時間指定をされたプレゼンテーションでは、ほとんどの人が一

---

31) Ignite Talksでは、1枚15秒のスライドを20枚使ってプレゼンテーションを行います。

分間に平均300文字を話すことを生徒に伝える。それは1分あたり（休憩あり）20秒のスライドには約100文字が含まれる。これらは役に立つ指標である（日本語に置き換えてあります）。

・**画像の収集と編集—**　生徒がプレゼンテーションでどのように話すかを決めて、ストーリー展開をきちんと理解したら、画像を探す。私たちは、つねに自分自身で画像を撮影または作成することから始め、自分で撮影・作成できないものはすべてウェブに頼ることを奨励している。生徒がウェブにアクセスする場合、生徒にはクリエイティブ・コモンズでライセンスされた画像、またはパブリック・ドメインの画像を使用し、各画像を適切に引用することが求められる。

・**練習、練習、練習—**　スライドの準備が整い、台本も完成している。さあ、練習です。これは、生徒がクラスの前に立って台本をそのまま読むことを避けるための重要なステップだ。私たちは授業内に練習時間を組み込み、事前のフィードバックが得られるように、生徒に練習する相手を提供したいと考えている。プレゼンテーション前のフィードバックは、つねにプレゼンテーション後に得られるどんなフィードバックよりも価値がある。

表7.10　マルチメディアによるプレゼンテーションに特化したルーブリック

期待を超える	期待される	さらに努力が必要
	画像：プロジェクト全体のメッセージをサポートするよう慎重に選ばれている。画質は優れている。スライドはシンプルかつ明確で、ストーリーの基礎となる画像が固定されている。発表者はスライド上の単語を最小限に抑え、フォントとテキストを効果的に使って強調している。	
	話し方：発表のペースは自然であり、効果を高めるように変化をつけている。言葉ははっきりしている。声は生き生きしている。よく考えられたジェスチャーによって強調されている。発表者は聞き手と一貫したアイコンタクトを取り、メモを見ることはほとんどない。	

私たちはすでに、マルチメディア制作というすばらしい新しい世界に足を踏

Part Ⅱ　Extend（拡張する）

み入れています。ICT とそれを見る視聴者、生徒がコンテンツの素材に深く入り込み、学んだことを専門家のように表現する意欲を高めてくれます。何よりもまず、その教科領域についての理解度、クリティカルな思考のスキル、学習内容から得たものを活用する力[32]を評価する必要があります。学習内容の情報を統合しない単純なプレゼンテーションは、どんな教科でも良い点数を獲得することはできません。ICT 利用による制作の目新しさが薄れ、生徒がツールに慣れてくると、彼らの焦点は学習の内容に戻ります。私たちの評価基準は新しいコミュニケーション形式によって強化されていますが、学習内容を習得し、それをうまく表現し、彼らの意図に適したツールを選択することを生徒に教えることは、常に意識すべき最も重要な点です。

■ POWER UP !　　実社会の評価

1. 毎日あなたの周りにある実社会の例に耳を傾けることから始めましょう。通勤中にラジオの特集を聞いていますか？　このような放送に何を期待するか考えてみましょう。ラジオのポッドキャストに必要な特徴とは何ですか？とても効果的なオンラインの説明用ビデオを見ていますか？　何が効果的かを自問してみてください。将来ルーブリックに追加するために思いついたことを書き留めるメモを取りましょう。
2. 型にはまらない課題に取り組む準備ができたら、生徒に協力を求めましょう。ゴールを念頭に置いて取り組み始めるのが最も効果的です。課題を開始する前に、生徒に評価のためのルーブリックの設計に協力してもらいましょう。

32）これは、キュレーション（インターネット上の情報を収集し、分類・整理し、つなぎ合わせて新しい価値を持たせて共有すること）と言い換えられ、これからの時代に大切な能力です。

Part Ⅲ
Transform （変革をもたらす）

Trans・form（動詞）：性格、状態、形態を徹底的ないし劇的に変化させること。

教育 ICT は、生徒が学びを自分のものにするために、私たちの教え方のルーティーンのなかで、どのように創造的な嵐を引き起こすことができるでしょうか？

第8章
創造性とイノベーション

Creativity：価値のある独創的なアイディアを考え出すプロセス。
―― ケン・ロビンソン卿[1]

ナノライモ・インタヴュー ―― ジェン・ロバーツと生徒のカルヴィン

ナノライモ（NaNoWriMo）は、National Novel Writing Month＝全米小説執筆月間の略です。1999年に小さな規模で始まり、それ以来毎年成長しています。私の学校のほぼ全員の9年生が2011年以来、ナノライモに参加しています。私たちはこの体験に対する生徒たちの反応について調査を行っていますが、さらに詳しく知りたいと思い、2014年にそのプロセスについて生徒たちにインタビューを行いました。カルヴィンの答えはとても役に立ちました。

私（ロバーツ）：カルヴィン、ナノライモが終わったところですね。どんなものだったのか、あなた自身の言葉で教えてもらえますか？

カルヴィン：ナノライモは基本的に、自分自身の言葉で表現する期間です。つくりたいストーリーを、1か月以内に一定量の文字数で書きます。つまり、自分の物語をつくり出すことになります。（生徒はナノライモに対して独自に単語数の目標を設定します。それがカルヴィンの言う「一定量の文字数」の意味です。）

私：それで、何を書きましたか？　あなたの小説のテーマは何でしたか？

カルヴィン：私の小説は、ラップ業界が西海岸の人々に乗っ取られてイライラ

---

1) イギリス出身で、国際的に活躍した教育アドバイザーです。彼の影響力のある日本語字幕付き動画は TED トークで見られます。なお、イノベーションの定義については、216ページを参照。

第 8 章　創造性とイノベーション

する東海岸のラッパーについての物語です。彼らはそれに関して戦争を起こす寸前まで来ているのです。登場人物のケイシーがロサンゼルスに行くとき、彼はレコーディングで共演しているアーティストの友人三人と一緒に行きます。彼らは資金を集めてアルバムを販売し、運動を起こそうとします。しかし、スポーツイベントで誰かが撃たれてしまい、ちょっとしたトラブルに遭遇するのです。

私：それは強烈ですね。その筋書きのアイディアは、どのようにして思いついたのですか？

カルヴィン：そうですね。以前から本を書きたいとは思っていましたが、どうすればいいのかわかりませんでした。それで、何が好きなのか考えてみたら、音楽とサッカーだったので、音楽について書くことにしました。また、あるラッパーについて書いてある本を読んだので、自分も同じように書ければいいし、自分が望んだように書ければいいと思いました。

私：ナノライモを書く期間は短く、わずか 30 日間です。この短い時間が、作家として、あるいは創造的な仕事にたずさわる人として、あなたにどのような影響を与えましたか？

カルヴィン：はい。先生が聞きたいことではないと思いますが、昨夜こんなことを考えていました。ナノライモのおかげで、アイディアをとても短い時間で考える必要があり、その点が上達したと思います。また、自分のストーリーを完璧にすることにはあまりこだわりませんでした。思いついた突飛なこともそのまま書きました。それは、今では私のお気に入りになっています。ある程度の文字数を毎日書くことだけを考えていたので、一か月の締め切りは気になりませんでした。

私：ナノライモを、もう一度やりたいですか？

カルヴィン：そうですね、別の小説、あるいは今回の続編を書きたいと思います。でも、もっと時間が欲しいです。2 か月くらい。自分一人ではやらないかもしれませんが、また学校の行事としてみんなでやるなら、楽しいですね。

　本を書こうと思っていた、あるいは小説を書き始めようとしていた、と答え

Part Ⅲ　Transform（変革をもたらす）

た生徒が何人もいたことに驚きました。私がインタビューした生徒は、全員執筆の手がかりとして自分の興味や本をあげていました。彼らはよく自分の小説は数冊の本のアイディアを混ぜ合わせたものであり、それらを組み合わせて好みに合わせて修正したものだと言いました。ターニャは吸血鬼について書いていましたが、血についてふれたくなかったので、吸血鬼は赤い食べ物だけを食べるようにしました。ワイアットは、第一次世界大戦後の歴史のスチームパンク[2]のような終末論的バージョンをつくりました。そこでは、人類の唯一の避難所は、フランスとスペインの砂漠の荒野に浮かぶ巨大な飛行船でした。毎年、生徒たちの頭の中には、素晴らしい別の世界、絶望的な物語の筋書き、そして魅力的な悪漢たちが浮かんでいることに気づきます。彼らにとって、ナノライモはアイディアを現実のものにするスキルを学ぶチャンスなのです。

想像力から創造性へ

　想像力と創造力は、固定された特性ではありません。私たちは、生徒と私たちのなかで両方が伸び、育まれるようにすることができます。ケン・ロビンソン卿が定義したように、想像力とは「私たちの感覚に存在しないものを思い出させるプロセス」【71】です。想像力はその性質上、個人的な努力によるものです。それが、本で読んだ世界を想像し、探究することを可能にします。それは、私たちに無数の視点を検討し、新しい角度から課題を調べるように促します。「もし〜だったらどうだろう」と私たちが自分自身に問いかけるとき、それはイメージや香りや音を思い起こさせてくれます。

　創造力は、それらの想像を現実にするプロセスです。そのプロセスにはある程度の芸術的あるいは技術的なスキルが必要です。多くの場合、私たちはすでにもっている能力の範囲内で想像したものをつくることができますが、想像力

---

2) サイエンス・フィクション（SF）のジャンルの一つで、「スチーム（蒸気機関）」と「サイバーパンク」を組み合わせてつくられた言葉で、蒸気機関が主要な動力源として普及している世界が舞台になっていて、架空の蒸気機械や、人体と機械を融合させた表現も見られます。

第 8 章　創造性とイノベーション

豊かなビジョンで見たものをつくれるようにするには、何か新しいことを学ば
なければならない場合もあります。

　これまで実際に作ったことのない料理がたくさん詰まった素晴らしい食事を
考えてみましょう。あなたはすでにふつうの料理のスキルはもっているので、
レシピを参考にその食事を作ることができるでしょう。さて、美しい風景画を
想像してみてください。それを描けますか？　挑戦してみるのもいいかもしれ
ませんが、画家としての訓練が不足しているでしょう。風景は頭の中にあるイ
メージ通りにはならないかもしれませんが、絵を描こうと思えば、その過程で
絵について多くのことを学ぶことができます。さらに、次に描く絵はもっとよ
くなるでしょう。うまくなるには、練習とスキルが欠かせないのです。私たち
の授業では、生徒たちに想像する機会、創作する時間、創作物を想像力と一致
させるためのサポートを提供します。

　創造力も、反復的なプロセスです。数年前、私（ニービー）は、アメリカ文
学カリキュラムのなかで最も難しい文章を生徒たちが読むための足場を築くた
めに、『緋文字』のインタラクティブな iBook（アイブック）を無料で出版する
ことに着手しました。私がこの計画を生徒たちに話すと、生徒たちはそのため
のアイディアを考え始めました。たとえば、わからない語彙を調べることので
きる本、読者に内容をわかりやすくするための問い、内容に関連するビデオの
脚注などです。期間の終わりに、最も芸術面での才能をもつ生徒の一人アリー
がやって来て、テキストに命を吹き込むために一連のイラストを描くことを申
し出ました。その後の数週間、彼女は私と何度か会い、本を初めて読む読者に
とって最も視覚的なサポートが必要だと思われる文章について検討しました。
夏の間、アリーはその一節のディジタル・レンダリング[3]を送信し、現在はアイ
ブックに掲載されています。

　2 年後に話を進めます。私の現在の 9 年生たちは『緋文字』を読みながら、
地域社会から排除され孤立させられた後のヘスターの変化について話し合って

---

3) 情報やディジタル・データを、コンピューター・プログラムの演算によって可視化する
　ことにより、その内容を把握できるようにすることです。

Part Ⅲ　Transform（変革をもたらす）

図 8.1　物語のなかで追放されてから何年も経った
　　　ヘスターとパールを描いたシアラの作品

いました。その日の午後遅く、私は別の芸術専攻の生徒シアラから「絵」という一語の件名でメールを受け取りました。メールには、最初に町外れに追放されてから数年後のヘスターとパールの見事なスケッチが添付されていました（図 8.1 参照）。翌日の授業中、私はシアラを脇によんで、さ

さやきました。「メールを受け取りました。きれいな絵ですね。何のためにあの絵を描いたのですか？」

　「この章を読んでもイメージが湧きませんでした。この本には絵が必要だと思ったんです。だから描きました」。シアラの答えは、反復するプロセスとして創造性の二つの重要な原則を強調しています。まず、アイブックなどのディジタル形式で制作するとき、作品が「完成した」、あるいはもう手を加える必要がないと感じることはほとんどありません。シアラは自分の画像を追加して本の内容を更新できることがわかっていました。ディジタルによるものづくりは、より多くの人を創造的なプロセスに引き込みます。第二に、創造性への扉を開くと、協働が生まれます。アイブックの出版に対する私の思いがアリーの制作につながり、それがシアラの学びにつながりました。創造性は新たな創造性を誘発します。

　私たちが生徒の創造力をうまく活用できたとき、彼らが物語に対してどのような反応をするか、その多様性を明らかにしています。

創造力は教えられるか

　想像力と創造力はどこから来るのでしょうか？　成長の過程で生徒たちの創

第 8 章　創造性とイノベーション

造力が奪われるように見えるのはなぜでしょうか？　想像力や創造力は実際に教えられるのでしょうか？　これらは、今日の神経科学者や研究者が答えようとしている問いの一部です。脳とその創造的機能について、私たちの理解にはまだ不充分なところがあることは多くの人が同意していますが【52】、確実にわかっていることもいくつかあります。

　まず、人間は本質的に創造的な存在であるということです。ジョンズ・ホプキンス大学の外科医で神経科学者のチャールズ・リム博士は、創造性と脳に関する 2010 年の TEDx トーク【53】で次のように説明しました。「芸術的な創造性は、神経学的な産物である」と。彼は研究に基づいて、創造性は生まれたときからひと握りの芸術家タイプに与えられた神話的な才能ではなく、むしろ脳の正常な機能であると結論づけました。

　ケン・ロビンソンはこの発見を繰り返し、次のように示唆しています。「創造性については多くの誤解があります。それは特別な人々または特別な活動の領域であると誤って捉えられていることです。たとえば、あなたが創造的であるかどうかとか、あるいは創造的とはすべて自由で抑制されないことなのだというようにです。」ロビンソンはむしろ、想像力、さらに創造性は「人間の意識の主要な贈り物」であると説明しています【71】。

　第二に、創造性には収束思考と発散思考の両方が含まれます。悲しいことに、生徒が学校で行うことの大部分は収束思考です。それは「正解」を与えたり覚えたりする思考のタイプです。狭い範囲の問いに答え、空白を埋め、所定の手順に従い、ばらばらの事実を知り、それを記憶することに重点を置きます。一方、発散思考は、問題解決に役立つ創造的な解決策にたどり着くことを期待して、合理的なアイディアやほとんど信じがたいようなアイディア、あるいはまったく不合理にも思えるアイディアなどを生み出す認知プロセスです。

　これら二つの思考モードは、二つの異なる脳の半球の機能であると考えられるようになっています。「分割された脳」というタイトルの TED トークのなかで、精神科医で作家のイアン・マッギルクリストは「右脳は持続的で広範囲にわたる警戒心をもたらし、左脳は細部にわたる集中した注意力をもたらしてくれます」【57】と述べています。人間は、哺乳類や鳥類と両側脳の構造を共

201

Part Ⅲ　Transform（変革をもたらす）

有しており、哺乳類や鳥類は、非常に特殊な作業や身近な問題（植物の種を取り出すなど）に集中するために左脳に依存し、同時に全体像、たとえば捕食者を監視するといったことは、右脳に依存しています。動物の両方の脳が協調して働く必要があるのと同じように、生徒も自分の脳の二つの半球の間でアイディアが行き来することによって恩恵を受けているのです。しかし、かつて私たちが生き残るために重要だったプロセスが、どのようにして私たちの創造性に必要なプロセスになるのでしょうか？

　2010 年、ニューズウィーク誌は「創造性の危機」というテーマで創造性と脳に関する特集記事を掲載し、創造的思考がどのように起こるのか、そしてそれがなぜ重要なのかについて活発な議論を引き起こしました。筆頭著者のブロンソンとメリーマンは、この収束思考と発散思考の往復プロセスがどのように創造性につながるかを次のように説明しています。「創造性には、新しい情報と古く忘れ去られた情報を組み合わせるために、発散思考と収束思考の両方を常に変化させ、アイディアを混ぜ合わせるパルスを発生させる必要があります。創造性の高い人は、自分の脳を双方向モードに調整するのが非常に上手な人です。」【12】

　収束思考から、収束思考と発散思考の組み合わせへと進むためには、多数の解決策が得られる自由な課題に取り組むような機会を生徒に与える必要があります。このような課題を提示すると、生徒たちは必然的に狭い範囲に収束する左半球の答えを探すことから始めることになります。その活動が不充分であることがわかると、右半球が作動し、幅広く、斬新で、多様な可能性を追求するようになります。マッギルクリスト、ブロンソン、メリーマンがみな主張しているように、創造的なプロセスには両方のタイプの思考が必要ですが、より重要なのは、脳が発散思考と収束思考の間でギアの切り替えを素早くできることです。私たちはこのスキルを教え、生徒の創造的思考を育てることができます。必要なことは、私たちが計画する学習体験の種類を認識することだけです。

　第三に、創造性とはフィルターの遮断を学ぶことを意味します。2014 年のNPR〔121 ページを参照〕のインタビューで、作家のエリザベス・ギルバートは、失敗への恐怖から創造的な努力に移行することについてどう考えるかを次のよ

第 8 章　創造性とイノベーション

うに語りました。「人々が『何か創造的なこと』をするのを妨げるものは、つねにまったく同じもの、それは恐怖だと思います。そして私が何年にもわたって発見したのは、恐れを排除することではなく、むしろ、しなければならないのは、恐怖と創造性が双子のようなものであることを認識することです。創造性は不確実なものに向かっていくのですが、不確実なものはつねに怖いのです。」【29】

　科学はギルバートの経験を裏づけています。創造性が脳のさまざまな領域にどのような影響を与えるかという fMRI による研究で、神経科学者らは、個人が音楽の即興の演奏などの創造的な活動に従事しているとき、自己表現を担う前頭前野の内側が活性化するのに対し、自分を監視する役割の前頭前野の外側はその働きを止めることを発見しました【52】。したがって、創造性にはフィルタリングや自己批判からある程度の分離が必要であると思われます。私たちの教室では、これは単に「不正解はない」を強調する以上の意味をもっています。むしろ、それは実際に生徒たちに、実現が難しいとわかっているアイディアも含め、すべてのアイディアを受け入れるよう促すことを意味しているのです。

創造性からクリティカルな思考へ

　3 歳児と一緒に車で旅行に行ったことがある人なら誰でも経験したことだと思いますが、幼い子どもは毎日何百もの質問をします。子どもは生まれながらに想像力に富み、好奇心旺盛で創造的です。彼らは休み時間には「ごっこ遊び」をし、家では、砦に数枚のシーツを敷くだけで、魔法のなかの世界で楽しむことができます。

　その後、何かが変化するのです。学校では学年が上がるにつれて、学習目標やテストのためのドリルを着実に消化しなければならないので、創造的思考や

---

4) 脳内の血流や代謝の様子を画像として視覚化することでその機能を検査することができる技術です。

Part Ⅲ　Transform（変革をもたらす）

遊びのための自由空間が減っていきます。それにもかかわらず、保護者も政治家も、21 世紀で成功するために必要なスキルである創造的でクリティカルな思考〔4 ページを参照〕の課題に対して、なぜ生徒たちが十分な準備ができていないのかを不思議に思っています【14】。

　ほとんどの教師は、州や教育委員会からの義務として、効果的かつ効率的にスタンダードを押さえるように迫られている一方で、生徒の自然な学習意欲を阻害したくないという使命感を感じています。責任が求められるこのような環境において、創造性のような漠然としたものに時間を費やすことをどのように合理化すればよいでしょうか？　最初のステップは、創造性を付加物として、あるいは「芸術やクラフト」と同義語としてとらえるのをやめることです。確かに、創造的な活動をカリキュラムに組み込むには時間がかかります。生徒が一つの解決策を考えるよりも五つの解決策を考える方が確実に時間を要するからです。しかし、創造的思考はクリティカルな思考の欠如を意味するものではありません。実際、創造性はクリティカルな思考を生みだします。ディー・フィンク氏は、『学習経験をつくる大学授業法』〔土持・ゲーリー・法一訳、玉川大学出版部、2011 年〕のなかで、実践的思考、創造的思考、クリティカルな思考という三つのタイプの思考を生徒にどのように求めるかについて説明しています。それぞれが次のようにつながります。実践的な思考は創造的な思考につながり、創造的な思考はクリティカルな思考につながります。有意義で創造的な活動に取り組むよう生徒に求めることで、概念化、応用、分析、統合する能力が磨かれます。これらはすべて、クリティカルな思考に不可欠なスキルです【24】。そこで、21 世紀型スキルのためのパートナーシップ〔77 ページを参照〕では、創造性（クリエイティビティー）をクリティカルな思考、コラボレーション（協働）、コミュニケーションと並んで「四つの C」（四つの柱）の一つとして挙げています。それらは 21 世紀に必要な学習とイノベーションのスキルの枠組みを構成しています。同様に、国際教育技術協会〔ISTE、79 ページを参照〕は、生徒に求める基準リストの最上位に創造性を位置づけており、生徒は、「創造的思考を実証し、知識を構築し、ICT を活用して創造的な作品とそのプロセスを開発する」必要があることを示しています。これは生徒が「既存の知識を応用して新しい

第 8 章　創造性とイノベーション

アイディア、作品、またはプロセスを生み出すことができなければならないことを意味します。個人またはグループの表現手段としてオリジナルの作品をつくります。そしてモデルとシミュレーションを使って、複雑なシステムと問題を探究します。さらに傾向と予測の可能性を特定します」【39】。詳細については、http://www.iste.org/standards を参照してください。

教室での創造性

　創造性は教えられるし、教えられなければなりません。教室で想像力豊かな思考を奨励することが最初のステップです。教師のリーダー的立場にあるラシトン・ハーリー先生は、このテーマについて 2014 年、カリフォルニア州コロナドで教師グループに話をしました。彼はメンバーに小さな写真を見せ、それが何であるかを想像してもらいました。彼は、パートナーと協力して少なくとも五つの可能性を考えてほしいと言いました。彼が「それは何ですか？」と尋ねなかったことに注目してください。それはどういう可能性があるだろうかと彼は尋ねたのでした。この二つはまったく異なる質問です。先生たちは話したり、笑ったりしました。ある女性の参加者はこう言いました。「私も生徒たちと同じように、正答があるとわかったら、可能性を考えるのをやめてしまうことに気づきました。ハーリー先生は参加者の会話を止めて、「どの可能性が一番気に入りましたか？」と尋ねました。彼は参加者の教師たちに、考えられるさまざまな選択肢を想像してじっくり考えるように促し、その後、彼らのお気に入りの答えは間違いなく正しい答えよりも興味深く、考えさせられるものであると指摘しました。想像力豊かな思考を教室にもち込むことは、「何が可能なのかを尋ね、生徒を抽象的な思考に移行させ、すでに答えがわかっている質問にはあまり重点を置かないようにする」ことを意味します。

　私たちは、ICT を組み合わせるように、通常の授業の一つとして、一貫して創造的なプロジェクトを教室にもち込みます。「今日は、クリエイティブなプロジェクトの日です」とは言いません。「今日は、ICT の日です」とは言わないのと同じです。創造性と ICT の統合は、教室の文化に深く根づいています。

205

Part Ⅲ　Transform（変革をもたらす）

生徒は、ノートパソコン（ラップトップ）やタブレットを使用してさまざまなテーマを探究することが期待されているのを知っています。また、問題を解決し、活動をやり遂げ、互いに協力するなかで創造性を発揮することを私たちが期待していることも知っています。私たちが暗黙的にも明示的にも、生徒たちの創造性を大切にしていることを彼らは知っています。

　創造性は、想像力豊かで型破りなさまざまな考え方を表す曖昧な用語としてよく使用されますが、それには教室で創造性が発揮されるための条件を考えることが役立つのです。より創造的な思考を単元計画に組み込む方法を考えるとき、これらの要素を検討すると、一つまたは複数のものが生徒たちのアイディアを刺激することがよく知られています。

独創的な作品

　授業で創造性が重要なスキルとなるとき、生徒は自分の学習とその知識を活用することに対してより主体性をもつことになります。これは、生徒が創造的な解決策を考えられるように、課題解決に向けた学びをどう進めるかを自分で決められるようにすることを意味します。サイエンス・リーダーシップ・アカデミー[5]の校長であるクリス・リーマン先生が言うように、もし生徒たちに創造的なプロジェクトを課題として与え、そのほとんどから作品が提出されたとしても、プロジェクトを課題として与えたことにはなりません。彼らにレシピを与えただけなのです。それでも、ソネット、ペチャクチャ[6]、六語俳句[7]、幾何学的な証明など、枠にはめられた制約のなかで創造性が発揮されることはよくあります。創造性を養うプロジェクトをつくるときには、一つの方向では一定の制約のなかで生徒が努力しながらも、別の方向では無限の可能性が許された条件を提供することをおすすめします。

　毎年秋に教室で仲間づくりの一環として、私（ロバーツ）は生徒たちにサン

5）フィラデルフィアにある 21 世紀の学習に焦点を当てた、探究型プロジェクトベースの高校です。

6）13 世紀イタリアで始まった 14 行からなる叙情詩のことです。

7）英単語六語で心情を表現するアメリカ版俳句です。

プルのビデオを見せてから、六語俳句を書かせています。この活動の唯一の決まりは、六つの単語を使用しなければならないことです。生徒は Google ドキュメントで俳句をつくります。彼らのなかには、授業でオンラインのワープロやコンピューターを初めて使う生徒もいます。私は、フォントとレイアウトを自由に設定できるようにして（ページを埋めるのに充分な大きさの作品をつくるように生徒に言います）、プリンターにさまざまな色の紙をセットして印刷させます。最終的に、簡単ですがとても刺激的なフレーズが廊下の掲示板を覆うことになりますが、その前にそれぞれの生徒に自分の俳句をみんなの前でその意味を説明してもらいます。このシンプルなプロジェクトで、創造性、ICT、個人的な思いが、すべての学習経験の重要な基礎であることを私は生徒たちに教えています。

　ときには、生徒がインターネットで六語俳句を検索し、他人の言葉を借用して使用することがあります。コピー＆ペーストが簡単なので、生徒は剽窃の誘惑に駆られるようです。幸いなことに、生徒が剽窃に使いそうな検索を行うことで、ふつうはその出所を追跡することができます。しかし、よりよい解決策は、私たちの友人のジョン・コリッポ先生が好んで言っているように、これまで課題になっていないプロジェクトを課すことです。これには教師側の創造性が必要ですが、たとえば、生徒または教師として学校で読んでいる小説の登場人物をあらためて想像してもらうのがいいかもしれません。あるいは、生徒がシャーリー・ジャクソンの短編小説の2人の登場人物にインタビューするというトークショーの司会者になってポッドキャストをつくってみたらどうでしょうか？

　超越主義の作家に関する単元のなかで、私（ニービー）は生徒たちに、課題のエッセイにある短くて本質的な言葉をそれに合う画像と組み合わせて格言を書いたポスターをつくるように指示しました。私はこの課題を「意味のあるミーム」と名づけました。「自分のドラムのビートに合わせて行進する」「偉大な」

8）アメリカの作家で、恐怖小説や SF 的な小説を残しています。
9）有名なのは、ラルフ・エマーソンやヘンリー・デイヴィッド・ソローなどです。

Part Ⅲ　Transform（変革をもたらす）

図 8.2　超越主義作家に関する単元内で生徒が作成した格言ポスター

「誤解された人々」といったキーワードで生徒に検索させて、残念で皮肉な結果にならないように次のようにつけ加えました。「超越主義者は、宇宙を独自に解釈していることを忘れないでね。他人の格言の解釈をただ検索するだけにならないように。私はあなたたちの解釈を大切にします。なぜならそのポスターにある画像はすべてオリジナルでなければならないからです」と。単にコピー＆ペーストして印刷するだけでもできるのですが、比喩的思考、創造的な目、身近な物をきちんと見る気持ちを必要とするものにしたかったのです。ある生徒は家に帰ってから、家族が食卓に置いていたハロウィーン用の四つのミニカボチャをフィルターつきで撮り、カボチャの一つの色だけを別の色にして目立たせるようにしました。彼女は手書きの白抜き文字で PDF にこう書きました。「偉大なことは、誤解されます。」課題の独創性が、生徒のプロジェクトの独創性を高めます。私たちは生徒が解決のための方法を自分で考えて、学習の成果をつくりだす選択肢を与えながら、時にはユニークなやり方で制約を与えることができますし、そうすべきです。

本物の学び

　生徒が思考と時間をかけて何かをつくれば、自然とそれをだれかと共有したいと思うようになります。本物の作品、つまり実社会が本当に必要とするものには、それを待ちのぞむ対象がいます。生徒に本物の作品をつくるように求めることは、プロジェクト学習の中核となる原則の一つです【74】〔139ページの「成

10）ネット上に面白い画像や動画が拡散されていく文化を指します。

果物とは」のコラムを参照〕。有意義な学習に取り組む機会を生徒に提供すれば、手順の書かれたレシピが存在したり、教師だけが聞き手となったりすることなく、実社会とのつながりを背景にもつ生徒主体の学習へと導くことができます。

生徒がつくったものすべてに対して、そのオーディエンス〔発表の対象〕を見つけることがいつも可能であるとは限らないのですが、学習をより本物らしく、役立つもの、あるいは共有しやすいものにする方法を検討することは、生徒のプロジェクトを計画するときにいつも考える価値があります。コンテスト、社会奉仕活動、ビデオによる説明、出版などは、創造的な取り組みに信頼性を与えるほんの一例にすぎません。他にも次のようなアイディアがあります。

・ビジネス・コミュニケーション・クラスの生徒は、地元の企業に連絡を取り、ロゴ、メニュー、ウェブサイトのリニューアルを引き受けると提案することができる。
・ロバーツの学校のグラフィックデザイン・クラスの生徒たちは、毎年、生徒のプランナーたちと卒業アルバムの表紙デザインを競い合う。
・私たちの友人の英語教師の多くは、その年のお気に入りの無料図書を解説して宣伝するために、ビデオブックの予告編をつくって公開するよう生徒に指示する。
・エリック・マルコス先生とその中学校で数学を学んでいる生徒たちは、中学校数学の内容のすべてに関するビデオ説明を作成し、mathtrain.com（マストレイン・ドットコム）で共有する。
・私（ニービー）の10年生は、小説の授業のシンボルやモチーフを説明する短い学習用ビデオをつくる。

生徒の創造的なプロジェクトの目的を考慮することも役に立ちます。学習と創作の喜びはいつも私たちの暗黙の目標ですが、ふつうは特定の目的をもった明確な指示をすることもあります。もちろん、ここにあげたものの多くは複数の目的に当てはまります。これらはほんの一部のアイディアです。そこでは私たちは生徒に対して、次のようなことを要求しています。

Part III　Transform（変革をもたらす）

・ビデオチュートリアル、ストップモーション・アニメーション、インフォグラフィック、プレゼンテーション、Gooru（ゴオル）コレクション、および特集記事の制作に、説明用としてつくらせている。
・歌のパロディ、風刺のきいた話、実話、ナノライモ小説、電子ブック、オリジナル音楽、ポッドキャストなどをつくるときに、内容を楽しいものにする目的で使う。
・人々が必要とするものをリミックス、発明、再考、構築するときに、イノベーションを起こすために利用する〔イノベーションについては、216ページを参照ください〕。
・ブログやグラフィックデザイン、ミームを作成したり、写真を編集したり、物語を書いたり、映画を制作したり、楽しいものをデザインしたりするときに使う。

抽象的な思考

　抽象的思考を必要とする学習に取り組むようにすることで、想像力と創造性が養われます。私（ロバーツ）は生徒たちに、『市民の反抗』を学ぶ際に視覚的な比喩をつくるよう要求しています。生徒たちは、波、電車、木、サッカーの試合などの画像を描くか、あるいはほかから見つけてきて、エマーソン、ソロー、ガンジー、キング牧師の発言をそれらの画像を利用して表現するのです。これらのリーダーの考え方を視覚的な比喩に置き換えることにより、生徒は彼らの考え方が相互に、そして世界にどのような影響を与えたかを考えなければなりません。その後で、私が生徒たちに視覚的な比喩を文章で説明するように指示すると、『市民の反抗』に関する考え方の進化について、生徒たちがより深く理解できるようになったことが明らかになりました。抽象的な創造という行為を通じて、生徒は内容について、より具体的な理解を深めることができるのです。

---

11) K-12の数学や理科などの教科を無料で学習できるアプリを提供しています。
12) 原曲を編集して新しいバージョンの曲をつくり出すことです。

憲法制定会議の学習は 12 年生の政治の授業の一部として取り上げられていますが、創造性に関する章で、ミームがかかわることはふつうあまりないことかもしれません。リーアン・ルプリー先生は、現代の政治漫画にあるようなアメリカ憲法への理解をうながすミームをつくるような課題を生徒たちに投げかけました。彼らはミーム生成アプリを利用して画像を取得し、文章を追加しました。ミームには文章が数行しか入らないので画像と言葉が密接に連携する必要があります。ミームにも面白いもの、あるいは皮肉を交えた視点が必要です。ルプリー先生の生徒たちは、画像といくつかの単語を使って、私たちの社会と政府の矛盾について批判的なコメントを書くことができました。生徒たちはミームの「原案」をつくった後、友だちに公開しました。

ルプリー先生は生徒たちに、友だちのミームを見て、その要点の理解のために憲法の背景知識として必要なことを文章で説明するよう求めました。生徒のレポートには、ミームを理解するために必要な憲法の知識が書かれていました。ルプリー先生はそのことを振り返り、次のように述べています。「このプロジェクトのなかで、生徒が本気になって授業に取り組んだことを誇りに思いますし、少なくとも一時的にしろ、多くのあまり意欲的ではない生徒たちの声[13]を知ることができました。」そして、私たちがよく見かけるように、彼女の生徒たちはミームを作るのがとても楽しかったので、さらにミームを作り、共有し続けました。それだけではなく、他の授業の内容についてもミームをつくっていました。

抽象的思考とは、創造性が本質的に教科横断的で複合的なものであることを認識することで、教科領域という枠を越えることを意味します。発散思考では、生徒は脳内に保存されている個々の情報が蓄積されている境界線を曖昧にして、自分のアイディアを表現する別の方法を考えることになります。憲法に関するミームなど、あまり適切とは思えないツールを使って学習内容の知識を説明す

---

13) 生徒の考えや意見などです。これが本当の意味で出せるか否かが、身につく教育になるか否かの分かれ道になります。詳しくは、D. ブース『私にも言いたいことがあります！』（新評論、2021 年）を参照ください。

Part Ⅲ　Transform（変革をもたらす）

るよう生徒に要求するとき、私たちは生徒の想像力を伸ばし、彼らの学習を見
守り、真の創造性に必要な柔軟性を尊重します。

学びの流れの柔軟性

　創造性には、よく知られた料理に予期しない材料を加えて改良するのと同じ
ように、新しい方法でものごとを組み合わせることがよくあります。一人一台
端末の教室では、創造性によって、通常のツールを予期しない方法で使用した
り、異なる方法で組み合わせたりすることができるかもしれません。学んだこ
とを表現するために Google プレゼンテーションをつくり、それをクラスで発
表する代わりに自分のブログに埋め込んだ場合はどうなりますか？　私が
remind.com（リマインド・ドットコム[14]）を利用して生徒に異なる画像を送って、
それとは正反対の画像を配られた人とパートナーになるように指示したらどう
でしょうか？　あるいは、校正について話している私たちの声を録音している
一方で、その文書のスクリーンショットを撮ってタブレットに送信し、生徒に
アプリを使って書き込ませたらどうでしょうか？

　生徒がそれぞれのツールの機能を理解し始めると、新しいやり方でそれらを
組み合わせることができます。このような組み合わせを表す一般的な用語は、
アプリ・スマッシングです。ICT に精通した生徒は何も考えることなく、ス
マートフォンで写真を撮り、アプリで編集し、プレゼンテーションに追加する
ために友だちにメールで送信し、それをウェブサイトに投稿します。ICT に
あまり精通していない生徒には、それらの技術をどう組み合わせるかを教えて
くれる仲間が必要です。私たちの高校では、低学年の生徒が重要な語彙を増や
していくのと同じように、生徒もアプリやウェブツールの知識を身につけてい
きます。小学 1 年生は新しい単語を学ぶ際に、新しい単語を読んだり言ったり
することでそれを組み合わせることができます。上級生は新しいツールを学ぶ
際に、メッセージを伝える新しい方法を組み合わせることができます（表8.3
を参照）。

14）生徒と家族、学校にコミュニケーションと学習の場を提供するプラットフォームです。

第 8 章　創造性とイノベーション

表 8.3　創造性をサポートする主なツールとその優れた機能

PicMonkey （ピックモンキー）	http://www.picmonkey.com 生徒が自分の写真を編集したり、利用する権利のある画像をリミックスしたりするのに役立つオンラインの写真編集ツールである。
Tagxedo （タグセド）	http://www.tagxedo.com ワードクラウド[15]をつくりだすアプリ。生徒は自分が書いたり読んだりした言葉をワードクラウドに変えて、別の角度からその意味を考えることができる。
Meme Generator （ミーム・ジェネレイター）	http://memegenerator.net 写真と簡潔な文章を組み合わせて声明をつくる。そしてそれを世界と共有する。
Minecraft Edu （マインクラフト・エデュ）	http://minecraftedu.com/ 生徒向けにマインクラフト[16]の世界を準備するには、ある程度の技術的な知識が必要だが、生徒はそのことに感謝するだろう。
iBooks Author （アイブックス・オーサー）	https://www.apple.com/ibooks-author Apple のコンピューターでのみ動作するが、このソフトウェアを使うと、生徒は独自の双方向性のあるアイブック（iBook）を作成することができる。〔現在は iBooks Author から Pages に移行しています[17]〕

　さまざまなディバイスを利用して、ディジタル・ツールによる創造性が促進されます。私たちは多くの場合、生徒が個人のディバイス（通常はスマートフォン）の機能と、学校で配布されたディバイスを補完的なものとして組み合わせることを許可しています。私（ニービー）の生徒たちは映画を制作していて、ある場面で登場人物がテキストメッセージを送受信する場面を入れたいと考えていました。彼らはスマートフォンの内容を記録するやり方を考えていましたが、その方法を知りませんでした。私の助けを求めずに、彼らはオンラインで選択

15）大量の文章を単語に分け、登場した回数などをもとに画像として表現するデータ可視化の方法のひとつです。

16）ブロックを組み合わせて作られた世界を冒険し、自分だけの世界をつくることのできる自由なゲームです。

17）マインクラフト教育版（無料）は日本でも小・中学校で使われています。ピックモンキー、タグセド、ミーム・ジェネレイターも日本で利用できますが、英語表記のみです。iBooks Author は日本語版があります。

Part Ⅲ　Transform（変革をもたらす）

肢を探し始めました。それから彼らは私にノートパソコンに Reflecter（リフレクター[18]）のアプリがあるかどうか尋ねました。リフレクターを使用すると、iPhone または iPad の画面をノートパソコンの画面に投影できるのです。生徒たちは iPhone をノートパソコンに映し、スクリーンキャストのアプリを利用して、送信したテキストメッセージを記録しました。

　次に、ビデオ編集アプリを使用してテキストメッセージの交換速度を上げ、転送が速く見えるようにしました。そのプロセスで、生徒たちは学習がうまく進まないいくつかの技術的な課題に直面しましたが、そのたびに検索とビデオによる解説を通じて解決策を見つけることができました。生徒たちがよりよい方法を見つけて、新しくツールを組み合わせ、問題解決に役立つ答えを探すように促すときは、彼らの考え方を尊重することで、教室では想像力豊かな思考と創造性を大切にすることができます。

生徒に学習経験を譲り渡す[19]

　もう一度、第 1 章の TECH モデル（表 1.2）を参照してください。私たちが学習経験を生徒にまかせるとき、生徒は自分なりの理解をつくり出してから、その知識を新しいやり方で活用していくためのオウナーシップと責任を与えられます。

譲り渡す（Handoff）：生徒の興味関心が学習体験を主導し、教師の指導と柔軟なツールやテクノロジーの選択によって、本物で模範的な成果物を作成する。

　私たちが教えたツールを生徒が使用して、それをもっと強力な新しいやり方

18）iPhone などの画面をパソコンの画面上にミラーリング表示（iPhone の画面と同じ内容を表示）して、その画面を録画することができるソフトです。
19）決して手放すだけの放任ではありません。教師は積極的に教えるし、関わるし、必要な指示も出しています。生徒は受動的に受け取るだけでなく、積極的に目的をもって関わっています。教師も生徒も、目の前にある課題に同じような距離感の関係のなかで、柔軟性と目的があるのです。詳しくは、前掲『イン・ザ・ミドル』の 35 〜 38 ページを参照ください。

第 8 章　創造性とイノベーション

で自分のために活用するときに、生徒への譲り渡しが起こっているのがわかります。ここではいくつかの例を示します。

・私（ロバーツ）の生徒の何人かは、ビデオ制作授業のスキルを活かして独自のビデオをつくりました。彼らはスケートボードのビデオをつくりたかったのですが、誰もスケートボードがうまくなかったので、スケートボードの普及用ビデオを利用して、歩き方についての風刺的なビデオを作ることになりました。
・生徒たちは、Google ドライブでの協働作業が簡単なことがわかると、それが必要なときにはその知識を他の授業でも活用しています。
・私（ロバーツ）の同僚のひとりは、毎年恒例のオープンハウス[20)]に参加できなかったため、プレゼンテーションのスクリーンキャストをつくって保護者に見せる必要がありました。のちに彼女は、「思ったよりもすごく簡単でした。自分でビデオの授業をつくるのが簡単なことを実感しました」と私に話してくれました。

　私たちが生徒たち（そして私たち自身）に、創作に必要なツールとスキルを与えると、彼らは新たなスーパーパワーを発揮して、さらに多くのものを創作し始めるでしょう。教室内で生徒に譲り渡す状況を作り出すこともあれば、学校の外で生徒が作成したプロジェクトを譲り渡すこともあります。一人一台端末の教室では、想像力と創造性を促進するための新しいやり方をいつも見つけています。この章を読みながら、教室に創造的な学習を導入するさまざまな方法を検討するために、ときどき立ち止まっていただければ幸いです。

---

20) 子どもの学校生活を1〜2時間ほど保護者が体験するというものです。それによって新しい学年で子どもたちは何を学び、先生はどのように教えているのかを保護者は理解することができます。

Part Ⅲ　Transform（変革をもたらす）

■ Plug In　これらのチャレンジで教室の想像力と創造性を高めましょう

1.　自分自身の想像力豊かな思考スキルを鍛えましょう。それよりも同僚と協力して、次の単元計画に想像力と創造的なスキルを練習するための10の方法をブレインストーミングで出すことも可能です。その際は、すでにやり方を知っていることに限定したり、実現するためのツールがないと考えてアイディアを退けたりしないでください。アイディアがアイディアを生むのです。
2.　生徒に、学んだことを表現できる創造的な方法のリストをつくる機会を与えます。生徒のチームに五つまたは10個のアイディアをつくり出してもらい、自分たちのアイディアを紹介し合ってから、取り組むべきものを選択してもらいます。
3.　創造性をはぐくむためのデジタル・ツールのなかで、あなたがもっと知りたいと思うものを挙げてください。まずは、それで30分だけ遊んでみてください。〔そのツールを使って〕何かをつくるという目的があるのであればたいへん結構ですが、ただツールをいじるだけでも、そしてそのツールがどのように使えるかをリストアップするだけでも楽しいものです。他の先生がそれをどのように使っているかをオンラインで探してみてください。あるいは、さらによいのは、生徒にその使い道を提案してもらうことです。

イノベーション

宇宙に凹みを残す

　想像力が私たちの常識にはないアイディアを思いつくプロセスであり、創造性がそれらのアイディアに命を吹き込むことであるとすれば、イノベーションは理想を実現するための創造性のようなものです。言い換えれば、イノベーションは誰かに利益をもたらす創造性です。スティーブ・ジョブズは、イノベーターの役割は「宇宙に凹みを残すことである」と皮肉りました。イノベーションとは現状を打破することを意味します。それは、動的な問題に対応する新しい成果物をつくりだす〔ないし「新しいやり方」を考え出す〕ことを意味します。イノベーションは創造性を個人的な空間から解き放し、それを公共の場に押し出します。イノベーションは、より大きな行動を誘引するための手段です。

第 8 章　創造性とイノベーション

　ケリー兄弟は著書『クリエイティブ・マインドセット―想像力・好奇心・勇気が目覚める驚異の思考法』〔千葉敏生訳、日経 BP 社、2014 年（原著、2013 年）〕のなかで、イノベーションが進むために必要な条件について書いています。デビッド・ケリーは、IDEO（世界的なデザイン会社の一つ）の創設者であり、スタンフォード大学デザインスクールの創設者でもあります。トム・ケリーは、IDEO のパートナーであり、UC バークレーのハース・スクール・オブ・ビジネスのスタッフです。彼らは、「自分の創造性を信じることこそ、イノベーションの『核心』をなすものなのだ」〔同上、18 ページ〕と示唆しています。

　カリフォルニアに住んで働いている私たちは、二人ともここに漂うイノベーティブで起業家精神に満ち溢れた空気の恩恵を受けてきました。アップルとグーグルは文字通り私たちの裏庭にあり、コーヒーショップでのスタートアップの立ち上げから街の歩道でのベータテスト[21]まで、あらゆるものを目撃してきました。私（ニービー）はかつて地元のレストランでスティーブ・ジョブズの隣のブースでブランチをしていたことがあり、共著者（ロバーツ）はいくつかのエドテック新興企業のアドバイザーを務めています。私たちのまわりには、ビジネスの世界をよくしていこうとするリーダーや思想家がいます。熱心な教師として、私たちは同じイノベーティブな精神を教室にもち込んだらどうなるだろうかと尋ねずにはいられません。

イノベーティブなプロジェクトを通して考える

　イノベーションのプロセスは充分に把握されており、IDEO とスタンフォード大学デザインスクールの拠点があるベイエリアでは、「デザイン思考」がビジネス文化の一部となっています。これらのデザインの注目スポットから通りを 5 分ほど下ったところに、私（ニービー）の学校があります。私の同僚で、中学校の歴史教師であるクリス・チャン先生は、自分の担当する 6 年生がイノベーションを受け入れるには幼すぎるわけではないことを知っていました。彼は、

21）アプリなどの開発最終段階で行われる実地試験のことです。

217

Part Ⅲ　Transform（変革をもたらす）

生徒が創造的な思考をうまく働かせる機会を利用して成長するだろうと考えました。以下は、スタンフォード大学デザイン学部のデザイン思考の枠組みにもとづいた、彼の革新的なアプリ・プロジェクトです。（スタンフォード大学デザイン学部には、この章の範囲をはるかに超えて、オンラインで利用できるクリエイティブ・コモンズ・ライセンスの資料が多数あります。デザイン思考について学びたい方は、次のサイトをぜひ見てください。dschool.stanford.edu.[22]）

背景

　チャン先生の授業では、古代中国と現代中国に関する単元を終えたばかりでした。生徒たちは殷王朝の考古学的記録を調査し、儒教と道教について議論し、交易と文化の発展におけるシルクロードの重要性を発見するためにシルクロードに沿って旅をしました。チャン先生は古代中国の研究を次のような文脈のなかに位置づけました。それは生徒たちに、二つの文明のつながりを探り、現代中国の伝統のルーツを古代からたどることを求めるというものでした。単元の終わりに、できごとの日付と人物名の暗記を評価するいつもの累積テストの代わりに、チャン先生は中国の発展と近代化についての生徒の理解を応用し、独自の「社会に役立つアプリ」、つまり今日の中国の人々が直面している課題を解決するのに役立つかもしれないスマートフォンやタブレットのアプリをつくることを課しました。

　チャン先生は、このプロジェクトの起源について次のように述べました。「今年、私たちの学校における重点（目標）で私が一番気に入っているのが、行動を促す社会的認識です。私たちは生徒にこのような社会的認識をもってもらいたいと考えていますが、それではどうすれば彼らに社会的認識をもって行動してもらうことができるでしょうか？　私は生徒にこれらの問題に対処するために何かをしてほしかったのです。それとともに、私たちは生徒にコンピューター

22）日本では、「デザイン思考研究所」のサイトがあります（https://designthinking.eirene university.org/index.php?39）。また、小学校でできるデザイン思考の授業に関心のある方は巻末の訳者紹介欄の吉田の email 宛にメールをください。

科学への基礎知識を与えていないことにも気づいていました。生徒にコンピューター科学を紹介するのに、6年生が重要な時期であるという研究結果を読んだことがあります。なぜなら、生徒たちはコンピューター科学が自分に向いているかどうかについての固定観念をまだもっていないからです。すべての生徒にコンピューター科学を学ばせれば、特に女子の間でコンピューター科学への関心を高めることができます。私は、中国の社会問題を学習した後、約3週間かけて学習した社会問題の一つに対処するモバイル・アプリを生徒たちがデザインする単元をつくることにしました。アンドロイドは中国で最も人気のあるオペレーティングシステムであり、中国はますます世界最大のアプリ市場となりつつあるので、この単元にはとても好都合でした。」

ステップ1：共感

　デザイン思考の最初のステップは、問題や機会をしっかり把握すること、そしてさらに重要なことは、成果物から恩恵を受ける人々を理解することです。ケリー兄弟は、「顧客の真のニーズや欲求を考慮しながら、技術的実現性、経済的実現性、人間にとっての有用性の交わる点を模索することこそ、創造性やイノベーションを生み出す私たちのプロセスなのだ」（前掲書、40ページ）と説明しています。スタンフォード大学デザイン学部では、共感の核となる行動として、「観察する」「かかわる」「没頭する」の三つを挙げています。言い換えれば、革新的なデザインへの第一歩は徹底的な傾聴です。

　中国へ実際に視察に行くことは難しいので、チャン先生はその代わりに調査研究を通じて生徒たちが対象の市場に共感できるようサポートしました。彼は興味のある分野にもとづいて生徒のデザインチームをつくり、生徒たちは一緒に汚染から政治権力に至るまでの問題を調べました。彼らは記事を読み、ニュースクリップを視聴し、中国市場が直面している課題の本質を理解するためにできる限り多くの情報を集めました。

ステップ2：定義

　デザイン思考の第二ステップは、「努力して対処しようとしている問題を明

Part Ⅲ　Transform（変革をもたらす）

確に表現する」ことです【34】。定義では、デザインチームが共感フェーズで学んだことを統合し、それを理解することが求められます。問題を定義するということは、チームが「パターンを認識し、テーマを決めて、（これまでに）見たこと、収集したこと、観察したことのすべてに意味を見いだす」必要があることを意味します【46】。

　チェン先生のデザインチームの一つは、地方の貧しい人々の教育環境に焦点を当てたいと考えていました。共感のステップから、彼らはすべての中国人生徒が国内の大学へ入学するためにガオカオ（国家高等教育入学試験）を受けなければならないことを知っていました。定義の段階でチームは、教育に関する情報源へのアクセスが限られている人々、つまり試験の準備をする機会がない人々のニーズに応えることにしました。

ステップ3：発案

　デザイン思考の三番目のステップは「アイディアを生み出すこと」です【34】。私たちの生徒のほとんどは、これまでにブレインストーミング・セッションに参加したことがあります。しかし、それは彼らがアイディアを考えるのが得意だという意味ではありません。トム・ケリーは、著書『発想する会社！―世界最高のデザイン・ファーム IDEO に学ぶイノベーションの技法』〔鈴木主税ほか訳、早川書房、2002 年〕のなかで、効果的なブレインストーミングの「秘密」を概説しており、私たちはそれを生徒たちとともに実践したいと考えています。注目に値するのは、ブレインストーミングの効果を台無しにしてしまういくつかの方法は、順番に発言する、すべてを書き留める、リーダー（または教師）から始めるなど、すべて教室でかなり一般的に行われているということです。その代わりに、ケリーは私たちに、デザイン空間（教室と読みます）をシンクタンクとして見直して、いくつかの重要な原則に従うよう求めています。そのうちのいくつかは、IDEO の会議室に大きな文字で描かれています。

・問題を明確に定義することから始める。「輪郭は、ぼやけているよりもはっ
　きりしているほうがいい」。

第 8 章　創造性とイノベーション

- ・アイディアの批判や議論は避ける……今のところ。創造性を発揮するには先入観を入れないほうがいい？　今こそそれを行う時である。
- ・「アイディアを数える」、「量をねらえ」。これらの実践により、次のような集団的な課題をつくりやすくなる。アイディアが 50 個見つかるまではやめない。
- ・「思いきったアイディアをどんどん出そう」。どのようなアイディアが生まれるかはわからない。
- ・「目に見えるように表現しよう」。チーム全体にブレインストーミングが見えるようにアイディアを描き、そのつながりをマッピングすることは、空間記憶を活用し、全員が同じ認識を素早く共有するための優れたやり方である。

　アイディアを考える価値を示すように、チャン先生のホワイトボードは文字通り、色とりどりの付せん、北京語の文字、マインドマップ、質問で埋め尽くされています。生徒たちには、問題を再構成し、解決策を考え直すためにできるだけ多くのさまざまな方法を考える創造的な力（および励まし）がありました。発案の過程を通じて、デザインチームでは生徒がガオカオ試験の重要な項目を学ぶためのフィードバックを組み込んだ学習アプリの作成に力を入れることができました。

ステップ 4：試作

　デザイン思考の 4 番目のステップは、アイディアを何らかの具体的な形にすることです。ケリー兄弟はこれを「人々が反応するのに充分具体的な試作品」をつくり出す過程と呼んでいます【46】。試作品には、ストーリーボードからデザインマップ、作品の機能のスケッチまで、あらゆるものを使用できます【34】。試作品をつくることは、エッセイを書く前に生徒に概要を書いてもらうのと同じで、段落や証拠を簡単に移動したり変更したりするうちに生徒がアイディアを練ることができます。

　チャン先生の生徒たちは、企業のように成果物を何度もデザインし直すつもりはなかったので、試作の段階で本物のアプリをつくりました。チャン先生の説明によると、彼らが使用したプロセスでのアプリの制作は 6 年生でもできる

221

Part Ⅲ　Transform（変革をもたらす）

ほど簡単に思えました。「私たちは MIT App Inventor と呼ばれる開発ツール
を使いました。これによって、生徒はブロック・コーディング[23]を使用した新し
いプログラミング構造を学ぶことができます」と彼は言いました。「生徒はア
ンドロイド・ディバイス用の機能的なモバイル・アプリを設計してつくること
ができました。彼らは、アプリ開発者がチームのやらなければならないフィー
ドバックとテストを管理するために使用するスクラムボード[24]も設定したのです。」

ステップ 5 : テスト

　デザイン思考の最後のステップは、試作品を動かしてテストし、それをさら
に改良するのに役立つフィードバックを探すことです。数週間にわたってコー
ディングを練習し、アプリ設計の基礎を学んだ後、チャン先生の生徒たちは保
護者代表の識者たち（中国人投資家役）に自分たちのプロジェクトを売り込み、
自分たちのアプリが成長する現代中国のニーズに応える理由を提案しました。
生徒たちは識者たちからの質問に答え、デザインの選択を説明し、アプリを起
動する前に必要な微調整や変更についての識者たちの提案を検討しました。チ
ャン先生の生徒たちは、自分たちのプロジェクトが中国のニュース通信社
36KR に掲載されたことを知り、大喜びしました。

　生徒たちのイノベーションのプロセスを振り返り、チャン先生は次のように
述べています。「多文化理解とグローバリゼーションを紹介するのにとてもい
いやり方でした。彼らは、これまであまり認識していなかった中国のテクノロ
ジー市場とオンライン市場の成長に気づきました。彼らはグラフィックデザイ
ン、国際的な市場、ビジネスにおける文化的感覚の扱い方、試作品をグラフィ
ックデザインして符号化する方法を学びました。最終的に、72 人の生徒全員が、
アプリの開発の様子を、本物を縮小した形でそのスタートアップモデルを体験
することになりました。」

　プロジェクトの過程で、チャン先生の中学生たちは、小学生でも高校生でも

---

23) データ化する情報にコード（番号）を割り振る手法の一つで、共通点に基づいてグルー
　プ分けし、それぞれに番号の範囲を割り当てる方式です。
24) チーム内のプロジェクト進捗状況を視覚化する管理ツールです。

222

第 8 章　創造性とイノベーション

ない過渡期の存在から、発明家で想像力豊かな問題解決のできるイノベーターのグループに変わりました。彼らの作品には実社会の感覚があり、それを彼らも意識していました。Apps for Good（アップス・フォー・グッド）[25]のプロジェクトに時間がかかったのは事実です。そして、生徒たちが議論し、設計し、作成し、動かすのに費やした数週間で、チャン先生は始皇帝と漢王朝についての授業で知識をさらに生徒たちに詰め込むことができたかもしれません。しかし、「もっと多くのこと」を生徒の頭に詰め込むことは、これまでも、そしてこれからも、意味のある学習の中核となる実践ではありません。むしろ、実践的な経験と実社会での取り組みこそが、生徒が成長するための創造的な空間なのです。

■ POWER UP !　　変化に合わせたデザイン

1. デザイン思考を体験してみませんか？　スタンフォード大学の無料の90分間オンライン集中コースを受講してみてください。http://dschool.stanford.edu/dgift/
2. 生徒たちにイノベーションしてもらいたいときも、（練られた成果物にするにはリソースも時間も不足しているので）最後までデザインのプロセスを実施することができないことがあります。そのようなときは、とにかく生徒にプロセスに参加するように指示してください。彼らはだいたい共感、定義、発案のステップを最後までやり遂げ、試作の計画を立てることができます。たとえそれを紹介するためのすてきなアプリをもっていなくても、イノベーションの中心となるスキルを練習することには大きな価値があります。
3. 飛躍しましょう！　生徒に真のイノベーション、つまり他の人に本当に貢献するプロジェクトをつくらせましょう。彼らをデザインチームに所属させ、問題の理解から解決までのデザインの五つのステップをたどることができるようにするのです。あなたは一歩下がって、創造的な才能が発揮されていくのを見守っていてください。

---

25) アプリ開発について学べるコースなどを提供している団体です。

訳者あとがき

2019年7月に『教育のプロがすすめるイノベーション』(新評論) の「訳者あとがき」で、私は次のように書きました (329ページ)。

多くの情報のなかから重要なものを主体的に選択し、自ら問いを立てて解決するためには、他者と協働することと、ICT (Information & Communication Technology) を中心としたメディアの活用が重要となります。

その年の暮れから「コロナ禍」が始まり、年明けの2020年春には、全国で一斉休校があり、にわかに小学校から大学までオンライン教育の需要が高まりました。その後、GIGAスクール構想の前倒しで、2021年から各自治体で一人一台端末の整備が一挙に進んだのはみなさんもご存じのとおりです。その後、知り合いの学校の先生方からお話を伺うと、「学校のネットワーク環境が脆弱」、「不適切使用への対応が大変」、「タブレットの使い方を教えるのに苦労する」という声をよく聞くようになりました。また、一人一台端末の実践についても、「情報の共有は、まったくされておらず、個人で対応している」「せっかくの端末がお飾りになってしまっていて、ほとんど活用した授業をみることがない」などの話を聞くこともありました。この本はコロナ禍以前の2015年に出版されたものですが、その時間差を考えても、現在の日本の学校での実践にさまざまなヒントを与えてくれるものです。

本書はアメリカの二人の教師によって書かれました。二人は公立中等学校の教員で、2008年ごろからICTを活用した授業を始めています。最初は機器の取り扱いから始まり、新たな指導法に挑戦するなどの試行錯誤を重ねながら、

その後はグーグルの認定教師になり、校内だけでなく他校の先生方の指導者として活躍するまでになりました。

著者たちは「コミュニケーション、エンゲージメント、協働、オーディエンス（発表の対象者）、一人ひとりをいかす教え方、フィードバック、創造性、イノベーションなど、長年にわたってよい教え方の道しるべとなってきた教育学の原則を中心に本書を構成しました」と述べています。したがって、本書は単に一人一台端末の学習を進めるにあたって必要なノウハウを提供するだけでなく、21世紀の教育を実現する「教えることと学ぶことの大切な原則」を教えてくれるものでもあります。

本書の「序文」（未邦訳）にGoogleのグローバル・教育エヴァンジェリストであるジェイミー・カサップ氏が次のような言葉を寄せています。

大切なことは、テクノロジーではなく、学びに焦点を当て続けていることで、たとえテクノロジーが素晴らしいものだとしても、素晴らしい教師の代わりにはならないということです。

これは本書の根底にある基本的な考え方であり、私たちが読者のみなさんに最も伝えたいことでもあります。また同時に、本書には授業の時間の使い方（第9章、Rethinking Class Time）や他の教育者とのつながり方を再考する章（第10章、Becoming a Connected Educator）も設けられています（分量の関係で原著の第9章と第10章はこの本に載せられなかったことをここでお断りしておきます）。たとえば、授業改善を目指そうと思っても、「時間がありません」という先生方は少なくないと思います。これに対して、今回割愛した第9章ではこう答えています。

これらの授業と資料をつくる時間はいつとれるでしょうか？　答えは「徐々に」です。私は、年度初めに一つの単元について最初の二つのライティングのミニレッスンを作りました。（中略）教師のなかには、短い休み、あるいは夏休み中に一セットのビデオを作成し、次の休みにまた制作リストに追加す

る人もいます。他の教師のなかには、最初の一年ほどはオンラインにあるビデオのみを使用し、生徒がうまく活用できるのを確認したら、独自の資料の作成に着手している人もいます。

これは、反転授業に使用するビデオ映像（授業）をつくっているアメリカの教師たちの実践例なのですが、まさに「徐々に」なのです。いきなりすべての単元を用意しようとするのは不可能です。最初は1本、次の学期もまた1本と増やしていく、それも一人でやっていたら終りの見えない仕事になってしまいますが、同僚や研究仲間と一緒に取り組めば、かなりの数が短期間で揃っていくはずです。ここに教師のネットワークの重要性があります。これもまた割愛した第10章で、著者たちが校内、校外の教師たちとのつながりの重要性を繰り返し強調しているところです。

本書は教師教育の物語という側面もあり、まさに『教育のプロが進めるイノベーション』の姉妹編とも言えます。小・中・高等学校、大学の先生方がICTを活用して授業を改革することにこの本が少しでもお役に立てることを願っております。

最後になりましたが、下訳にたくさんのフィードバックをくださった犬飼龍馬さん、浦野裕司さん、大西誠さん、北元智明さん、黒澤友美さん、佐藤加奈子さん、高木佑也さんと、本書を世に送り出すために、ていねいな編集作業を進めてくださった学文社の落合絵理さんや田中千津子社長をはじめ、みなさまに心から感謝いたします。

2024年8月

白鳥　信義

引用文献

【1】 Anderson, C. 2010. "How Web Video Powers Global Innovation." *TEDGlobal*. http://www.ted.com/talks/chris_anderson_how_web_video_powers_global_innovation?language=en.

【2】 Anderson, L., and D. Krathwohl, eds. 2001. *A Taxonomy for Learning, Teaching, and Assessing: A Revision of Bloom's Taxonomy of Educational Objectives*. Boston: Pearson.

【3】 Avrith, T. 2014. "ReBrand Digital Citizenship—Get Ignited!" Edtechschools.com. http://www.edtechschools.com/rebrand-digital-citizenship-get-ignited/.

【4】 Beers, K. 2003. *When Kids Can't Read: What Teachers Can Do*. Portsmouth, NH: Heinemann.

【5】 Behrmann, M. 1998. "Assistive Technology for Young Children in Special Education: It Makes a Difference." *Edutopia*. http://www.edutopia.org/assistive-technology-young-children-special-education.

【6】 Belanger, J., and P. Allingham. 2002. "Using 'Think-Aloud' Methods to Investigate the Processes Secondary Students Use to Respond to Their Teachers' Comments on Their Written Work." Technical Report. The University of British Columbia. http://faculty.educ.ubc.ca/belanger/thinkaloud.htm.

【7】 Bellow, A. 2013. "You're Invited to Change the World." Closing keynote presented at the Annual Meeting of the International Society of Technology in Education (ISTE), San Antonio, TX, June 26, 2013.

【8】 Bergmann, X., Y. Overmyer, and Z. Willie. 2011. "The Flipped Class: What It Is and What It Is Not." *The Daily Riff*. http://www.thedailyriff.com/articles/the-flipped-class-conversation-689.php.

【9】 Borko, H. 2004. "Professional Development and Teacher Learning: Mapping the Terrain." *Educational Researcher* 33(8): 3-15.

【10】 Bowen, J. 2012. *Teaching Naked: How Moving Technology Out of Your College Classroom Will Improve Student Learning*. San Francisco: Jossey-Bass.

【11】 Bronson, P., and A. Merryman. 2010. "The Creativity Crisis." *Newsweek*, July 10. http://www.newsweek.com/creativity-crisis-74665.

【12】 Burke, J.2011. "Preparing Today's Students for Tomorrow's World: Using Technology with Students and Teachers." Keynote address presented at Promising Practices, San Diego, CA, October 29, 2011.

【13】 Buzzeo, T. 2008. *The Collaboration Handbook*. Santa Barbara, CA: Linworth.

【14】 Casner-Lotto, J., L. Barrington, and M. Wright. 2006. "Are They Really Ready to Work? Employers' Perspectives on the Basic Knowledge and Applied Skills of New Entrants to the 21st Century U. S. Workforce." New York: The Conference Board. http://www.p21.org/storage/documents/FINAL_REPORT_PDF09-29-06.pdf.

【15】 Cavanaugh, K. 2013. "The Benefits of Working Collaboratively for Both Employees and Business." *The Atlantic*. http://www.theatlantic.com/sponsored/ibm-smarter-workforce/benefits-working-collaboratively-both-employees-and-business/27/.

【16】 Cho, K. 2004. "When Multi-Peers Give Better Advice Than an Expert: The Type and Impact of Feedback Given by Students and an Expert on Student Writing." Doctoral diss.University of Pittsburgh, 2004. *Dissertation Abstracts International* 65 (10): 3688.

【17】 Cornally, S. 2012. "Deeper Learning: Performance Assessment and Authentic Audience." *Edutopia*. http://www.edutopia.org/blog/making-assessment-relevant-students-teachers-shawn-cornally.

【18】 Cothran, D. J., and C. D. Ennis. 2000. "Engagement for What? Beyond Popular Discourses of Student Engagement." *Leadership and Policy in Schools* 3(1): 59-76.

【19】 Dodor, B., and C. Hausafus. 2010. "Breaking Down the Walls of Teacher Isolation." *Journal of Family and Consumer Sciences Education* 28(1). Also available online at http://www.natefacs.org/Pages/v28no1/v28no1Dodor.pdf.

【20】 Duarte, N. 2008. *Slide: ology: The Art and Science of Creating Great Presentations*. Sebastopol, CA: O'Reilly. (ナンシー・デュアルテ著、熊谷小百合訳『slide:ology［スライドロジー］プレゼンテーション・ビジュアルの革新』ピー・エヌ・エヌ新社、2014 年)

【21】 Dweck, C. 2007. *Mindset: The New Psychology of Success*. New York: Ballantine. (キャロル・S・ドゥエック著、今西康子訳『マインドセット：「やればできる！」の研究』草思社、2016 年)

【22】 Edutopia. 2008. "Why Integrate Technology into the Curriculum? The Reasons Are Many." *Edutopia*. http://www.edutopia.org/technology-integration-introduction.

【23】 Ender, S. C. 1985. "Study Groups and College Success." *Journal of College Student Personnel* 26: 469-471.

【24】 Fink, D. 2003. *Creating Significant Learning Experiences: An Integrated Approach to Designing College Courses*. San Francisco: Jossey-Bass. (ディー・フィンク著、土持・ゲーリー・法一訳『学習経験をつくる大学授業法』玉川大学出版部、2011 年)

【25】 Fisher, D., and N. Frey. 2012. "Making Time for Feedback." *Educational Leadership* 70(1): 42-46.

【26】 Flinders, D. 1988. "Teacher Isolation and the New Reform." *Journal of Curriculum and Supervision* 4(1): 17-29.

【27】 Fluckiger, J. 2010. "Single Point Rubric: A Tool for Responsible Student Self-Assessment." Connection.ebscohost.com. http://connection.ebscohost.com/c/articles/52418300/single-point-rubric-tool-responsible-student-self-assessment.

【28】 Freeman, D., and Y. Freeman. 2007. *English Language Learners: The Essential Handbook*. New York: Scholastic.

【29】 Gilbert E. 2014. "Where Does Creativity Come From?" *National Public Radio TED Radio Hour*. http://www.npr.org/2014/10/03/351554044/where-does-creativity-come-from.

【30】 Gladwell, Malcolm. 2000. *The Tipping Point: How Little Things Can Make a Big Difference*. New York: Little, Brown. (マルコム・グラッドウェル著、高橋啓訳『急に売れ始めるにはワケがある：ネットワーク理論が明らかにする口コミの法則』ソフ

トバンククリエイティブ、2007 年)

【31】 Graff, G., and C. Birkenstein. 2009. *They Say, I Say:The Moves That Matter in Academic Writing.* 2nd ed. New York: W. W. Norton.

【32】 Griffiths, A. J., E. Lilles, M. Furlong, and J. Sidhwa. 2012. "The Relations of Adolescent Student Engagement with Troubling and High-Risk Behaviors." In *Handbook of Research on Student Engagement*, ed. S. Christenson, L. Reschly, and C. Wylie. New York:Springer.

【33】 Harvey, S., and H. Daniels. 2009. *Comprehension and Collaboration: Inquiry Circles in Action.* Portsmouth, NH: Heinemann.

【34】 Hasso Plattner School of Design at Stanford. 2011. *Bootcamp Bootleg.* http://dschool. stanford.edu/wp-content/uploads/2011/03/BootcampBootleg2010v2SLIM.pdf.

【35】 Hattie, J. 2012. "Know Thy Impact." *Educational Leadership* 70(1): 18-23.

【36】 Hobbs, R. 2010. *Copyright Clarity: How Fair Use Supports Digital Learning.* Thousand Oaks, CA: Corwin.

【37】 Hur, J., and T. Brush. 2009. "Teacher Participation in Online Communities: Why Do Teachers Want to Participate in Self-Generated Online Communities of K-12 Teachers?" *Journal of Research on Technology in Education* 41(3): 279-303.

【38】 Hurley, R. 2014. Presentation for the Google Apps for Education Summit (GAFE). Coronado, CA.

【39】 International Society for Technology in Education. 2007. *ISTE Standards for Students.* http://www.iste.org/docs/pdfs/20-14_ISTE_Standards-S_PDF.pdf.

【40】 Jago, C. 2005. *Papers, Papers, Papers: An English Teacher's Survival Guide.* Portsmouth, NH: Heinemann.

【41】 Jenkins, H., K. Clinton, R. Purushotma, A. Robinson, and M. Weigel. 2006. "Confronting the Challenges of Participatory Culture: Media Education for the 21st Century." MacArthur Foundation. http://www.macfound.org/media/article_pdfs/JENKINS_ WHITE_PAPER.PDF.

【42】 Jerald, C. 2009. *Defining a 21st Century Education.* Center for Public Education. http://www.centerforpubliceducation.org/Main-Menu/Policies/21st-Century/Defining-a-21st-Century-Education-Full-report-PDF.pdf.

【43】 Johnson, L., S. Adams Becker, M. Cummins, V. Estrada, A. Freeman, and H. Ludgate. 2013. *NMC Horizon Report: 2013. K-12 Edition.* Austin, TX: The New Media Consortium.

【44】 Kajder, S. 2003. *The Tech-Savvy English Classroom.* Portland, ME: Stenhouse.

【45】 Kelley, T. 2001. *The Art of Innovation.* New York: Currency.（トム・ケリー、ジョナサン・リットマン著、鈴木主税、秀岡尚子訳『発想する会社！：世界最高のデザイン・ファーム IDEO に学ぶイノベーションの技法』早川書房、2002 年）

【46】 Kelley, T., and D. Kelley. 2013. *Creative Confidence:Unleashing the Creative Potential Within Us All.* New York: Crown Business.（トム・ケリー、デイヴィッド・ケリー著、千葉敏生訳『クリエイティブ・マインドセット：想像力・好奇心・勇気が目覚める驚異の思考法』日経 BP 社、2014 年）

【47】 Klopfer, E., S. Osterweil, and K. Salen. 2009. *Moving Learning Games Forward.* Cambridge, MA: Massachusetts Institute of Technology. The Education Arcade.

http://education.mit.edu/papers/MovingLearningGamesForward_EdArcade.pdf.

【48】 Kohn, A. 1993. "Choices for Children: Why and How to Let Students Decide." *Phi Delta Kappan* 75(1): 8-16, 18-21.

【49】 ————. 1999. *Punished by Rewards: The Trouble with Gold Stars, Incentive Plans, A's, Praise, and Other Bribes*. Boston: Houghton Mifflin. (アルフィ・コーン著、田中英史訳『報酬主義をこえて』法政大学出版局、2011 年)

【50】 Lamott, Anne. 1994. *Bird by Bird: Some Instructions on Writing and Life*. New York: Anchor (アン・ラモット著、森尚子訳『ひとつずつ、ひとつずつ：「書く」ことで人は癒される』パンローリング、2014 年)

【51】 Lattimer, H. 2003. *Thinking Through Genre*. Portland, ME: Stenhouse.

【52】 Lave, J., and E. Wenger. 1991. *Situated Learning: Legitimate Peripheral Participation*. Cambridge, UK: Cambridge University Press. (ジーン・レイヴ、エティエンヌ・ウェンガー著、佐伯胖訳『状況に埋め込まれた学習：正統的周辺参加』産業図書、1995 年)

【53】 Limb, C. 2010. "Your Brain on Improv." TEDxMidAtlantic. http://www.ted.com/talks/charles_limb_your_brain_on_improv?language=en. (日本語字幕は、https://www.ted.com/talks/charles_limb_your_brain_on_improv?language=ja)

【54】 Magaña, S., and R. Marzano. 2014. "Using Polling Technologies to Close Feedback Gaps." *Educational Leadership* 71(6): 82-83.

【55】 Marzano, R. 2006. *Classroom Assessment and Grading That Work*. Alexandria, VA: Association for Supervision and Curriculum Development.

【56】 McDowell, Fredrick H., Jr. 2013. "Technology's Impact on Student Engagement in Urban Schools: Administrators', Teachers', and Students' Perspectives in Urban Schools." Education Doctoral Theses. Paper 100. http://hdl.handle.net/2047/d20003034.

【57】 McGilchrist, I. 2011. "The Divided Brain." TED Talk. https://www.ted.com/talks/iain_mcgilchrist_the_divided_brain.

【58】 Meyer, D. 2014. "Capturing, Sharing, and Resolving Perplexity." Kickoff keynote presented at CUE Annual Conference, Palm Springs, CA, March 20, 2014.

【59】 Miller, D., and S. Kelly. 2014. *Reading in the Wild*. San Francisco: Jossey-Bass.

【60】 Moeller, B., and T. Reitzes. 2011. *Integrating Technology with Student-Centered Learning*. Quincy, MA: Nellie Mae Education Foundation.

【61】 Moffett, J. 1968. *Teaching the Universe of Discourse*. Portsmouth, NH: Heinemann.

【62】 Mosley, V. 2013. "Qualitative Study: Why Technology Is Underutilized in K-12 Education." In *Proceedings of Society for Information Technology and Teacher Education International Conference*, ed. R. McBride and M. Searson. Chesapeake, VA: Association for the Advancement of Computing in Education.

【63】 Musallam, R. 2013. "3 Rules to Spark Learning." TED Talks Education. http://www.ted.com/talks/ramsey_musallam_3_rules_to_spark_learning?language=en.

【64】 November, A. 2013. "Why Schools Must Move Beyond 'One-to-One' Computing." *eSchool News*. http://www.eschoolnews.com/2013/01/29/why-schools-must-move-beyond-one-to-one-computing/?.

【65】 Partnership for 21st Century Skills. 2014. "Framework for 21st Century Learning." http://p21.org.

【66】 Project Tomorrow. 2012. "Speak Up 2011: National Findings K-12 Teachers, Librarians and Administrators." Tomorrow.org. http://www.tomorrow.org/speakup/pdfs/SU11.

【67】 Rami, M. 2014. *Thrive: 5 Ways to（Re）Invigorate Your Teaching*. Portsmouth, NH: Heinemann.

【68】 Reynolds, G. 2012. *Presentation Zen: Simple Ideas on Presentation Design and Delivery*, 2nd ed. Berkeley, CA: New Riders.（ガー・レイノルズ著、熊谷小百合、白川部君江訳『プレゼンテーション Zen：プレゼンのデザインと伝え方に関するシンプルなアイデア』丸善出版、2021 年（第 3 版））

【69】 ————. 2014. *Presentation Zen Design: A Simple Visual Approach to Presenting in Today's World*, 2nd ed. Berkeley, CA: New Riders.（ガー・レイノルズ著、熊谷小百合訳『プレゼンテーション Zen デザイン』丸善出版、2014 年）

【70】 Richardson, W. 2012. "Preparing Students to Learn Without Us." *Educational Leadership* 69(5): 22-26.

【71】 Robinson, K. 2011. *Out of Our Minds: Learning to Be Creative*. West Sussex, UK: Capstone.（ケン・ロビンソン著、尼丁千津子訳『パワー・オブ・クリエイティビティ：個性と才能を思いっきり引き出そう！』日経 BP 社、日経 BP マーケティング（発売）2018 年）

【72】 Slagle, P. 1997. "Getting Real: Authenticity in Writing Prompts." *The Quarterly*, 19(3). National Writing Project. http://www.nwp.org/cs/public/print/resource/882.

【73】 Smith, F. 1913. "The Evolution of the Motion Picture: VI—Looking into the Future with Thomas A. Edison." *The New York Dramatic Mirror*, July 9.

【74】 Steinberg, A. 1997. *Real Learning, Real Work:School-to-Work as High School Reform*. New York: Routledge.

【75】 Stix, A., and F. Hrbek. 2006. *Teachers as Classroom Coaches: How to Motivate Students Across the Content Areas*. Alexandria, VA: Association for Supervision and Curriculum Development.

【76】 Sweller, J. 2008. "Human Cognitive Architecture." In *Handbook of Research on Educational Communications and Technology*, ed. J. M. Spector, M. D. Merrill, J. J. G. van Merriënboer, and M. Driscoll. 3rd ed.New York: Lawrence Erlbaum.

【77】 Tomlinson, C. 2014. *The Differentiated Classroom: Responding to the Needs of All Learners*. 2nd ed. Alexandria, VA: Association for Supervision and Curriculum Development.（C. A. トムリンソン著、山崎敬人ほか訳『ようこそ、一人ひとりをいかす教室へ：「違い」を力に変える学び方・教え方』北大路書房、2017 年）

【78】 Tomlinson, C., and E. Javius. 2012. "Teach Up for Excellence." *Educational Leadership* 69(5): 28-33.（この訳は、まだありませんが、この内容は、https://docs.google.com/document/d/1NLGVsiRh8x0I6F0zA900PpteAIXA6JKGagGyLslQ4ec/edit で読むことができます。）

【79】 Vogel, C. 2009. "A Call for Collaboration." District Administration Magazine. http://www.districtadministration.com/article/call-collaboration.

【80】 Wenger, E. 1998. *Communities of Practice: Learning, Meaning, and Identity*. Cambridge, UK: Cambridge University Press.（この翻訳はまだありませんが、タイトルからも分かるように、エティエンヌ・ウェンガー、リチャード・マクダーモット、

ウィリアム・M・スナイダー著、櫻井祐子訳『コミュニティ・オブ・プラクティス：ナレッジ社会の新たな知識形態の実践』翔泳社、2002 年でその内容の概要を読むことができます。）

【81】 Wiggins, G. 2009. "Real-World Writing: Making Purpose and Audience Matter." *English Journal* 98(5): 29-37.

【82】 ———. 2012. "Seven Keys to Effective Feedback." *Educational Leadership* 70(1): 10-16.

【83】 Wiggins, G., and J. McTighe. 2005. *Understanding by Design*. Alexandria, VA: Association for Supervision and Curriculum Development. (G. ウィギンズ、J. マクタイ著、西岡加名恵訳『理解をもたらすカリキュラム設計：「逆向き設計」の理論と方法』日本標準、2012 年)

【84】 Wormeli, R. 2013. *The Collected Writings (So Far) of Rick Wormeli*. Westerville, OH: Association for Middle Level Education.

索　引

Actively Learn　　54, 150
BYOD　　3, 66, 75
CAPTCHA　　37
ChatGPT　　10, 59
Edcamp　　7
Enrich　　23
Extend（拡張する）　　107
e ラーニング　　25
Facebook　　29, 135
FaceTime　　118, 135
GIGA スクール構想　　3, 225
Google Meet　　64, 84, 120-121, 135
Google アカウント　　35, 64, 120
Google カレンダー　　14, 43
Google スライド　　92, 98-99, 164
Google ドキュメント　　7, 12, 34, 58, 75-76, 98, 114, 126-127, 157, 172
Google フォーム　　35, 67, 168, 178
Google マップ　　35, 153
Instagram　　30
Moodle　　25-27
NaNoWriMo　→　ナノライモ
Nearpod　　45-46, 68-69, 155, 166
PechaKucha　→　ペチャクチャ
Quizlet　　69-71, 148-149
SAMR モデル　　21
Skype　　116
SNS　　12, 59, 80, 110, 112, 124, 128, 153
Socrative　　68, 166
Teams　　43, 118
TECH モデル　　21, 179, 214
TED　　147
TED/TEDx トーク　　147, 153, 192, 196, 201
VoIP　　118-119, 123
X　　30, 122, 140, 153
YouTube　　7, 19, 35, 37, 153, 184
Zoom　　43, 64, 118, 120, 135

あ行

アカウント　　29, 36, 71, 99, 120, 128
足場（かけ）　　48, 141, 143, 150, 154, 199
アバター　　112
（家庭の）インターネット環境　　9
インターネット・フィルター　　38
インタラクティブ・フィードバック　　68, 73-74
エキスパート・プロジェクト　　1, 59
エンゲージメント　　46, 49, 55, 60-61
オーディエンス　　48, 108-109, 124, 127, 209
オンライン教材　　26
オンライン・サポート・ネットワーク　　19
オンライン授業　　43, 64
オンライン・スライドデッキ　　87
オンライン・ディスカッション（ボード）　　62-65, 88, 96
オンライン・テキスト　　43, 51

か行

概念　　12, 47, 66, 88-89, 138, 148-149, 152, 162, 171, 187
学習管理システム（LMS）　　8, 25-27, 35, 60, 63, 67, 114, 140, 170, 176
学習曲線　　180
学習センター　　137, 140, 142
学習のモニタリング　　38
画像の収集と編集　　193
学級経営　　73
カリキュラム　　69, 82, 139, 199, 204
カンファランス　　13, 17, 20, 42, 122, 132, 174
教育ゲーム　　61, 69-71, 73
境界線　　8, 9, 211
協働　　6, 33, 64, 65, 第 4 章, 111, 132, 150, 180, 200, 204
協働学習／協同学習　　77-78, 80-81, 85-

索　引

88, 93, 98-105, 142
クラウドストレージ　32-35
クラウドソーシング　110
クラス・ブログ　18, 27, 29, 32, 42, 176
クラスディスカッション・アプリ　14
グラフィック・オーガナイザー　144-
　145
クリエイティビティー　77-78, 204
クリエティブ・コモンズ　30, 98, 112,
　193, 218
クリティカル・シンキング　77
クリティカルな思考　11, 192, 203-204
グループ構成　100-101
形成的評価　5, 13, 20
傾聴　219
ゲーミフィケーション　165
ゲーム・チェンジャー　143
検索　10, 11, 51, 56-60
口述筆記用プログラム　155
国際教育技術協会（ISTE）　79, 204
個別教育計画（IEP）　86, 138, 157
コンセプトの開発　192
コンピューター・ウイルス　30

さ行
視覚障がい　155
自己評価　103
実践的思考　204
自閉症　156
自閉症スペクトラム　77
ジャーナル　12, 34, 41, 111, 123-124
授業案（指導案）　82, 109, 137
情報活用能力　43
シングル・ログイン・サイト　36
スカベンジャー・ハント　56
スクリーン・キャスティング　18
スクリーンショット　72
スクリプト　192
ストーリーボード　192
スパイラル・サイエンス・ノート　22,
　34
スパマー　30
スプレッドシート　83, 87-88, 100-101,

126, 145
スレッド　63
成果物　138, 139, 151-153, 179-181
セキュリティコード　43
総括的評価　20
創造的思考　202-204
ソーシャルメディア　30, 35, 47, 143
ソクラテス・セミナー　62, 135

た行
探究　59, 60, 116-117, 124-133, 205-206
探究プロジェクト／研究プロジェクト
　58-60, 74, 131
注意欠陥障害（ADD）　155
注意欠陥多動性障害（ADHD）　155
注意散漫　9, 72
抽象的な思考　205, 210
チュートリアル　28, 35, 68, 150, 210
チャット・ウィンドウ　52, 54
聴覚障がい　155
著作権　30, 50, 112, 182, 184, 188
ディジタル格差　24
ディジタル・コンテンツ　5
ディジタル・シチズンシップ　30
ディジタル・テキスト　49-51, 54
ディジタル・ツール　21, 40, 47, 61, 100,
　104, 213
ディジタル・フットプリント　188
ディジタル・ポートフォリオ　109, 128,
　181, 188-191
ディスカッション・スレッド　49
出口チケット　13, 19, 178
データ収集　40, 61, 65-67, 85, 187
テッド・トーク　→　TEDトーク
電子出版　113
電子書籍　43, 49, 114, 129, 134-135, 153-
　154
動画教材　82
投票　49, 54-55, 61, 65-68, 73, 154
ドキュメント　20, 31-34, 37, 39, 51-55,
　80, 83, 92, 139-140, 158
ドキュメントフォルダ　20
特別支援教育　136, 154-156

235

トラックパッド　26
トレードオフ　168

な行

21世紀型スキル　48, 77, 204
ナノライモ　95, 169, 196-198

は行

パスワード　36, 92
ハッカー　30, 37
バックチャネリング　61, 73, 148
ハブ機能　27
パブリック・ドメイン　19, 30, 146, 193
ピア・フィードバック　166-168
ビデオ会議　35, 64, 118-120, 135
非同期型　55
一人ひとりをいかす教え方／教育　6, 137, 143, 150, 157
評価　4, 5, 13, 16, 20, 38, 96, 102-103, 109, 126, 139, 151, 153, 第7章
　　ウェブサイト／ブログの評価　187
　　型にはまらない課題の評価　179
　　ディタル・ポートフォリオの評価　188
　　ビデオの評価　182
　　ポッドキャストの評価　184
　　マルチメディアによるプレゼンテーションの評価　191
フィードバック（システム）　61, 68, 73, 76, 77, 85, 93-96, 102-103, 110, 124, 132, 134, 第7章, 221, 222
フォーム　33, 35, 41, 88, 95-96, 168, 170, 177-178
（共有）フォルダ　18, 20, 33-34, 39, 81-84, 93
プラットフォーム　25-28, 64, 92, 152, 187, 189-190
ブレインストーミング　85, 98, 121, 156-157, 192, 216, 220-221
ブログ　111-113, 123, 135, 187-190
プロジェクト学習　16, 208
ペチャクチャ　97, 92, 206
（教師の）放課後（の時間の使い方）　17-19
ポータブル・ドキュメント・ファイル（PDF）　50-51, 113-114, 135, 149-150
補習サポート　146
ポッドキャスト　186
翻訳アプリ　10

ま行

マインクラフト　89
ミニレッスン　17-18, 226
ミラーリング　72
明確な期待　9
メンター　57
モジュール学習　43

や行

四つのC　77, 204

ら行

リサーチ・クエスチョン　59
リソース　27, 29, 88, 223
ルーブリック　126, 160, 173, 175, 177, 180-182, 184, 186, 188, 190-191, 193-194
レディネス　138, 146

わ行

ワークフロー　24, 31, 33-35
ワークフロー・ツール　43
ワードクラウド　40, 213

訳者紹介

齊藤　勝（さいとう まさる）

帝京平成大学准教授／早稲田大学・大学院非常勤講師　民間放送局に勤務した後、公立小学校教諭、教育委員会を経て現職。学級経営の理論に加え、学びのユニバーサルデザインの視点を生かした ICT 利活用の可能性について研究を進めている。社会貢献の一環として、プログラミング教室の運営、不登校支援教室のサポートにも携わっている。

白鳥信義（しらとり のぶよし）

栃木県内公立中学校教員、大学教員を経験。趣味は博物館・科学館を巡ること。ライフワークは『20 世紀以降の物理学史』をまとめること。

吉田新一郎（よしだ しんいちろう）

本書の「売り」は、一人一台端末の効果的な使い方がたくさん紹介されていることだが、それらが各章のタイトルで提示されていることでもある。その日本ではあまり知られていない「よりよい授業をつくるための柱」に特化した関連情報をご希望の方は、pro.workshop@gmail.com 宛に連絡を（まずは「PLC 便り」と「WW 便り」をご覧下さい！）。

一人一台で授業をパワーアップ！
―教育の質を飛躍的に向上させる ICT 活用実践ガイド

2024年 9 月20日　第一版第一刷発行

著　者　ダイアナ・ニービー
　　　　ジェン・ロバーツ

　　　　齊 藤　　勝
訳　者　白 鳥 信 義
　　　　吉 田 新 一 郎

発行者　田 中　千津子

発行所　株式会社 学 文 社

〒153-0064　東京都目黒区下目黒3-6-1
電話　03（3715）1501 代
FAX 03（3715）2012
https://www.gakubunsha.com

©M. SAITO, N. SHIRATORI, S. YOSHIDA 2024
乱丁・落丁の場合は本社でお取替えします。
定価はカバーに表示。

印刷　新灯印刷
Printed in Japan

ISBN 978-4-7620-3327-8